Schriftenreihe
der Juristischen Schulung
Band 26

Fälle zum öffentlichen Baurecht

begründet von

Dr. Manfred Gubelt

Stadtdirektor a. D. der Kreisstadt Bergheim (Erft)

fortgeführt von

Dr. Stefan Muckel

o. Professor an der Universität zu Köln

und

Dr. Thomas Stemmler

Rechtsanwalt in Köln

7., neu bearbeitete Auflage

Verlag C. H. Beck München 2013

www.beck.de

ISBN 978 3 406 62754 5

© 2013 Verlag C. H. Beck oHG
Wilhelmstraße 9, 80801 München
Druck und Bindung: Nomos Verlagsgesellschaft
In den Lissen 12, 76547 Sinzheim
Satz: Druckerei C.H.Beck, Nördlingen

Gedruckt auf säurefreiem, alterungsbeständigem Papier
(hergestellt aus chlorfrei gebleichtem Zellstoff)

Vorwort zur 7. Auflage

Das Buch hat nicht nur bei Studierenden der Rechtswissenschaft eine gute Aufnahme gefunden, sondern auch bei Rechtsreferendaren und bei Studierenden der Fachhochschulen der öffentlichen Verwaltung. Mit Dank an die Leser kann nunmehr die 7. Auflage vorgestellt werden.

Vor Bearbeitung der Neuauflage ist der Begründer des Werkes, Herr *Dr. Manfred Gubelt*, Stadtdirektor a. D. der Kreisstadt Bergheim (Erft), leider ausgeschieden. Ihm gilt besonderer Dank für seine Verdienste um die Vorauflagen. Die Konzeption des Buches, zu der er maßgeblich beigetragen hat, soll auch in der fortführenden Bearbeitung aufrechterhalten werden.

Weil das Raumordnungsrecht in der Ausbildung nur noch eine untergeordnete Bedeutung einnimmt, insbesondere nach den landesgesetzlichen Vorschriften der Juristenausbildung nicht mehr dem Pflichtfachbereich für Studierende und Referendare zugewiesen ist, wurde es aus diesem Band herausgenommen. Stattdessen ist das Bauordnungsrecht um einen Fall erweitert worden, um der Examensrelevanz dieses Rechtsgebietes Rechnung zu tragen. Das Buch trägt infolgedessen klarstellend nun den Titel „Fälle zum öffentlichen Baurecht".

Grundlegende gesetzliche Änderungen gab es seit der letzten Auflage vor allem durch die BauGB-Klimanovelle 2011 und jüngst durch das „Gesetz zur Stärkung der Innenentwicklung in den Städten und Gemeinden und weiteren Fortentwicklung des Städtebaurechts", das sich derzeit noch im Gesetzgebungsverfahren befindet, dessen Inkrafttreten aber in zeitlicher Nähe zum Erscheinen der Neuauflage dieses Buches zu erwarten ist. Die mit dem Gesetz einhergehenden Änderungen und Auswirkungen auf die Falllösungen haben daher schon Berücksichtigung gefunden.

Im Übrigen berücksichtigt die Neuauflage die Gesetzgebung, Rechtsprechung und Literatur bis März 2013.

Frau *Linda Krewerth* und Herr *Jan Berkenhaus*, beide Mitarbeiter am Institut für Kirchenrecht der Universität zu Köln, haben sich mit großem Engagement um die Neuauflage verdient gemacht. Ihnen sei ganz herzlich gedankt.

Nach wie vor sind wir für kritische Hinweise und für Ergänzungswünsche dankbar. Sie erreichen uns unter folgenden Anschriften:

Prof. Dr. Stefan Muckel
Universität zu Köln
Institut für Kirchenrecht
Albertus-Magnus-Platz
50923 Köln
kirchenrecht@uni-koeln.de

Dr. Thomas Stemmler
S. E. B. Rechtsanwälte
Krebsgasse 4–6
50667 Köln
stemmler@seb-anwaelte.de

Köln, im März 2013

Stefan Muckel
Thomas Stemmler

Inhaltsverzeichnis

Abkürzungsverzeichnis	XI
Verzeichnis der abgekürzten zitierten Literatur	XV

I. Einleitung ... 1
1. Stoffbeschreibung ... 1
2. Das Fach Baurecht im Studium ... 2
3. Folgerungen für die Konzeption dieses Buchs ... 2

II. Bauplanungsrecht ... 5
1. Planerische Gestaltungsfreiheit der Gemeinden und ihre Schranken ... 5
   Fall 1. Dorfschänke in der Stadtmitte ... 5
   Planungsermessen – Öffentlichkeitsbeteiligung – Gerichtliche Kontrolle
   Fall 2. Industriegebiet für Büromöbelkonzern ... 11
   Ziele der Raumordnung – Planungsgrundsätze – Abwägungsgebot – Abstimmung mit Nachbargemeinde
2. Die Bauleitpläne ... 23
   a) Aufgabe der Bauleitpläne ... 23
      aa) Flächennutzungsplan ... 23
      bb) Bebauungsplan ... 24
   b) Rechtsnatur und Rechtsschutz; der zulässige Inhalt der Bauleitpläne ... 24
   Fall 3. Ausflugscafé für Kurgäste ... 24
   Rechtsmittel gegen Bauleitpläne, insbesondere Normenkontrolle, § 47 VwGO – Parallelverfahren für Bebauungsplan und Flächennutzungsplan – Inhalt des Bebauungsplans
3. Städtebauliche Verträge ... 34
   Fall 4. Kostenbeteiligung an der Vergrößerung eines Pumpwerks ... 36
   Städtebauliche Verträge – Folgekostenvertrag – Baudispensvertrag – Koppelungsverbot – Zusage von Ausnahmen und Befreiungen
4. Vorhabenbezogener Bebauungsplan auf der Grundlage eines Vorhaben- und Erschließungsplans ... 48
   Fall 5. Errichtung der Anlagen für ein Kur- und Erholungszentrum ... 49
   Vorhabenbegriff des § 12 BauGB – Rechtsform des Vorhabenträgers – Vorhaben und Erschließungsplan – Durchführungsvertrag – Vorhabenbezogener Bebauungsplan – naturschutzrechtliche Eingriffsregelungen
5. Sicherung der Bauleitplanung ... 60
   a) Veränderungssperre (§§ 14, 16–18 BauGB) ... 61
   b) Zurückstellung von Baugesuchen (§ 15 BauGB) ... 62
   c) Teilung von Grundstücken (§§ 19, 22 BauGB) ... 62
   d) Vorkaufsrechte der Gemeinde (§§ 24–28 BauGB) ... 63
6. Die planungsrechtlichen Voraussetzungen für den Erlass einer Baugenehmigung ... 63
   a) Vorhaben während der Planaufstellung ... 64

Fall 6. Verbrauchermarkt im Gewerbegebiet 64
Genehmigungspflichtige Nutzungsänderung – Planreife – Einvernehmen der Gemeinde – großflächige Einzelhandelsbetriebe – Verfassungsmäßigkeit des § 11 III BauNVO – Umweltverträglichkeitsprüfung

    b) Vorhaben innerhalb eines im Zusammenhang bebauten Ortsteils 75

Fall 7. Verkaufszelt für Gebrauchtwagen 75
Bauliche Anlage iSv § 29 I BauGB – Bebauungszusammenhang – Eigenart der näheren Umgebung – Sich-Einfügen

    c) Vorhaben im Außenbereich 80

Fall 8. Wochenendhäuser im Außenbereich 80
Privilegierte und sonstige Vorhaben im Außenbereich – Öffentliche Belange – Rechtsanspruch aus § 35 II BauGB

7\. **Sonderfragen zum Problemkreis Planung und Immissionsschutz** 85

Fall 9. Heizkraftwerk für Fernwärmeversorgung 85
Genehmigungsbedürftige Anlagen nach dem BImSchG – Umweltverträglichkeitsprüfung – Konzentrationswirkung der Genehmigung nach dem BImSchG – privilegierte Vorhaben im Außenbereich – Hervorrufung schädlicher Umwelteinwirkungen und das Planerfordernis als entgegenstehende öffentliche Belange – Umfang der Klärung immissionsschutzrechtlicher Fragen im Bebauungsplan

8\. **Das Entschädigungsrecht des BauGB** 95

    a) Planungsentschädigung 96

        aa) Entschädigung für vorübergehende Einschränkungen (§ 18 BauGB) 96

        bb) Entschädigung für dauernde Einschränkungen (§§ 39–44 BauGB) 96

    b) Enteignungsentschädigung 98

        aa) Zulässigkeit der Enteignung 98

        bb) Entschädigung 98

    c) Rechtsmittel 98

9\. **Das baurechtliche Nachbarrecht** 99

Fall 10. Baugenehmigung für Wohnhäuser neben emittierendem Betrieb 100
Schutznormtheorie – Rücksichtnahmegebot – vorbeugende Unterlassungsklage

III. Bauordnungsrecht 111

1\. **Inhalt und Zweck des Bauordnungsrechts** 111

2\. **Bauaufsichtsbehörden, Baugenehmigung, Baugenehmigungsverfahren und Bauüberwachung** 112

    a) Die Bauaufsichtsbehörden 113

    b) Die Baugenehmigung und ihre Erforderlichkeit 114

    c) Das Baugenehmigungsverfahren 116

    d) Die Bauüberwachung 117

Fall 11. Bauantrag des Pächters 117
Berücksichtigung privater Rechtsverhältnisse bei Erteilung der Baugenehmigung – Fehlendes Antrags-/Sachentscheidungsinteresse

3\. **Befugnisse der Bauaufsicht bei Verstößen gegen die Bauordnung** 121

Fall 12. Verschmutzung durch Baustellenfahrzeuge 121
Aufgaben der Bauaufsichtsbehörde – Einschreiten nach § 61 I 2 BauO NRW – Verantwortlichkeit im Bauordnungsrecht

Fall 13. Der ungenehmigte Anbau 127
Stilllegungsverfügung – Abbruchverfügung – formelle und materielle Baurechtswidrigkeit – Abstandsflächen – Ausnahmen

Fall 14. Fitness-Studio ohne Aufzug 131
Anfechtungsklage gegen Aufhebung baurechtlicher Nebenbestimmungen – statthafte Klageart – Art der Nebenbestimmung – Rechtmäßigkeit der Anordnung des Einbaus eines Aufzuges in ein Fitness-Studio – Brandschutznachweis – Einstweiliger Rechtsschutz gegen Anordnung der sofortige Vollziehbarkeit einer Nutzungsuntersagung

Anhang

Synopse zu den Landesbauordnungen 141
Sachverzeichnis 143

Abkürzungsverzeichnis

aA	anderer Ansicht
aaO	am angegebenen Ort
aE	am Ende
aF	alte Fassung
allgM	allgemeine Meinung
Anm.	Anmerkung
Art.	Artikel
AtG	Atomgesetz
Aufl.	Auflage
ausf.	ausführlich
BW	Baden-Württemberg
BauGB	Baugesetzbuch (Sartorius Nr. 300)
BauO	Bauordnung
BauNVO	Baunutzungsverordnung
BauR	Zeitschrift für das gesamte öffentliche und zivile Baurecht
Bay	Bayern
BayBO	Bayerische Bauordnung
BayVBl.	Bayerische Verwaltungsblätter
BayVGH	Bayerischer Verwaltungsgerichtshof
BBauG	Bundesbaugesetz
Bd.	Band
BGB	Bürgerliches Gesetzbuch (Schönfelder Nr. 20)
BGBl.	Bundesgesetzblatt
BGH	Bundesgerichtshof
BGHZ	Entscheidungen des Bundesgerichtshofs in Zivilsachen
BImSchG	Bundesimmissionsschutzgesetz (Sartorius Nr. 296)
Bln	Berlin
BNatSchG	Bundesnaturschutzgesetz (Sartorius Nr. 880)
Brem., brem.	Bremen, bremisch
BRS	Baurechtssammlung
BT	Bundestag
BT-Drs.	Bundestagsdrucksache
BVerfG	Bundesverfassungsgericht
BVerfGE	Entscheidungen des Bundesverfassungsgerichts
BVerwG	Bundesverwaltungsgericht
BVerwGE	Entscheidungen des Bundesverwaltungsgerichts
bzw.	beziehungsweise
ders.	derselbe
dh	das heißt
DÖV	Die öffentliche Verwaltung
DVBl.	Deutsches Verwaltungsblatt
E	Entscheidungssammlung (Amtliche Sammlung)
EAG Bau	Europarechtsanpassungsgesetz Bau („Gesetz zur Anpassung des Baugesetzbuchs an EU-Richtlinien")
EGBGB	Einführungsgesetz zum Bürgerlichen Gesetzbuch
Einl. Pr. ALR	Einleitung zum Preußischen Allgemeinen Landrecht v. 1794
f.	folgende Seite, für
ff.	folgende

FS	Festschrift
FS	Festschrift für
FStrG	Bundesfernstraßengesetz (Sartorius Nr. 932)
Fn.	Fußnote
G.	Gesetz
gem.	gemäß
ggf.	gegebenenfalls
Ges.	Gesetz
GG	Grundgesetz
GO	Gemeindeordnung
grdl.	grundlegend
GVBl.	Gesetz- und Verordnungsblatt
Halbs.	Halbsatz
Hess.	Hessen
HessBO	Hessische Bauordnung
hL	herrschende Lehre
hM	herrschende Meinung
Hmb	Hamburg
Hrsg.	Herausgeber
idR	in der Regel
iSd	im Sinne des/der
iSv	im Sinne von
iVm	in Verbindung mit
JA	Juristische Arbeitsblätter
JAG	Juristenausbildungsgesetz
JAO	Juristenausbildungsordnung
JAPO	Ausbildungs- und Prüfungsordnung für Juristen
JuS	Juristische Schulung
JustG NRW	Justizgesetz Nordrhein-Westfalen
JZ	Juristenzeitung
KAG	Kommunalabgabengesetz
LBauO	Landesbauordnung
LBO	Landesbauordnung
LG	Landgericht
LKV	Landes- und Kommunalverwaltung (Zeitschrift)
LSA	Land Sachsen-Anhalt
MBauO	Musterentwurf für eine Bauordnung
MDR	Monatsschrift für Deutsches Recht
mwN	mit weiteren Nachweisen
Nds.	Niedersachsen
nF	neue Fassung
NJW	Neue Juristische Wochenschrift
Nr.	Nummer
NRW	Nordrhein-Westfalen
NuR	Natur und Recht
NVwZ	Neue Zeitschrift für Verwaltungsrecht
NVwZ-RR	NVwZ-Rechtsprechungs-Report
NwVBl.	Nordrhein-westfälische Verwaltungsblätter
O	Ordnung
o.	oben

oä	oder ähnliches
OBG	Ordnungsbehördengesetz
OVG	Oberverwaltungsgericht
OVGE	Entscheidungen des Oberverwaltungsgerichts
PrOVGE	Entscheidungen des Preußischen Oberverwaltungsgerichts
R	Recht
Rn.	Randnummer
RG	Reichsgericht
RhPf	Rheinland-Pfalz
ROG	Raumordnungsgesetz (Sartorius Nr. 340)
Rspr.	Rechtsprechung
S.	Seite, Satz
s.	siehe
s. o.	siehe oben
s. u.	siehe unten
Saarl.	Saarland
Sachs.	Sachsen
SächsBO	Sächsische Bauordnung
SchlH	Schleswig-Holstein
SGB	Sozialgesetzbuch
SKV	Staats- und Kommunalverwaltung
Sog.	sogenannte(r/s)
str.	streitig
stRspr	ständige Rechtsprechung
StrWG	Straßen- und Wegegesetz
sub	unter
teilw.	Teilweise
ThürBO	Thüringer Bauordnung
Tz.	Textziffer
ua	unter anderem
UPR	Zeitschrift „Umwelt- und Planungsrecht"
Urt.	Urteil
UVPG	Gesetz über die Umweltverträglichkeitsprüfung (**Sartorius** Nr. 295)
v.	vom
VBlBW.	Verwaltungsblätter für Baden-Württemberg
VerwArch	Verwaltungsarchiv
VerwRspr.	Verwaltungsrechtsprechung
VG	Verwaltungsgericht
VGH	Verwaltungsgerichtshof
vgl.	vergleiche
VO	Verordnung
VwGO	Verwaltungsgerichtsordnung (Sartorius Nr. 600)
VwVfG	Verwaltungsverfahrensgesetz (Sartorius Nr. 100)
w.	weitere
zB	zum Beispiel
ZfBR	Zeitschrift für deutsches und internationales Baurecht
zT	zum Teil
ZUR	Zeitschrift für Umweltrecht
zutr.	zutreffend

Verzeichnis der abgekürzt zitierten Literatur

Battis	*Battis, Ulrich*, Öffentliches Baurecht und Raumordnungsrecht, 5. Aufl. 2006.
BHSR	*Boeddinghaus, Gerhard/Hahn, Dittmar/Schulte, Bernd/Radeisen, Marita*, Bauordnung für das Land Nordrhein-Westfalen, Kommentar, Loseblatt (Stand: Juli 2012).
BK/*Bearbeiter*	*Schlichter/Stich/Driehaus/Paetow* (Hrsg.), Berliner Kommentar zum Baugesetzbuch 3. Aufl. 2002, Loseblatt (Stand: November 2012).
BKL/*Bearbeiter*	*Battis, Ulrich/Krautzberger, Michael/Löhr, Rolf-Peter*, Baugesetzbuch, 11. Aufl. 2009.
Brohm	*Brohm, Winfried*, Öffentliches Baurecht, 4. Aufl. 2009.
DMS	*Dürr, Hansjochen/Middeke, Andreas/Schulte Beerbühl, Hubertus*, Baurecht Nordrhein-Westfalen, 4. Aufl. 2013.
EZBK/*Bearbeiter*	*Ernst/Zinkahn/Bielenberg/Krautzberger* (Hrsg.), BauGB, Kommentar, Loseblatt (Stand: September 2012).
Finkelnburg/Ortloff/*Bearbeiter*	*Finkelnburg, Klaus/Ortloff, Karsten-Michael*, Öffentliches Baurecht, Bd. I: Bauplanungsrecht, 6. Aufl. 2011, Bd. II, Bauordnungsrecht, Nachbarschutz, Rechtsschutz, 6. Aufl. 2010.
GBR/*Bearbeiter*	*Gelzer, Konrad (Begr.)/Bracher, Christian Dietrich/Reidt, Olaf*, Bauplanungsrecht, 7. Aufl. 2004.
GCJPW/*Bearbeiter*	*Gädtke, Horst/Czepuck, Knut/Johlen, Markus/Plietz, Andreas/Wenzel, Gerhard*, Kommentar zur Landesbauordnung für das Land Nordrhein-Westfalen, 12. Aufl. 2011.
HBG/*Bearbeiter*	*Hoppe, Werner/Bönker, Christian/Grotefels, Susan*, Öffentliches Baurecht, 4. Aufl. 2010.
Hellermann	*Dietlein, Johannes/Burgi, Martin/Hellermann, Johannes*, Öffentliches Recht in Nordrhein-Westfalen, § 4 Öffentliches Baurecht, 4. Aufl. 2011.
Hufen	*Hufen, Friedhelm*, Verwaltungsprozessrecht, 8. Aufl. 2011.
Jarass, BImSchG	*Jarass, Hans*, BImSchG, Kommentar, 9. Aufl. 2012.
JDW/*Bearbeiter*	*Jäde, Henning/Dirnberger, Franz/Weiss Josef*, Baugesetzbuch/Baunutzungsverordnung, Kommentar, 6. Aufl. 2010.
KK/*Bearbeiter*	*Brügelmann, Hermann* (Begr.), Baugesetzbuch, Kommentar („Kohlhammer-Kommentar"), Loseblatt (Stand: September 2012).
Koch/Hendler	*Koch, Hans-Joachim/Hendler, Reinhard*, Baurecht, Raumordnungs- und Landesplanungsrecht, 5. Aufl. 2009.
Kopp/Ramsauer, VwVfG	*Kopp, Ferdinand/Ramsauer, Ulrich*, VfVfG, Kommentar, 13. Aufl. 2012.
Kopp/Schenke, VwGO	*Kopp, Ferdinand/Schenke, Wolf-Rüdiger*, VwGO, Kommentar, 18. Aufl. 2012.
Krebs, BesVerwR	*Krebs, Walter* in: Schmidt-Aßmann (Hrsg.), Besonderes Verwaltungsrecht, 4. Kapitel, Baurecht, 14. Aufl. 2008.

Maurer	*Maurer, Hartmut,* Allgemeines Verwaltungsrecht, 18. Aufl. 2011.
Muckel	*Muckel, Stefan,* Öffentliches Baurecht, 2010.
Oldiges, BesVerwR ...	*Oldiges, Martin* in: Steiner (Hrsg.), Besonderes Verwaltungsrecht, Baurecht, S. 543–673 und S. 673–744, 8. Aufl. 2006.
SBS/Bearbeiter, VwVfG	*Selkens, Paul/Bonk, Heinz Joachim/Sachs, Michael,* VwVfG, Kommentar, 7. Aufl. 2008.
Schrödter/*Bearbeiter*	*Schrödter, Hans,* Baugesetzbuch, 7. Aufl. 2006.
Spannowsky/Uechtritz/*Bearbeiter*	*Spannowsky, Willy/Uechtritz, Michael,* BauGB, Kommentar, 1. Aufl. 2009.
SSP/*Bearbeiter*	*Schoch, Friedrich/Schmidt-Aßmann, Eberhard/Pietzner, Reinhard,* VwGO, Kommentar, Loseblatt (Stand: August 2012).
Stollmann	*Stollmann, Frank,* Öffentliches Baurecht, 8. Aufl. 2011.
Stüer	*Stüer, Bernhard,* Handbuch des Bau- und Fachplanungsrechts, 4. Aufl. 2009.

I. Einleitung

Aufgrund des Gesetzes zur Reform der Juristenausbildung[1] und der entsprechenden landesrechtlichen Umsetzungen werden die Studierenden in ihrem Ersten Juristischen Examen in allen Bundesländern staatlich in den *„Pflichtfächern"* und universitär in einem von dem Prüfling zu bestimmenden *„Schwerpunktbereich"* geprüft.[2] Zu den Pflichtfächern zählen die Grundlagengebiete, wie zum Beispiel die allgemeinen Lehren des Bürgerlichen Rechts, das Schuldrecht und das Sachenrecht aus dem BGB, die allgemeinen Lehren des Strafrechts und der Besondere Teil des Strafgesetzbuchs oder aus dem Öffentlichen Recht das Staatsrecht, das Allgemeine Verwaltungs- und Verwaltungsverfahrensrecht. Wegen der zunehmenden praktischen Bedeutung des Baurechts wird dieses in allen Bundesländern *als Pflichtfach* geprüft,[3] wobei sich die meisten Länder auf die Grundzüge bzw. auf „ausgewählte Teile" beschränken.[4] Die Schwerpunktbereichsprüfung führen die Universitäten auf der Grundlage einer jeweiligen Hochschulprüfungsordnung selbstständig und in eigener Verantwortung durch.[5] Bei einer einschlägigen Schwerpunktwahl dürften von dem Prüfling vertiefte Kenntnisse im Baurecht erwartet werden, weil nach den gesetzlichen Vorgaben die Schwerpunktausbildung inhaltlich deutlich über den ggf. zusammenhängenden Pflichtfachstoff hinausgehen soll.[6] Abgesehen von dieser Prüfungsrelevanz sollte sich der Prüfling aber auch aus einem anderen Grund mit Spezialgebieten wie dem Baurecht befassen: Die Beziehungen zwischen den Ausbildungsinhalten des juristischen Studiums einerseits und den späteren Anforderungen, etwa in der Verwaltungspraxis, sind relativ gering. Wer das Berufsziel verfolgt, in die öffentliche Verwaltung einzutreten, sollte daher jede Gelegenheit nutzen, sich schon in einem frühen Stadium der Ausbildung einschlägig zu spezialisieren. Je mehr er an Fachwissen anzubieten hat, desto höher werden seine Chancen sein, sich von der großen Zahl der Mitbewerber um eine Stelle in der öffentlichen Verwaltung abzuheben und deshalb ausgewählt zu werden.

1. Stoffbeschreibung

Dieser Band der Schriftenreihe behandelt das öffentliche Baurecht. Insofern sei darauf hingewiesen, dass sich die Prüfungsordnungen nur auf das *öffentliche Baurecht* – als

---

[1] Vom 11.7.2002, BGBl. I, 2592.
[2] § 1 II 2 JAPrO BW; § 1 S. 2 JAPO Bay; § 1 II 2 JAG Bln; § 1 II 2 JAG Bbg; § 1 I 2 JAPG Brem; § 2 II 2 HmbJAG; § 1 I JAG H; § 2 S. 1 JAG M-V; § 2 I 1 JAG Nds; § 2 I 1 JAG NRW; § 3 I 1 JAG RhPf; § 1 III JAG Saarl.; § 1 S. 3 Sächs JAPO; § 1 II 3 JAG LSA; § 1 I 2 JAG SchlH; § 1 II 1 JAPO Thür.
[3] Ebenso in der zweiten juristischen Staatsprüfung, vgl. nur § 52 I 1 Nr. 1 JAG NRW.
[4] Vgl. ua § 18 II Nr. 5c JAPO Bay; § 3 IV Nr. 3c JAO Bln; § 3 IV Nr. 3c JAO Bbg; § 1 III Nr. 3b VO über die Prüfungsgegenstände der staatlichen Pflichtfachprüfung im Rahmen der ersten Prüfung in Hmb; § 11 II Nr. 3c JAPO M-V, § 16 III Nr. 3 JAVO Nds.; § 8 II Nr. 5d JAG Saarl.; § 14 III Nr. 5c Sächs JAPO; § 3 V Nr. 4c JAO SchlH; § 14 II Nr. 4c JAPO Thür.
[5] Vgl. beispielsweise § 26 I JAPrO BW; § 38 S. 1 JAPO Bay.
[6] Vgl. zB nur § 28 III JAG NRW.

Teil des Öffentlichen Rechts – beziehen; das private Baurecht, insbesondere das Werkvertragsrecht gehört zum Bürgerlichen Recht und wird deshalb hier nicht erörtert.[7] Die Darstellung des Baurechts ist in die zwei prüfungsrelevanten Hauptgebiete des Bauplanungs- und Bauordnungsrechts aufgeteilt.[8] Da im Examen – wie ausgeführt – im Pflichtfachbereich in der Regel nur die Grundzüge geprüft werden, beschränken sich die Fälle hierauf. Durchweg werden aber in den Fußnoten Hinweise zur Rechtsprechung und Literatur für eine intensivere Vertiefungsarbeit gegeben, die man insbesondere den Studierenden nahelegen möchte, die einen entsprechenden Schwerpunktbereich gewählt haben.

3 Das vorliegende Buch kann und will sich nicht ausschließlich mit den genannten Gebieten befassen. Denn das Baurecht ist kein in sich geschlossener, selbstständig darstellbarer Teilbereich des Öffentlichen Rechts. So besteht eine enge Verflechtung des Bauplanungsrechts mit dem Allgemeinen Verwaltungsrecht und dem Kommunalrecht (vgl. ua § 10 BauGB); das Bauordnungsrecht ist als Spezialmaterie des allgemeinen Ordnungsrechts mit diesem verbunden. Da Allgemeines Verwaltungsrecht und die Grundzüge des Kommunalrechts sowie des Ordnungsrechts ebenfalls Prüfungsfächer sind, werden die diesbezüglichen Zusammenhänge besonders verdeutlicht.

2. Das Fach Baurecht im Studium

4 Das Studium dieses Fachs gestaltet sich an den einzelnen Universitäten sehr unterschiedlich. Häufig wird es in einer alle zwei Semester wiederkehrenden selbstständigen Veranstaltung von zwei Semesterwochenstunden für Studierende ab dem 5. Semester angeboten. Bisweilen wird aber auch der Bereich der Planung in einer Veranstaltung „Verwaltungslehre" abgedeckt, während das verbleibende Bauordnungsrecht beim allgemeinen Polizei- und Ordnungsrecht mitbehandelt wird. Vertiefungsveranstaltungen, vor allem mit Exkursionen in die Praxis, sind noch selten. Die Ausgestaltung des Angebots im Einzelnen hängt von vielen Unwägbarkeiten, wie der Zahl der Studierenden oder dem besonderen Interessengebiet der Dozenten an der einzelnen Universität, ab.

3. Folgerungen für die Konzeption dieses Buchs

5 a) Aus den bisherigen Ausführungen folgt, dass das Buch von seiner Anlage her als Lernmittel für Studierende gedacht ist. Die Kandidaten sollen in ihm ein zuverlässiges Hilfsmittel finden, das sie sicher auf das Examen vorbereitet. Aus dem umfangreichen Stoff wurden deshalb vor allem die examensrelevanten Fragen ausgewählt und intensiv, dh anhand von Fällen, dargestellt. Bei den *Fällen* liegt also der Schwerpunkt dieses Buchs. Sie stehen nicht beziehungslos nebeneinander, vielmehr werden sie durch kurze überleitende Texte verbunden, um so die Systematik der einzelnen Gesetze verständlich zu machen. Einzelne wichtige Probleme werden in den verbindenden Texten und Übersichten mit erläutert, soweit eine ausführliche Darstellung innerhalb eines selbstständigen Falles nicht erforderlich erschien.

---

[7] Zum privaten Baurecht, insbesondere Werkvertragsrecht vgl. *Locher,* Das private Baurecht, 8. Aufl. (2012).
[8] So zB auch § 18 II Nr. 5c JAPO Bay; § 3 V 4c JAO SchlH.

Fallabwandlungen und kleinere Fälle sind bewusst kurz gehalten. Sie haben etwa das Niveau eines Prüfungsgesprächs in der mündlichen Prüfung zu einem konkreten Fall. Dadurch, dass die einzelnen Fälle innerhalb einer gewissen Schwankungsbreite in der äußeren Gestaltung, im Umfang und im Schwierigkeitsgrad voneinander abweichen, sollen die Kandidaten einen Überblick über die verschiedenartigen Anforderungen bekommen, die auch die Prüfung an ihn stellt.

b) Die starke Ausrichtung des Stoffs an praktischen Fällen bedingt notwendigerweise eine gewisse Schwerpunktbildung und thematische Einengung. Für besonders Interessierte empfiehlt es sich, zur Ergänzung die einschlägigen Lehrbücher und Kommentare heranzuziehen.

c) Der Aufbau des Buchs wurde so gewählt, dass mit dem Bauplanungsrecht begonnen wird, an das sich das Bauordnungsrecht anschließt. Jeder Abschnitt ist in sich selbstständig und kann auch einzeln durchgearbeitet werden. Die Schwerpunktverteilung innerhalb der einzelnen Abschnitte richtet sich nach der Bedeutung der Materie in der Prüfung.

d) Die Ausführungen beruhen, soweit irgend möglich, auf Bundesrecht (BauGB), um eine umfassende und einheitliche Benutzbarkeit zu gewährleisten. Soweit dies nicht durchführbar ist, weil die Sachgebiete landesrechtlich geregelt sind, wie das Bauordnungsrecht, sind die Fälle nach dem Landesrecht von Nordrhein-Westfalen (NRW) als dem bevölkerungsreichsten Bundesland gelöst worden. Die entsprechenden Bestimmungen der anderen Bundesländer sind jeweils in einer Synopse im Anhang zusammengestellt. Dieses Verfahren erschien übersichtlicher und weniger verwirrend, als jeweils in den Lösungen alle in Betracht kommenden landesrechtlichen Normen aufzuführen.

II. Bauplanungsrecht

1. Planerische Gestaltungsfreiheit der Gemeinden und ihre Schranken

Fall 1. Dorfschänke in der Stadtmitte

Planungsermessen – Öffentlichkeitsbeteiligung – Gerichtliche Kontrolle

Dem Kaufmann E gehören zwei Grundstücke in L (NRW), einer aus mehreren Dörfern zusammengeschlossenen Gemeinde mit 70 000 Einwohnern. In dem zentral gelegenen ältesten Ortsteil W besteht eine dörfliche Bebauung. Die Gemeinde hatte für diesen Bereich vor zwei Jahren einen Bebauungsplan aufgestellt, der die Erhaltung der traditionellen dörflichen Bebauung vorsah. Nachdem sich in der Zwischenzeit die politischen Mehrheiten im Rat der Gemeinde L geändert haben, beschließt der Rat, eine „Stadtmitte" im Ortsteil W zu bauen. Es soll ein modernes Einkaufs- und Verwaltungszentrum mit einem 12-geschossigen Wohnturm als besonderem städtebaulichen Akzent entstehen. Die Mehrzahl der betroffenen Grundstückseigentümer – unter ihnen auch E – wendet sich während der öffentlichen Auslegung des neuen Planentwurfs in einer Resolution gegen dieses Vorhaben, weil es die gewachsene dörfliche Struktur des Ortsteils W zerstöre. Gleichwohl beschließt der Gemeinderat einen neuen Bebauungsplan und hebt den früheren auf; parallel dazu wird der Flächennutzungsplan geändert.

E beantragt eine Baugenehmigung für die Errichtung einer eingeschossigen Dorfschänke, die nach dem früheren Bebauungsplan auf den Grundstücken des E möglich war. Er hält die Änderung der Planung für rechtswidrig, ua auch deshalb, weil eine Anhörung der Bürger vor der öffentlichen Auslegung des Plans nicht erfolgt ist. Das Bauaufsichtsamt der Gemeinde L lehnt den Antrag im Sommer 2013 ab, weil die Grundstücke im Bereich des rechtskräftigen neuen Bebauungsplans lägen und die Errichtung einer Dorfschänke den Festsetzungen dieses Plans widerspreche (– was zutrifft). E erhebt *nunmehr* Klage. Hat sie Aussicht auf Erfolg?

Gliederung

A. Zulässigkeit der Klage
B. Begründetheit der Klage
   I. Anspruchsgrundlage § 75 I 1 BauO NRW
     1. Anwendbarkeit des § 30 BauGB
       a) Gültigkeit des neuen Bebauungsplans
         aa) Formelle Rechtmäßigkeit
         bb) Materielle Rechtmäßigkeit
           (1) Verstoß gegen § 1 III BauGB iVm §§ 2 I 1, 1 VII BauGB
             (a) Umfang der verwaltungsgerichtlichen Kontrolle
             (b) Subsumtion
           (2) Verstoß gegen § 8 II, III BauGB
           (3) Verstoß gegen § 9 I-VII BauGB oder § 1 VII BauGB

> b) Zwischenergebnis
> 2. Voraussetzungen für die Zulässigkeit eines Vorhabens nach § 30 BauGB
> C. Ergebnis

Lösung

3 **A. Zulässigkeit der Klage**

Da es sich um eine öffentlich-rechtliche Streitigkeit nichtverfassungsrechtlicher Art handelt und auch keine aufdrängende Sonderzuweisung besteht, ist für die Klage der Verwaltungsrechtsweg gem. § 40 I VwGO gegeben. Eine abdrängende Zuweisung besteht nicht. Als statthafte Klageart kommt eine Verpflichtungsklage (§ 42 I VwGO) in Betracht, weil *E* den Erlass eines Verwaltungsakts, die Baugenehmigung, begehrt. *E* ist zur Erhebung der Klage befugt (§ 42 II VwGO), da er möglicherweise in seinen Rechten aus § 75 I 1 BauO NRW, Art. 14 GG verletzt ist. Gem. § 68 I 2 Halbs. 2 Alt. 1 VwGO iVm § 110 I 2 JustG NRW bedurfte es vor Erhebung der Anfechtungsklage nicht der Durchführung eines Vorverfahrens. § 110 I 2 JustG NRW bestimmt, dass vor Erhebung der Verpflichtungsklage ein Vorverfahren abweichend von § 68 I 1 VwGO grundsätzlich nicht stattfindet, wenn die Ablehnung der Vornahme eines begehrten Verwaltungsaktes im Zeitraum vom 1.11.2007 bis zum 31.12.2013 bekanntgegeben worden ist. Der angegriffene Bescheid ist *E* im Sommer 2013 bekanntgegeben worden. Es ist davon auszugehen, dass die Klagefrist gewahrt ist, § 74 II VwGO. Die Klage ist gem. § 78 I Nr. 1 VwGO gegen die Gemeinde *L* zu richten als die Körperschaft, deren Behörde die beantragte Baugenehmigung nicht erteilt hat[1] (zum Behördenaufbau s. S. 113 f., Rn. 4 ff.).

4 **B. Begründetheit der Klage**

Die Verpflichtungsklage ist begründet, soweit die Ablehnung des Antrags auf Erteilung der Baugenehmigung für die Dorfschänke rechtswidrig und *E* dadurch in seinen Rechten verletzt ist (§ 113 V VwGO). Das ist der Fall, wenn *E* einen *Anspruch* auf Erteilung der Baugenehmigung hat.

5 **I. Anspruchsgrundlage § 75 I 1 BauO NRW**

Für die Errichtung der eingeschossigen Dorfschänke ist eine Baugenehmigung erforderlich, weil sie als gewerblich genutztes Gebäude nicht zu den nach §§ 65 bis 67 BauO NRW genehmigungsfreien Bauvorhaben gehört (§ 63 I BauO NRW).

6 Nach § 75 I 1 BauO NRW muss die Baugenehmigung erteilt werden, falls das Bauvorhaben den öffentlich-rechtlichen Vorschriften entspricht. Im vorliegenden Fall könnten der Zulässigkeit des Bauvorhabens Vorschriften des Bauplanungsrechts entgegenstehen. Bei dem beabsichtigten Bau der eingeschossigen Dorfschänke handelt es sich um ein Vorhaben im Sinne des § 29 I BauGB, weil eine bauliche Anlage errichtet werden soll. Es finden somit die §§ 30–37 BauGB Anwendung.

7 **Exkurs:** Der *Begriff der baulichen Anlage* bzw. des Bauvorhabens ist im Bundesrecht (§ 29 BauGB) und im Landesrecht (ua § 2 I BauO NRW) unterschiedlich: Während für den weiter

---

[1] In NRW findet entsprechend den allgemeinen Grundsätzen das Rechtsträgerprinzip gemäß § 78 I Nr. 1 VwGO Anwendung. Eine Regelung iSd § 78 I Nr. 2 VwGO trifft das Justizgesetz NRW nicht.

gefassten bauordnungsrechtlichen Begriff der baulichen Anlage das *Merkmal des Bauens* maßgebend ist,[2] erfährt der bundesrechtliche Begriff eine *Einschränkung durch das Merkmal der (möglichen) bodenrechtlichen Relevanz*. Dies folgt aus der auf das Bodenrecht begrenzten Gesetzgebungskompetenz des Bundes (Art. 74 I Nr. 18 GG). Die bodenrechtliche Relevanz ist gegeben, wenn das Vorhaben die in § 1 VI BauGB genannten Belange in einer Weise berührt oder berühren kann, „die geeignet ist, das Bedürfnis nach einer ihre Zulässigkeit regelnden verbindlichen Bauleitplanung hervorzurufen".[3] Was nicht gem. § 9 BauGB Inhalt des Bebauungsplans sein kann, hat auch keine bodenrechtliche Relevanz.[4]

In Betracht kommt ein Verstoß gegen § 30 BauGB.

1. Anwendbarkeit des § 30 BauGB

Für die bauplanungsrechtliche Zulässigkeit der Dorfschänke ist § 30 I BauGB maßgebend, wenn sie im Geltungsbereich eines Bebauungsplans liegt, der mindestens Festsetzungen über die Art und das Maß der baulichen Nutzung,[5] die überbaubaren Grundstücksflächen und die örtlichen Verkehrsflächen enthält.[6] Da aus dem Sachverhalt nicht hervorgeht, dass der Bebauungsplan für den Ortsteil *W* die Mindestfestsetzungen nicht enthält, ist von dem Regelfall auszugehen, dass Gemeinden Bebauungspläne iSd § 30 I BauGB aufstellen.[7]

a) Gültigkeit des neuen Bebauungsplans

Der Bebauungsplan kann nur Grundlage der Entscheidung sein, wenn er *gültig* ist. Es sind daher die formelle und materielle Rechtmäßigkeit des neuen Bebauungsplans sowie die Rechtsfolgen eines eventuellen Verstoßes zu prüfen.[8]

aa) Formelle Rechtmäßigkeit. Es gibt keine Anhaltspunkte dafür, dass Vorschriften über die Zuständigkeit der Gemeinde *L* bzw. des Gemeinderates von *L* (Verbands- und Organkompetenz) verletzt sind. Das Verfahren könnte jedoch einen Fehler aufweisen.

Hinweis: Als Verfahrensvorschriften eines regulären Aufstellungsverfahrens[9] sind zu prüfen:
(a) Aufstellungsbeschluss mit ortsüblicher Bekanntmachung, § 2 I 2 BauGB
(b) Ermittlung und Bewertung des Abwägungsmaterials, § 2 III BauGB
(c) Durchführung einer Umweltprüfung, § 2 IV BauGB
(d) Erstellung einer Begründung zum Bebauungsplanentwurf und Anfertigung eines Umweltberichts, § 2a BauGB
(e) Vorgezogene Beteiligung der Öffentlichkeit (§§ 3 I 1, 4a BauGB) und der Behörden (§§ 4 I, 4a BauGB)

---

[2] Zum bauordnungsrechtlichen Begriff der baulichen Anlage s. S. 111 mit Fn. 2.
[3] Grundlegend dazu BVerwGE 44, 59 (61); Vgl. auch: BKL/*Löhr*, § 29 Rn. 9 ff. mit Nachweisen zur Rspr. des *BVerwG* in Einzelfällen; *Muckel*, S. 73 ff. Rn. 10 ff. (16) mit weiteren Beispielen.
[4] EZBK/*Krautzberger*, § 29 Rn. 24a.
[5] Gemeint sind Angaben darüber, ob Wohnhäuser, Geschäftsbauten, Fabrikgebäude usw. (= Art) errichtet werden dürfen, und Angaben zB über die Höhe der Bebauung und die Geschosszahlen (= Maß). Die Art und das Maß der baulichen Nutzung werden nach § 9 I Nr. 1 BauGB festgesetzt. Für die Art der baulichen Nutzung enthalten die §§ 1–15 BauNVO ergänzende Regelungen (s.u. Rn. 84 f.), für das Maß sind §§ 16–21a BauNVO einschlägig.
[6] Erfüllt ein Bebauungsplan diese Voraussetzungen, spricht man von einem *qualifizierten Bebauungsplan*. Enthält ein Bebauungsplan diese Mindestfestsetzungen nicht (sog. *nichtqualifizierter* oder *einfacher Bebauungsplan*), ist § 30 I BauGB nicht anwendbar (stattdessen aber § 34 oder § 35 BauGB, s. § 30 III BauGB).
[7] Andernfalls würde der Zweck eines Bebauungsplans – Schaffung einer städtebaulichen Ordnung entspr. den Festsetzungen des Bebauungsplans – nicht erreicht, weil § 30 I BauGB nicht anwendbar wäre, so dass sich die Zulässigkeit von Bauvorhaben nach den allgemeiner gehaltenen Vorschriften der §§ 34, 35 BauGB richten würde, vgl. § 30 III BauGB.
[8] Zur Rechtmäßigkeit des Bebauungsplans *Muckel*, § 5 Rn. 47 ff.
[9] Beim vereinfachten Verfahren gem. § 13 BauGB gibt es Besonderheiten.

(f) Auslegung des (vorläufigen) Planentwurfs mit vorheriger Bekanntmachung von Ort und Dauer der Auslegung, § 3 II BauGB

(g) Förmliche Beteiligung der Öffentlichkeit (§§ 3 II, 4a BauGB) und der Behörden (§§ 4 II, 4a BauGB)

(h) Ordnungsmäßiger Satzungsbeschluss, § 10 BauGB iVm der Gemeindeordnung des jeweiligen Bundeslandes

(i) Begründung des Bebauungsplans, § 9 VIII BauGB

(j) Ggf. Genehmigung der höheren Verwaltungsbehörde, § 10 II BauGB

(k) Ortsübliche Bekanntmachung des Beschlusses bzw. der Genehmigung, § 10 III BauGB.

12 Hat die Gemeinde *L* die Bürger bzw. die Öffentlichkeit nicht vor der öffentlichen Auslegung des Plans gehört, kommt eine Verletzung des § 3 I BauGB in Betracht. Nach Abs. 1 S. 1 dieser Vorschrift muss eine Gemeinde möglichst frühzeitig die allgemeinen Ziele und Zwecke der Planung, sich wesentlich unterscheidende Lösungen, die für die Neugestaltung oder Entwicklung eines Gebiets in Betracht kommen, und die voraussichtlichen Auswirkungen der Planung öffentlich darlegen; den Bürgern ist Gelegenheit zur Äußerung und zur Erörterung zu geben (Anhörung; § 3 I 1 Halbs. 2 BauGB). Diese Pflicht zur Beteiligung der Bürger entfiel auch nicht gem. § 3 I 2 Nr. 1 BauGB, weil sich der neue Bebauungsplan auf das Plangebiet wesentlich auswirkte.

Ferner konnte die Gemeinde *L* nicht nach § 13 I, II Nr. 1 BauGB von der frühzeitigen Unterrichtung und Gelegenheit zur Äußerung der Bürger absehen. Zum einen wurde hier der vorher bestehende Bebauungsplan nicht geändert oder ergänzt, sondern aufgehoben, so dass schon die erste Voraussetzung für die Anwendbarkeit des § 13 I 1. Alt. BauGB nicht erfüllt ist, zum anderen werden mit der Ausweisung eines Einkaufs- und Verwaltungszentrums die Grundzüge der Planung berührt, weil die Art und das Maß der baulichen Nutzung wesentlich geändert werden.[10] Das vereinfachte Verfahren kommt auch nicht nach § 13 I 2. Alt. BauGB in Betracht, weil durch die Aufstellung des neuen Bebauungsplans in einem Innenbereichsgebiet der sich aus der vorhandenen Eigenart der Umgebung ergebende Zulässigkeitsmaßstab ebenfalls wesentlich verändert wird.

Es fragt sich jedoch, welche *Rechtsfolge* ein Verstoß gegen § 3 I BauGB hat. Nach § 214 I 1 Nr. 2 BauGB ist eine Verletzung von Verfahrens- und Formvorschriften hinsichtlich der Beteiligung der Bürger an der Bauleitplanung für die Rechtswirksamkeit des Bebauungsplans nur beachtlich, wenn ua die Vorschriften der §§ 3 II, 4a BauGB verletzt worden sind. Daraus folgt, dass eine Verletzung des § 3 I BauGB nicht zur Ungültigkeit des Bebauungsplans führt.[11]

Andere Verfahrensfehler, etwa die Missachtung anderer Beteiligungsvorschriften oder die fehlerhafte Ermittlung und Bewertung des Abwägungsmaterials, sowie sonstige formelle Mängel in Form und Bekanntmachung sind nicht ersichtlich.

13 bb) Materielle Rechtmäßigkeit

(1) Die Aufstellung des neuen und die Aufhebung des früheren Bebauungsplans kann unter Verstoß gegen § 1 III BauGB iVm § 2 I 1, 1 VII BauGB erfolgt sein; in diesem

---

[10] So zutr. BKL/*Löhr*, § 13 Rn. 2, 2a. Beispiele zu § 13 BauGB bei Finkelnburg/Ortloff/*Kment*, Bd. I, § 6 II § 13, S. 95 Fn. 87 ff.

[11] Vgl. BKL/*Battis*, § 214 Rn. 5; *Muckel*, S. 29. Durch ein Eingreifen der höheren Verwaltungsbehörde, die im Rahmen eines nach § 10 II BauGB ggf. erforderlichen Genehmigungsverfahrens gemäß § 216 BauGB die Beachtung aller Rechtsvorschriften überprüfen muss, kann ein nach §§ 214 f. BauGB grundsätzlich unbeachtlicher Fehler zur Versagung der Genehmigung führen, vgl. Finkelnburg/Ortloff/*Kment*, Bd. I, § 12 S. 236. Sollte eine Genehmigungspflicht nicht bestehen, ist ein Eingreifen der Kommunalaufsicht wegen Rechtsverletzung auf der Grundlage des jeweiligen Gemeinderechts denkbar.

Fall wäre der neue Bebauungsplan unwirksam,[12] so dass die Zulässigkeit des Vorhabens des *E* nach dem früheren Bebauungsplan zu beurteilen wäre.[13] Nach § 2 I 1 BauGB sind von den Gemeinden Bauleitpläne *in eigener Verantwortung* aufzustellen.[14] Diese gemeindliche Aufgabe steht unter dem Schutz der kommunalen Selbstverwaltungsgarantie des Art. 28 II GG.[15] Die damit festgelegte *Planungshoheit* bedeutet vor allem die Einräumung einer *planerischen Gestaltungsfreiheit*, eines *Planungsermessens*.[16] Die Befugnis der Planung schließt zwangsläufig einen mehr oder weniger ausgedehnten Spielraum für eine Gestaltungsfreiheit ein, weil sich Planung ihrer Natur nach nicht auf bloßen Vollzug von Normen beschränkt. Mit der Wendung in § 1 III 1 BauGB „die Gemeinden haben die Bauleitpläne aufzustellen, sobald und soweit es für die städtebauliche Entwicklung und Ordnung erforderlich ist", spricht der Gesetzgeber die Planungsbefugnisse sowohl *„dem Grunde nach"* (das „*Ob*" und „*Wann*" der Planung) als auch *dem Umfang und dem Inhalt nach* (das „*Wie*") an.[17] Das „Wie" der Bauleitplanung ergibt sich insbesondere aus § 1 IV–VII BauGB.[18] Die dort genannten Bedürfnisse und Erfordernisse können aber auch Anhaltspunkte dafür geben, „ob" die Aufstellung eines Bauleitplans notwendig ist. § 1 III BauGB kombiniert ein Gebot und ein Verbot: Der Erlass erforderlicher Bebauungspläne ist geboten, der Erlass nicht erforderlicher Bebauungspläne ist verboten.[19]

(a) Umfang der verwaltungsgerichtlichen Kontrolle. *E* kann mit seiner Klage nur Erfolg haben, wenn das Verwaltungsgericht befugt ist, die Entscheidung des Rates der Gemeinde *L* zu überprüfen, ein modernes Einkaufs- und Verwaltungszentrum zu errichten, statt die dörfliche Bebauung zu erhalten. Es fragt sich, in welchem Umfang die planerische Entscheidung einer Gemeinde der *verwaltungsgerichtlichen Kontrolle* unterliegt. Hierbei ist zwischen der Plankonzeption und dem auf Grund der Plankonzeption zeitlich und räumlich erforderlichen Bauleitplan zu unterscheiden.[20] Es ist daher ein *zweistufiges Kontrollschema* anzuwenden. 14

Die *Plankonzeption* findet im Allgemeinen in der *Stadtentwicklungsplanung* ihren Niederschlag, deren Ergebnisse bei der Aufstellung der Bauleitpläne zu berücksichtigen sind. In diesem Bereich steht der Gemeinde ein weitgehender Gestaltungsspielraum zu, der gerichtlich – wenn überhaupt – nur in ähnlicher Weise überprüft werden

---

[12] Ein Verstoß gegen § 1 III BauGB führt (nach der überkommenen Terminologie) zur Nichtigkeit des Bebauungsplans, BKL/*Krautzberger*, § 1 Rn. 26; *Muckel*, S. 37. § 214 I–III BauGB erfasst nicht einen Verstoß gegen die materiell-rechtliche Vorschrift des § 1 III BauGB. Da der Bebauungsplan als Satzung Rechtsnormqualität hat (vgl. § 10 I BauGB), kommt als Folge eines relevanten Rechtsverstoßes nur seine Unwirksamkeit in Betracht, also anders als beim Verwaltungsakt, der (auch) rechtswidrig und (dennoch) wirksam sein kann. Zum Rechtsschutz gegen Bauleitpläne s. Rn. 58 ff.
[13] Erweist sich ein neuer Bebauungsplan als nichtig, lebt der ersetzte wieder auf (so BKL/*Löhr*, § 10 Rn. 22) oder ist – nach aA – wirksam geblieben (so Finkelnburg/Ortloff/*Kment*, Bd. I, § 6 S. 99), ansonsten ist die Zulässigkeit eines Vorhabens in diesem Gebiet nach den §§ 34, 35 BauGB zu beurteilen.
[14] Entsprechendes gilt für die Änderung, Ergänzung und Aufhebung von Bauleitplänen (§ 1 VIII BauGB).
[15] *Hellermann*, § 4 Rn. 28.
[16] AllgM, BVerwGE 48, 56 (59); BKL/*Battis*, § 2 Rn. 20 f.; HBG/*Just*, § 2 Rn. 27 ff.).
[17] Vgl. EZBK/*Söfker*, § 1 Rn. 40.
[18] Dazu Fall 2.
[19] BKL/*Krautzberger*, § 1 Rn. 25 f. zu den unterschiedlichen Bedeutungen des Wortes „erforderlich" in den Vorschriften des Baurechts: *ebenda* § 1 Rn. 127. Beispiele zu nicht erforderlicher Planung bei: *Muckel*, S. 37. Zu dem bebauungsrechtlichen Planerfordernis bei §§ 34, 35 BauGB s. Fall 9.
[20] *BVerwG* DÖV 1971, 634; EZBK/*Söfker*, § 1 Rn. 31.

darf, wie dies in § 114 VwGO für das Ermessen bestimmt ist.[21] Die Plankonzeption beruht in der Regel auf *gemeindepolitischen Entscheidungen*, zB ob mit einer Planung die Schaffung eines Industriegebiets, eines ruhigen Kurorts usw. erreicht werden soll. Es ist nicht Aufgabe der Gerichte, derartige gemeindepolitische Entscheidungen zu überprüfen. Grundsätzlich bleibt es also der Einschätzung der Gemeinde überlassen, ob sie einen Bebauungsplan aufstellt, ändert oder aufhebt. Maßgebend sind ihre eigenen städtebaulichen Vorstellungen.[22]

Im Gegensatz hierzu kann eine *Rechtskontrolle* bei der Frage erfolgen, ob ein *Bauleitplan nach der planerischen Konzeption der Gemeinde zeitlich und räumlich erforderlich* ist. Nur in diesem Sinne ist der unbestimmte Rechtsbegriff der „Erforderlichkeit" des § 1 III 1 BauGB gerichtlich voll überprüfbar.[23]

15 **Hinweis:** Bei dieser Auslegung kommt der Vorschrift des § 1 III 1 BauGB im Rahmen der richterlichen Kontrolle kaum Bedeutung zu. Sie verhindert eine Planung in aller Regel wegen fehlender Erforderlichkeit nur dann, wenn sie von keiner erkennbaren Konzeption getragen ist und demnach auch nicht von ihr gefordert werden kann,[24] sie ersichtlich der Förderung von Zielen dient, für deren Verwirklichung die Planungsinstrumente des Baugesetzbuches nicht bestimmt sind.[25] Davon ist auszugehen, wenn eine planerische Festsetzung lediglich dazu dient, *private Interessen* zu befriedigen oder eine positive Zielsetzung nur *vorgeschoben* wird, um eine in Wahrheit auf bloße Verhinderung gerichtete Planung zu verdecken.[26] Ein Bauleitplan ist weiterhin nicht erforderlich, wenn er aus tatsächlichen oder rechtlichen Gründen *vollzugsunfähig* ist oder auf absehbare Zeit keine Aussicht auf *Verwirklichung* verspricht,[27] was auch bedeutet, dass die Erforderlichkeit eines Bebauungsplans oder einzelner seiner Festsetzungen wegen Funktionslosigkeit des Plans nachträglich entfallen kann.[28]

Umgekehrt ist nach Auffassung des *BVerwG* die Aufstellung eines Bebauungsplans erforderlich, wenn qualifizierte städtebauliche Gründe von besonderem Gewicht vorliegen. So könne sich ein qualifizierter städtebaulicher Handlungsbedarf und damit eine *Planungspflicht* aus dem *interkommunalen Abstimmungsgebot* (§ 1 III BauGB) und aus den *Zielen der Raumordnung* (§ 1 IV BauGB) ergeben.[29] Da die Planungspflicht ausschließlich dem öffentlichen Interesse an einer ordnungsgemäßen städtebaulichen Entwicklung dient, hat der Bürger *keinen Planungsanspruch*, auch wenn die Aufstellung eines Bauleitplans geboten ist. § 1 III 2 BauGB stellt dies ebenso eindeutig klar, wie das Verbot, durch Vertrag einen Plananspruch zu begründen. Bei Untätigkeit der Gemeinde kommen nur *Maßnahmen der Kommunalaufsicht* in Betracht, und zwar das Anordnungsrecht und die Ersatzvornahme.[30] Der Einzelne hat jedoch gegenüber der Kommunalaufsichtsbehörde *keinen* Anspruch auf ein Einschreiten.[31]

16 **(b) Subsumtion.** Die Entscheidung des Rates der Gemeinde *L*, ein modernes Einkaufs- und Verwaltungszentrum im Ortsteil *W* und damit eine „Stadtmitte" zu schaffen, ist eine typisch gemeindepolitische Entscheidung. Der Gemeinde muss es im Rahmen ihrer Planungshoheit überlassen bleiben festzulegen, ob und an welcher Stelle sie ein Stadtzentrum errichten will. Ebenfalls ist es eine Frage der Planungskonzeption, in welchem Umfang Verwaltungsbauten errichtet werden und ob sie besser zentral oder am Stadtrand liegen sollen. Dabei spielt es keine Rolle, dass sich

---

[21] BVerwGE 64, 33; HBG/*Bönker*, § 5 Rn. 101; auf die Unterschiede zu § 114 VwGO weist *Brohm* (§ 11 Rn. 6) hin, der von „äußeren" und „inneren" Grenzen des Planungsermessens spricht. Zu den inhaltlichen Schranken des Planungsermessens s. Fall 2.
[22] StRspr., vgl. *BVerwG* NVwZ-RR 2003, 7; *BVerwG* BauR 2010, 871.
[23] Vgl. DMS, Rn. 14.
[24] *BayVGH*, Urt. v- 29.9.2006 – 26 N 0.1038.
[25] BVerwGE 116, 144 (146 f.).
[26] BVerwGE 122, 109; OVG *Nds* BauR 2010, 1556 (zur sog. „Feigenblattplanung"); *Hellermann*, § 4 Rn. 59.
[27] BVerwGE 116, 144 (146 f.).
[28] Vgl. *BVerwG* NVwZ 2004, 1244. Ausführlich insgesamt zur Erforderlichkeit der Bauleitplanung KK/*Gierke*, § 1 Rn. 141 ff.
[29] *BVerwG* NVwZ 2004, 220.
[30] Zur Durchsetzung der Planungspflicht EZBK/*Söfker*, § 1 Rn. 42.
[31] *OVG Münster* DÖV 1954, 446.

die Vorstellungen der Gemeinde *L* über die Planung im Ortsteil *W* in kurzer Zeit geändert haben. Der Gesetzgeber wollte die Gemeinden durch § 1 III BauGB nicht hindern, ihre Bauleitplanung stets den neuesten, vorausschauenden Überlegungen anzupassen. Unter Berücksichtigung der Planungskonzeption der Gemeinde *L* war es erforderlich, einen neuen Bebauungsplan für den Ortsteil *W* aufzustellen und den früheren aufzuheben. Der Umstand, dass die Aufstellung des Bebauungsplans von der Mehrzahl der betroffenen Grundstückseigentümer abgelehnt worden ist, ändert nichts an der Gültigkeit des Bebauungsplans.

(2) Da mit dem Beschluss über den neuen Bebauungsplan gleichzeitig auch der Flächennutzungsplan geändert worden ist, hat die Gemeinde der Vorschrift des § 8 II, III BauGB Rechnung getragen.[32] 17

(3) Bezüglich des zulässigen Inhalts des Bebauungsplans (§ 9 I–VII BauGB) sind keine Mängel ersichtlich. Entsprechendes gilt für die fehlerfreie Abwägung nach § 1 VII BauGB.[33] 18

b) Zwischenergebnis 19

Der neue Bebauungsplan ist daher nicht wegen Verstoßes gegen § 1 III BauGB iVm §§ 2 I, 1 VII BauGB unwirksam. Demnach liegt das Bauvorhaben des *E* im Geltungsbereich eines gültigen Bebauungsplans, so dass § 30 I BauGB anwendbar ist.

2. Voraussetzungen für die Zulässigkeit eines Vorhabens nach § 30 BauGB 20

Nach dieser Vorschrift ist ein Vorhaben zulässig, wenn es den Festsetzungen des qualifizierten Bebauungsplans nicht widerspricht und die Erschließung gesichert ist. – Die eingeschossige Dorfschänke wäre mit den Festsetzungen des neuen Bebauungsplans für den Ortsteil *W* unvereinbar.

C. Ergebnis 21

Die Ablehnung des Antrags auf Baugenehmigung für die Dorfschänke war mithin aus bauplanungsrechtlichen Gesichtspunkten zulässig. Die Klage des *E* ist unbegründet.

Fall 2. Industriegebiet für Büromöbelkonzern

Ziele der Raumordnung – Planungsgrundsätze – Abwägungsgebot – Abstimmung mit Nachbargemeinde 22

Die Gemeinden *B* und *H* streiten sich um die Wirksamkeit eines Bebauungsplans der Gemeinde *B*. Hierzu kam es aus folgenden Gründen: Die finanzschwache Gemeinde *B* hatte es nach langen Verhandlungen erreicht, dass ein Büromöbelkonzern bereit war, auf ihrem Gebiet eine Großfertigungsanlage mit 1000 Arbeitsplätzen zu errichten. Der Konzern hatte zur Bedingung gemacht, dass ihm ein bestimmtes Gelände an einem zur Gemeinde *B* gehörenden See zur Verfügung gestellt wird. Dieses Gelände grenzt an die Gemeinde *H* an. Während die bewohnten Ortsteile der Gemeinde *B* mehrere Kilometer entfernt sind, reicht die Bebauung der Gemeinde *H* bis auf 300m an das Gelände. In dem Flächennutzungsplan der Gemeinde *B* war das in Frage kommende Gebiet ursprünglich als Grünfläche ausgewiesen. Nachdem der Flächennutzungsplan geändert worden war, beschloss der Rat der Gemeinde *B* einen Bebauungsplan und setzte das

---

[32] Zum Verhältnis Flächennutzungsplan – Bebauungsplan s. Rn. 53 ff.
[33] Eingehend zu diesem Thema: *Bach*, Die Abwägung nach § 1 Abs. 7 BauGB nach Erlass des EAG Bau, 2011.

Gelände als Industriegebiet fest. Die Gemeinde H war zuvor von der Gemeinde B über die Auslegung des Planentwurfs benachrichtigt worden. Die Gemeinde B hatte ihre Nachbargemeinde aber weder zur Äußerung aufgefordert noch ihre Stellungnahme zu dem Planvorhaben eingeholt. Kurz nachdem die Gemeinde H von der Bekanntmachung des Satzungsbeschlusses der Gemeinde B erfährt, teilt sie ihr schriftlich mit, dass sie den Bebauungsplan für rechtswidrig hält: Man könne nicht von einer Bauleitplanung iSd § 1 BauGB sprechen, wenn die Gemeinde B das Gelände auf Verlangen des Konzerns nunmehr als Industriegebiet festgesetzt habe. Die Wohnbedürfnisse der Bevölkerung ihrer Gemeinde seien nicht beachtet worden, da die Menschen nicht unerheblichen Immissionen ausgesetzt würden. Außerdem sei das fragliche Gebiet für die Naherholung gut geeignet, worauf der Minister für Landesplanung bei einem kürzlichen Besuch hingewiesen habe. Dieser habe in Aussicht gestellt, das Seegebiet landesplanerisch als Erholungsfläche auszuweisen. Sie, H, habe beabsichtigt, das dem See nahegelegene Gemeindegebiet durch einen Bebauungsplan als Wohngebiet auszuweisen. Eine entsprechende Plankonzeption sei in Vorbereitung. Daher sei die Gemeinde B verpflichtet gewesen, die Planung mit ihr abzustimmen. Dies sei nicht erfolgt, so dass § 2 II BauGB verletzt sei. – Die Gemeinde B trägt demgegenüber vor: Sie habe die Belange der Gemeinde H und ihrer Bevölkerung bei ihrer Planentscheidung berücksichtigt. Im Ergebnis sei aber die Ansiedlung des Industriebetriebs vor allem notwendig, um der in ihrem ländlichen Bereich drohenden Arbeitslosigkeit zu begegnen. Eine Abstimmung des Bebauungsplans mit der Gemeinde H sei nicht erforderlich gewesen, weil diese keine Bauleitpläne aufgestellt habe. Sie hätte daher auch nicht am Verfahren beteiligt werden müssen.

Die Gemeinde H möchte wissen, ob die Gemeinde B bei der Aufstellung des Bebauungsplans gegen Rechtsvorschriften verstoßen hat, weil sie dann die Kommunalaufsichtsbehörde zu einem Einschreiten veranlassen will. Erstellen Sie ein Rechtsgutachten zur Rechtmäßigkeit des Bebauungsplans!

Hinweis: Vorschriften des Bundes-Immissionsschutzgesetzes und des Gesetzes über die Umweltverträglichkeitsprüfung sollen bei diesem Fall außer Betracht bleiben.

Gliederung

I. Formelle Rechtmäßigkeit
  1. Verstoß gegen § 4 I 1, II 1 BauGB
    a) Vorliegen eines Verstoßes
    b) Beachtlichkeit des Verstoßes, §§ 214 I 1 Nr. 2 Halbs. 1 und Halbs. 2 BauGB
  2. Verstoß gegen § 2 III BauGB
  3. Verstoß gegen sonstige Verfahrensvorschriften
  4. Zwischenergebnis
II. Materielle Rechtmäßigkeit
  1. Verstoß gegen § 1 I BauGB
  2. Verstoß gegen § 1 IV BauGB
  3. Verstoß gegen § 1 VI, VII und § 1a BauGB
  4. Verstoß gegen § 2 II iVm § 1 VI, VII und § 1a BauGB
    a) Überprüfbarkeit der Vorgaben der §§ 1 V-VII, 1a BauGB
      aa) § 1 V, VI BauGB
      bb) § 1 VII BauGB
    b) Subsumtion
    c) Zwischenergebnis

III. Rechtsfolge des Verstoßes
1. Unbeachtlichkeit nach §§ 214, 215 BauGB
2. Heilung im ergänzenden Verfahren nach § 215 IV BauGB
IV. Ergebnis

Lösung

I. Formelle Rechtmäßigkeit

Es bestehen keine Anhaltspunkte dafür, dass die Gemeinde B bei der Aufstellung des Bebauungsplans die Vorschriften über die Zuständigkeit, die Form und die Bekanntmachung des Bebauungsplans verletzt hat.[34]
Sie könnte aber gegen Verfahrensvorschriften verstoßen haben.

1. Verstoß gegen § 4 I 1, II 1 BauGB

Als formeller Fehler, der zur Unwirksamkeit des Bebauungsplans führen kann, kommt ein Verstoß gegen § 4 I 1, II 1 BauGB in Betracht, weil die Gemeinde H in dem Aufstellungsverfahren nicht hinreichend beteiligt worden sein könnte.

a) Im Planungsverfahren hat die planende Gemeinde nach § 4 I 1 BauGB die Behörden und sonstigen Träger öffentlicher Belange, deren Aufgabenbereiche durch die Planung berührt werden können, zunächst zu unterrichten und zur Äußerung aufzufordern (*frühzeitige Behördenbeteiligung*) und nach § 4 II 1 BauGB in einem zweiten Schritt deren Stellungnahmen zum Planentwurf und zur Begründung einzuholen. Nachbargemeinden gehören zu den Trägern öffentlicher Belange. Ihre verfahrensrechtliche Beteiligung dient dem *materiellen Abstimmungsgebot* nach § 2 II BauGB.

Die Nachbargemeinde H ist von der Planung der Gemeinde B betroffen. Sie ist aber lediglich über den Planentwurf unterrichtet worden. Ob aus der fehlenden Aufforderung zur Äußerung zwingend ein Verfahrensverstoß hinsichtlich der frühzeitigen Behördenbeteiligung iSd § 4 I 1 BauGB folgt, kann dahinstehen, weil ein solcher Verstoß nach § 214 I Nr. 2 BauGB unbeachtlich ist, da die Norm *nur die förmliche Behördenbeteiligung* nach § 4 II BauGB *in Bezug nimmt*. Insofern hätte die Gemeinde B jedoch eine Stellungnahme der Gemeinde H zum Planentwurf und zur Begründung einholen müssen. Diese Pflicht geht weiter als eine reine Benachrichtigungspflicht von der Planung. Jedenfalls genügt die bloße Benachrichtigung über die Auslegung des Planentwurfs nicht den Anforderungen einer förmlichen Beteiligung nach § 4 II BauGB.[35]

b) Der Verstoß gegen § 4 II BauGB ist nach § 214 I 1 Nr. 2 Halbs. 1 BauGB grundsätzlich beachtlich. Nach der sog. *internen Unbeachtlichkeitsregel* des § 214 I 1 Nr. 2 Halbs. 2 BauGB ist eine Verletzung von Beteiligungsvorschriften jedoch dann unbeachtlich, wenn die Belange der Gemeinde H unerheblich waren oder in der Planentscheidung der Gemeinde B berücksichtigt worden sind. Als unerheblich können die Belange der Gemeinde H angesichts der bestehenden Sachlage nicht gewertet werden. Die Gemeinde B hat jedoch die Belange ihrer Nachbargemeinde bei ihrer Entscheidung *berücksichtigt*, nur im Ergebnis anderen Belangen den Vorrang gegeben. Damit ist die Missachtung der nach § 4 II BauGB gebotenen förmlichen Beteiligung der Gemeinde H unbeachtlich.

Der Bebauungsplan ist daher nicht wegen eines Verstoßes gegen § 4 II BauGB unwirksam.

---

[34] Zum Aufstellungsverfahren für einen Bebauungsplan vgl. im einzelnen o. Rn. 11.
[35] Vgl. *BVerwG* NVwZ 1998, 956 (958).

29 **2. Verstoß gegen § 2 III BauGB**

Der Bebauungsplan könnte wegen eines Fehlers bei der Ermittlung und Bewertung des Abwägungsmaterials gegen § 2 III BauGB verstoßen und damit formell rechtswidrig sein.

30 **Exkurs: Abwägungsfehlerlehre unter Berücksichtigung der Änderungen durch das EAG Bau:** Bei der Planaufstellung hat die Gemeinde nach § 1 VII BauGB, die – beispielhaft in § 1 VI BauGB und in Ergänzung hierzu in § 1a BauGB aufgeführten – öffentlichen und privaten Belange gerecht gegen- und untereinander abzuwägen. Durch das EAG Bau aus dem Jahr 2004 wurde § 2 III BauGB als „Verfahrensgrundnorm"[36] in das BauGB aufgenommen. Danach sind bei der Aufstellung der Bauleitpläne die Belange, die für die Abwägung von Bedeutung sind (Abwägungsmaterial), zu ermitteln und zu bewerten.
Die Abwägung selbst erfolgt in drei Schritten[37]: (a) Ermittlung der für die Abwägung relevanten Belange, (b) Gewichtung dieser Belange, (c) eigentliche Abwägungsentscheidung: welche Belange müssen zurücktreten bzw. zum Durchbruch gelangen. Die ersten beiden Schritte bilden den sog. Abwägungsvorgang, der letzte stellt das sog. Abwägungsergebnis dar. Auf beiden Ebenen wiederum sind Fehler denkbar: In Betracht kommen nach der Rechtsprechung des *BVerwG* und nahezu einhelliger Ansicht in der Literatur folgende Fehler[38]: (a) Abwägungsausfall – nur im Rahmen des Abwägungsvorgangs –, (b) Abwägungsdefizit, (c) Abwägungsfehleinschätzung und (d) Abwägungsdisproportionalität. Das Gesetz knüpft – abhängig von der betroffenen „Ebene" – unterschiedliche Folgen an einen Rechtsfehler. Mängel im Abwägungsvorgang können gemäß § 214 III 2 BauGB unbeachtlich sein. Dies ist nur dann nicht der Fall, wenn sie offensichtlich und auf das Abwägungsergebnis von Einfluss gewesen sind, § 214 III 2 Halbs. 2 BauGB. Außerdem muss ein solcher Mangel gem. § 215 I Nr. 3 BauGB innerhalb einer 2-Jahres-Frist geltend gemacht werden. Mängel, das Abwägungsergebnis betreffend, sind hingegen stets beachtlich und hinsichtlich ihrer Geltendmachung an keine Frist gebunden.
Durch die mit dem EAG Bau eingeführten Vorschriften der §§ 2 III, 214 I 1 Nr. 1 BauGB sind bis dahin als materiell-rechtlich eingeordnete Anforderungen dem Verfahrensrecht zugeordnet worden (vgl. den Wortlaut des § 214 I 1 BauGB), obwohl § 214 III 2 BauGB zugleich von einer möglichen materiell-rechtlichen Relevanz von Fehlern im Rahmen des Abwägungsvorgangs spricht. In der Literatur ist diese Rechtsänderung stark kritisiert und überwiegend ein Festhalten an der überkommenen Dogmatik gefordert worden.[39] In seiner Rechtsprechung stuft das *BVerwG* Abwägungsfehler nunmehr als Verfahrensfehler ein und bleibt im Übrigen inhaltlich bei seiner vorherigen Rechtsprechung.[40]
So sind *Mängel im Abwägungsvorgang*, bei der Ermittlung und Bewertung des Abwägungsmaterials gem. § 214 I 1 Nr. 1 BauGB beachtlich, wenn sie einen wesentlichen Punkt betrafen, offensichtlich und auf das Ergebnis des Verfahrens von Einfluss gewesen sind. Das „Ergebnis des Verfahrens" ist gleichbedeutend mit dem Abwägungsergebnis. Nach der Rechtsprechung des *BVerwG* kommt es durch die Bezugnahme auf „wesentliche Punkte" zu keiner weiteren Einschränkung der Fehlerbeachtlichkeit gegenüber der Regelung des § 214 III BauGB, da dies bereits gegeben sei, wenn die fehlerhaft ermittelten oder bewerteten Belange in der konkreten Situation abwägungsbeachtlich waren.[41]
Die sonstigen Fehlern im Abwägungsvorgang gem. § 214 III 2 Halbs. 2 BauGB sind nur erheblich, wenn sie offensichtlich und auf das Abwägungsergebnis von Einfluss gewesen sind. Nach der Einführung der §§ 2 III, 214 I 1 Nr. 1 BauGB zählen wohl nur Fälle der Abwägungsdisproportionalität unter die sonstigen Fehler.[42]
Unbeachtlich werden diese Mängel nach § 215 I Nr. 1 bzw. Nr. 3 BauGB, wenn sie nicht innerhalb der *Präklusionsfrist* von *zwei Jahren* nach Bekanntmachung des Flächennutzungsplans oder der Satzung geltend gemacht werden.

---

[36] BT-Drs. 15/2250, S. 42. Näher zum gesamten Problemfeld *Bach*, Die Abwägung nach § 1 Abs. 7 BauGB nach Erlass des EAG Bau, 2011.
[37] Vgl. BVerwGE 59, 87, 98; Finkenburg/Ortloff/*Kment*, Bd. I, S. 42 ff., Rn. 24 ff.; *Muckel*, S. 47.
[38] Grundlegend BVerwGE 34, 301; *Stüer*, Handbuch des Bau- und Fachplanungsrechts, Rn. 1527 ff.
[39] BKL/*Battis*, § 214 Rn. 20; *Hellermann*, § 4 Rn. 85 mwN.
[40] *BVerwG* NVwZ 2008, 899 ff.; vgl. dazu auch: *Mager*, JA 2009, 398 (400).
[41] *BVerwG* NVwZ 2008, 899 (900 f.).
[42] *Mager* JA 2009, 398 (400); str., vgl. auch Spannowsky/Uechtritz/*Uechtritz*, § 214 Rn. 120 f.

1. Planerische Gestaltungsfreiheit der Gemeinden und ihre Schranken

Fehler im Abwägungsergebnis sind immer *beachtlich* und können nicht präkludiert werden, da sie weder von § 214 III 2 Halbs. 1 BauGB noch von § 215 I BauGB erfasst sind. Nach § 214 IV BauGB können der Flächennutzungsplan, der Bebauungsplan und sonstige städtebauliche Satzungen durch ein sog. *ergänzendes Verfahren* zur Behebung von (formellen und materiellen) Fehlern auch rückwirkend in Kraft gesetzt werden. Es muss sich dabei jedoch um Fehler handeln, die die *Grundzüge der Planung* nicht berühren.[43]

Das Ermitteln und Bewerten des Abwägungsmaterials ist also ein Verfahrensschritt und damit eine Frage der formellen Rechtmäßigkeit des Bauleitplans. Verfahrensfehler im Rahmen des § 2 III BauGB liegen in Anlehnung an die herkömmliche Abwägungsfehlerlehre vor, wenn die von der Planung berührten Belange überhaupt nicht ermittelt oder bewertet worden sind, die nach Lage der Dinge hätten ermittelt oder bewertet werden müssen, oder wenn die Bedeutung der ermittelten Belange verkannt worden ist.[44]

Bei ihrer Planung für das Gelände an dem See musste die Gemeinde *B* nach § 1 V BauGB als generelle Planungsziele eine nachhaltige städtebauliche Entwicklung, die die sozialen, wirtschaftlichen und umweltschützenden Anforderungen auch in Verantwortung gegenüber künftigen Generationen miteinander in Einklang bringt, sowie die baukulturelle Erhaltung und Entwicklung des Landschaftsbildes beachten. In Konkretisierung dessen musste sie folgende Planungsleitsätze als öffentliche Belange des § 1 VI BauGB berücksichtigen: Gesunde Wohnverhältnisse (Nr. 1), Freizeit und Erholung (Nr. 3), Gestaltung des Orts- und Landschaftsbildes (Nr. 5); Umweltschutz mit Naturschutz und Landschaftspflege (Nr. 7) – hierbei insbesondere die umweltbezogenen Auswirkungen auf die Gesundheit der Bevölkerung (Nr. 7c), die Vermeidung von Emissionen (Nr. 7e) sowie die Vermeidung erheblicher Beeinträchtigungen des Landschaftsbildes (§ 1a III 1 BauGB) –, Belange der Wirtschaft und die Schaffung von Arbeitsplätzen (Nr. 8a und c).

Hinweis: Da laut Bearbeiterhinweis die Vorschriften des BImSchG außer Betracht bleiben sollen, ist hier auf § 50 BImSchG nicht näher einzugehen (s. dazu Fall 9). Ansonsten wäre § 50 BImSchG vorrangig zu erörtern – jedenfalls soweit es den Immissionsschutz für Wohngebiete und sonstige schutzbedürftige Gebiete anbelangt.

Der Gesichtspunkt der *gesunden Wohnverhältnisse* beschränkt sich nicht nur auf Anforderungen der Medizin und Wohnungshygiene, sondern erstreckt sich auch auf die Gestaltung einer lebenswerten Umwelt, wobei dem Schutz von Wohngebieten besondere Bedeutung zukommt.[45] Hieraus ist – ebenso wie aus § 50 BImSchG – die Forderung nach einer *sinnvollen Anordnung der verschiedenen Baugebiete* je nach dem Grad ihrer Immissionsbelastung abzuleiten. Insbesondere müssen Gewerbe- und Industriegebiete grundsätzlich von Wohngebieten einen solchen Abstand haben, dass unter Berücksichtigung der örtlichen Verhältnisse (Topografie, Windrichtung) eine unzumutbare Belästigung der Wohngebiete ausgeschlossen ist.[46] Dieser Grundsatz beruht auch auf den *Forderungen des Umweltschutzes*.[47] Er gilt nicht für sog. *Gemengelagen*, dh für ein vorhandenes historisch gewachsenes Nebeneinander von

---

[43] *Mager* JA 2009, 398 (400).
[44] Regierungsentwurf zum EAG Bau, BT-Drs. 15/2250, S. 63.
[45] EZBK/*Söfker*, § 1 Rn. 114 ff.; ähnlich BKL/*Krautzberger*, § 1 Rn. 52 unter Hinweis auf § 136 III Nr. 1 BauGB.
[46] BVerwGE 45, 309 (327); BKL/*Krautzberger*, § 1 Rn. 110.
[47] BKL/*Krautzberger*, § 1 Rn. 66. Soweit die Bauleitpläne die Wohnbedürfnisse der Bevölkerung berücksichtigen sollen (§ 1 VI Nr. 2 BauGB), war die Gemeinde *B* nicht gebunden; denn unter diesen Begriff fällt nur die Ausweisung von Flächen entsprechend den örtlichen Bedürfnissen und Wohnungswünschen (zB für Mietwohnungen und Familieneigenheime, Größe einer Siedlung; s. BKL/*Krautzberger*, § 1 Rn. 55; EZBK/*Söfker*, § 1 Rn. 120 ff.).

gewerblicher Nutzung und Wohnbebauung,⁴⁸ soll aber die Schaffung neuer Konfliktlagen verhindern. Da das Gelände an dem See als Grünfläche für die Naherholung der Bewohner der Gemeinden B und H geeignet war, musste die Gemeinde auch die Belange des Umweltschutzes einschließlich des Naturschutzes und der Landschaftspflege in ihre Überlegungen einbeziehen.

Zu den *Belangen der Wirtschaft* gehört die Ausweisung von geeigneten, ausreichenden Gewerbe- und Industriegebieten, von Flächen für Verkehrs- und Versorgungsanlagen, von Häfen usw.⁴⁹ Hinsichtlich der Verhinderung von Arbeitslosigkeit ist mit der Regelung in § 1 VI Nr. 8c die *Schaffung von Arbeitsplätzen* ausdrücklich als öffentlicher Belang in das BauGB aufgenommen worden.

Es bestehen keine zwingenden Anhaltspunkte für die Annahme, dass die Gemeinde B die abwägungserheblichen Belange nicht ermittelt und bewertet hat. Zwar wurde die Nachbargemeinde H unter Verstoß gegen § 4 II 1 BauGB im Aufstellungsverfahren nicht förmlich beteiligt (s. o.), dennoch wurden ihre Belange berücksichtigt. Es ist auch nicht ersichtlich, dass die Bedeutung der jeweiligen Belange verkannt worden ist. Vielmehr ist davon auszugehen, dass die berührten Belange in die Abwägung mit eingestellt worden sind. Dass sie möglicherweise *im Verhältnis zueinander* falsch gewichtet wurden, könnte zu einer *Abwägungsdisproportionalität* führen, die einen stets beachtlichen Fehler im Abwägungsergebnis zur Folge hätte. Dies ist jedoch eine *materielle* Frage des Abwägungsgebots nach § 1 VII BauGB.

Der Bebauungsplan der Gemeinde B verstößt nicht gegen § 2 III BauGB.

34 **Hinweis:** Mit entsprechender Begründung und einer weiten Auslegung des „Bewertens" ließe sich auch vertreten, dass der Sachverhalt hinreichende Anhaltspunkte für ein Ermittlungs- bzw. Bewertungsdefizit iSd § 2 III BauGB enthält. Argumentativ anknüpfen könnte man dabei an den Umstand, dass die Nachbargemeinde H förmlich nicht beteiligt wurde und daher bereits die isoliert zu bewertende Bedeutung der ermittelten Belange verkannt worden sind. Dies würde einen Mangel im Abwägungsvorgang begründen, der zur formellen Rechtswidrigkeit des Bebauungsplans führt. Hier zeigt sich die Problematik in der Abgrenzung zwischen § 2 III BauGB und § 1 VII BauGB und damit in der Abgrenzung zwischen dem verfahrensrechtlichen Ermitteln und Bewerten des Abwägungsmaterials und dem Abwägungsergebnis, das materiellrechtlich zu beurteilen ist. Kommt man zu einem Verstoß des § 2 III BauGB, hätte das zur Konsequenz, dass ein entsprechender Mangel nach § 214 I 1 Nr. 1 BauGB nur erheblich ist, wenn er offensichtlich und auf das Ergebnis des Verfahrens von Einfluss gewesen ist. Offensichtlich ist ein Fehler dann, wenn er sich aus der aktenmäßigen Zusammenstellung und Aufbereitung des Abwägungsmaterials ergibt und nicht nur aus den Motiven und Vorstellungen der an der Abstimmung beteiligten Gemeindevertreter. Erforderlich sind also objektiv fassbare Sachumstände, die auf den Fehler hindeuten.⁵⁰ Ein Mangel ist auf das Abwägungsergebnis von Einfluss, wenn nach den Umständen des Falls die konkrete Möglichkeit besteht, dass das Ergebnis ohne den Fehler anders ausgefallen wäre.⁵¹ Beide Aspekte lassen sich nach dem Sachverhalt nicht ohne weiteres begründen. Hinsichtlich der Offensichtlichkeit könnte man aber von dem Normalfall ausgehen, dass die fehlerhafte Gewichtung der öffentlichen Belange, die zur Entscheidung zugunsten der Ansiedlung des Büromöbelkonzerns geführt hat, aus den Protokollen der Ausschuss- und Ratssitzungen oder aus den Planungsunterlagen hervorgeht. Es ließe sich weiterhin begründen, dass eine Ausweisung des Geländes an dem See für die Betriebsansiedlung nicht in Betracht gekommen wäre, wenn die Gemeindevertreter die Belange der gesunden Wohnverhältnisse (§ 1 VI Nr. 1 BauGB) und des Umweltschutzes einschließlich Naturschutz und Landschaftspflege (§ 1 VI Nr. 7 iVm § 1a BauGB) richtig gewichtet hätten. Der Fehler im Ermittlungs- und Bewertungsverfahren wäre demnach gem. § 214 I 1 Nr. 1 BauGB beachtlich, weil er Einfluss auf das Abwägungsergebnis gehabt hat. Ebenfalls vertretbar wäre jedoch die Annahme, dass das Abwägungsergebnis der Gemeinde B nicht anders ausgefallen wäre, da sie die Belange der Gemeinde H berücksichtigt hatte, diese nur hinter anderen

---

⁴⁸ EZBK/*Söfker*, § 1 Rn. 236; BKL/*Krautzberger*, § 1 Rn. 110 ff.
⁴⁹ BKL/*Krautzberger*, § 1 Rn. 71; EZBK/*Söfker*, 157 ff.
⁵⁰ BKL/*Battis*, § 214 Rn. 21 mwN.
⁵¹ *BayVGH* ZUR 2005, 268 (271); BKL/*Battis*, § 214 Rn. 22.

Belangen zurücktreten ließ. Damit offenbart sich auch in der Falllösung der „Zündstoff", der in der Regelung des § 214 III Halbs. 1 BauGB steckt, wonach Mängel bei der Ermittlung oder Bewertung des Abwägungsmaterials nicht als (stets beachtliche) Mängel der Abwägung geltend gemacht werden können.

3. Verstoß gegen sonstige Verfahrensvorschriften 35

Andere Verfahrensverstöße sind nicht ersichtlich. Es ist ua zu unterstellen, dass hinsichtlich der *Belange des Umweltschutzes* nach § 1 VI Nr. 7 iVm § 1a BauGB eine verfahrensrechtlich ordnungsgemäße *Umweltprüfung* nach § 2 IV BauGB vorgenommen wurde, in der die voraussichtlichen Umweltauswirkungen ermittelt wurden, und dass diese in einem *Umweltbericht* gem. §§ 2 IV, 2a BauGB iVm mit der Anlage zu § 2 IV und § 2a BauGB beschrieben und bewertet worden sind.[52]

4. Zwischenergebnis 36

Der Bebauungsplan der Gemeinde B ist formell rechtmäßig.

II. Materielle Rechtmäßigkeit 37

Es kann jedoch ein Verstoß gegen die materiellen Vorschriften des BauGB vorliegen. In Betracht kommt eine Verletzung der planerischen Gestaltungsfreiheit (des Planungsermessens). Aus der Formulierung in § 2 I 1 BauGB „Bauleitpläne sind von der Gemeinde *in eigener Verantwortung* aufzustellen" folgt, dass den Gemeinden die Planungshoheit für ihr Gebiet zusteht. Planungshoheit bedeutet dabei vor allem die Einräumung eines Planungsermessens (s. Fall 1). Da lediglich die Rechtmäßigkeit des Bebauungsplans überprüft werden soll, ist *in Anlehnung* an § 114 VwGO grundsätzlich nur zu untersuchen, ob die planerische Gestaltungsfreiheit überschritten worden ist.

Das BauGB enthält vor allem in §§ 1 I, IV–VII und 2 II *materielle Schranken des Planungsermessens*, gegen die die Gemeinde *B* verstoßen haben kann.

1. Verstoß gegen § 1 I BauGB 38

§ 1 I BauGB kann insofern verletzt sein, als das Industriegebiet auf Wunsch des Büromöbelkonzerns in dem Bebauungsplan ausgewiesen worden ist. Es fragt sich, welche Bedeutung § 1 I BauGB als Schranke des Planungsermessens hat. Wichtigste Aussage des § 1 I BauGB ist, dass Bauleitpläne die Aufgabe haben, die bauliche und sonstige Nutzung der Grundstücke in der Gemeinde nach Maßgabe des BauGB vorzubereiten und zu leiten. Das Gesetz stellt damit eine erste, weit gefasste Schranke für die Bauleitplanung auf: Mit ihr muss die Erfüllung der genannten *Entwicklungs- und Ordnungsaufgabe* erfolgen. Ein Verstoß gegen § 1 I BauGB würde zB vorliegen, wenn mit einer Bauleitplanung lediglich private Interessen verfolgt werden, etwa wirtschaftliche Interessen der Grundstückseigentümer.[53]

Bei *Maßnahmen der Wirtschaftsförderung* besteht grundsätzlich ein enger Zusammenhang mit der gemeindlichen Planung. Hier hatte der Büromöbelkonzern für die Errichtung der Großfertigungsanlage gefordert, dass ihm ein bestimmtes Gelände an einem See zur Verfügung gestellt werde. Es ist Tatfrage, ob die Gemeinde ausschließlich wegen dieses Verlangens das Gelände als Industriegebiet ausgewiesen hat. Geht man von dem Normalfall aus, dass die Gemeinde *B* nicht lediglich die privaten Interessen des Konzerns verfolgt, sondern auch eine Prüfung in städtebaulicher Hinsicht vorgenommen hat, lässt sich ein Verstoß gegen § 1 I BauGB nicht feststellen.

---

[52] Zu Aspekten einer Umweltprüfung *Krautzberger* UPR 2010, 361 ff.
[53] Grundlegend BVerwGE 45, 309 (312) – Flachglas-Entscheidung; BKL/*Krautzberger*, § 1 Rn. 10 f.

39 **2. Verstoß gegen § 1 IV BauGB**

Es ist zweifelhaft, ob der Bebauungsplan der Gemeinde B deshalb gegen § 1 IV BauGB verstößt, weil der Minister für Landesplanung erklärt hat, das Seengebiet solle in der Landesplanung als Erholungsfläche ausgewiesen werden. § 1 IV BauGB, wonach Bauleitpläne den *Zielen der Raumordnung* (dazu gehören auch landesplanerische Vorgaben, vgl. § 3 I Nr. 2 ROG[54]) *anzupassen* sind, soll gewährleisten, dass die überörtlichen Festlegungen bei der letztlich maßgebenden örtlichen Planung auch tatsächlich durchgesetzt werden.[55] Über die Ziele der Raumordnung darf sich die Gemeinde nicht im Wege der Abwägung hinwegsetzen.[56] Es fragt sich, ob die Erklärung des Ministers zu den Zielen der Raumordnung iSd § 1 IV BauGB gehört.

Früher war zweifelhaft, welchen Anforderungen die Ziele der Raumordnung genügen mussten, um eine *Anpassungspflicht* zu begründen. § 3 I Nr. 2 ROG enthält eine Legaldefinition: Ziele der Raumordnung sind „verbindliche Vorgaben in Form von räumlich und sachlich bestimmten oder bestimmbaren, vom Träger der Raumordnung abschließend abgewogenen (§ 7 Abs. 2) textlichen oder zeichnerischen Festlegungen in Raumordnungsplänen zur Entwicklung, Ordnung und Sicherung des Raums". Sie brauchen nicht in einem förmlichen Gesetz oder einer Rechtsverordnung enthalten zu sein, müssen aber hinreichend konkretisiert und der Nachprüfung zugänglich sein.[57]

Regierungserklärungen oder, wie hier, die Äußerung eines Ministers reichen ohne Umsetzung in die nach den Landesplanungsgesetzen vorgesehenen Programme und Pläne nicht aus, um die Anpassungspflicht des § 1 IV BauGB zu begründen.[58]

Demnach verstößt der Bebauungsplan der Gemeinde B nicht gegen § 1 IV BauGB.

40 **Hinweis:** Sollte in einem Klausurfall die Umsetzung erfolgt sein, müsste der Sachverhalt dazu einen Vermerk enthalten. Zu beachten ist auch, dass Verstöße gegen das Anpassungsgebot des § 1 IV BauGB durch ein ergänzendes Verfahren nach § 214 IV BauGB ausgeräumt werden können.[59]

41 **3. Verstoß gegen § 1 VI, VII BauGB und § 1a BauGB**

Der Bebauungsplan könnte aber gegen § 1 VI und VII BauGB sowie gegen § 1a BauGB verstoßen. Diese Vorschriften sind unmittelbar nur anwendbar, wenn es sich um Belange und Erfordernisse *innerhalb derselben Gemeinde* handelt. Das ergibt sich aus der Existenz des § 2 II BauGB, der die Abstimmung von Bauleitplänen benachbarter Gemeinden regelt. Da die bewohnten Ortsteile der Gemeinde B mehrere Kilometer von dem Industriegebiet entfernt liegen, ist auf die Gesundheit der Bevölkerung der Gemeinde B hinreichend Rücksicht genommen worden. Für eine Verletzung sonstiger, in § 1 VI, VII BauGB genannter Belange der Bewohner der Gemeinde B, sind keine Anhaltspunkte vorhanden.

42 **4. Verstoß gegen § 2 II BauGB iVm § 1 VI, VII BauGB und § 1a BauGB**

Da hier zwei Gemeinden betroffen sind, kann § 1 V, VI, VII BauGB über § 2 II BauGB angewendet werden. Das Abstimmungsgebot des § 2 II BauGB soll sicher-

---

[54] Vgl. dazu *OVG NRW* NWVBl 2001, 349.
[55] § 1 IV BauGB schränkt die gemeindliche Planungshoheit in verfassungsrechtlich zulässiger Weise ein (Art. 28 II 1 GG „im Rahmen der Gesetze"), vgl. BVerwGE 90, 330 (335); BKL/*Krautzberger*, § 1 Rn. 34.
[56] BVerwGE 90, 329 (334 f.); BKL/*Krautzberger*, § 1 Rn. 40 ff.
[57] Vgl. BVerwGE 6, 342 (345); BKL/*Krautzberger*, § 1 Rn. 39.
[58] Entsprechendes gilt für Sachverständigengutachten, Schubladenpläne, Bewertungen in Landesplanungsberichten usw., vgl. Schrödter/*Schrödter*, § 1 Rn. 48a, 52.
[59] BVerwGE 119, 54.

stellen, dass die Kommunen ihre Bauleitpläne nicht zulasten der Interessen ihrer Nachbargemeinden[60] erlassen (sog. *interkommunales Abstimmungsgebot*[61]). Nach der zutreffenden Grundsatzentscheidung des *BVerwG*[62] betrifft § 2 II BauGB das materielle Abgestimmtsein der Bauleitpläne benachbarter Gemeinden, während sich §§ 4, 4a BauGB auf den formellen (verfahrensmäßigen) Vorgang des Abstimmens als Tätigkeit (zB durch Anhören, Beteiligen) bezieht.[63]

Da die Gemeinde *H* keine Bauleitpläne aufgestellt hat, ist zweifelhaft, ob die Abstimmungspflicht des § 2 II BauGB überhaupt bestand. Nach hM und der Rechtsprechung des *BVerwG* setzt § 2 II BauGB aber gerade nicht voraus, dass die benachbarte Gemeinde selbst Bauleitpläne aufgestellt oder auch nur das Planaufstellungsverfahren eingeleitet hat. Die Schutzwürdigkeit der Pflicht zur materiellen Abstimmung steigert sich zwar beim Bestehen konkreter Bauleitpläne, sie besteht aber unabhängig davon immer dann, wenn die Planung unmittelbare Auswirkungen gewichtiger Art für eine andere Gemeinde hat.[64] Nach der inzwischen gefestigten Rechtsprechung des *BVerwG* besteht schon dann eine Pflicht zur Berücksichtigung nachbargemeindlicher Belange, wenn diese „mehr als geringfügig betroffen sind".[65] Solange eine Gemeinde noch keine Plankonzeption hat, bezieht sich die Abstimmung auf die tatsächlichen Gegebenheiten. Selbst wenn man einschränkend verlangt, dass das Abstimmungsgebot erst dann zu Tragen kommen kann, wenn die Nachbargemeinde hinreichend konkrete Planungen benennt, die beeinträchtigt sein können[66], wäre diese Voraussetzung hier erfüllt. Die Gemeinde *H* beabsichtigt selbst die Aufstellung eines Bebauungsplans, dessen Durchsetzbarkeit im Einwirkungsbereich der Großfertigungsanlage jedoch nachhaltig gestört wäre. Die Abstimmungspflicht bestand daher für die Gemeinde *B,* auch wenn die Gemeinde *H* noch keine Bauleitpläne aufgestellt hatte.

Der Inhalt der Abstimmungspflicht ergibt sich aus den Planungszielen des § 1 V–VII BauGB und umfasst nur Rechte der Nachbargemeinde, nicht bloße Erwartungen oder Hoffnungen.[67]

Durch das EAG Bau wurde ein Satz 2 in § 2 II BauGB aufgenommen, wonach sich die Gemeinden im Rahmen des Abstimmungsgebotes auch auf die ihnen durch Ziele der Raumordnung zugewiesenen Funktionen als wehrfähiges Recht berufen können.[68] Da, wie oben bereits erörtert, die Ziele der Raumordnung im vorliegenden Fall aber nicht hinreichend konkretisiert sind, kann die Gemeinde *H* aus § 2 II 2 BauGB kein Recht herleiten.

Als Rechte könnten aber die materiellen Schranken des Planungsermessens (§§ 1 V–VI, 1a BauGB) verletzt sein, weil die Gemeinde *B* das Gelände an dem See als Industriegebiet ausgewiesen und sich möglicherweise nicht hinreichend nach den

---

[60] „Benachbarte Gemeinden" iSd § 2 II BauGB sind nicht nur die unmittelbar angrenzenden Gemeinden, sondern alle Gemeinden, die von der Auswirkungen einer Planung betroffen sind, vgl. EZBK/*Söfker,* § 2 Rn. 106 mwN.
[61] BVerwGE 40, 323(328 ff.).
[62] *BVerwG,* Urt. v. 8.9.1972, BVerwGE 40, 323 (328) zu der entsprechenden Vorschrift des inzwischen außer Kraft getretenen BBauG.
[63] EZBK/*Söfker,* § 2 Rn. 108 ff. § 2 II BauGB stellt somit eine *materielle* Grenze der planerischen Gestaltungsfreiheit dar, vgl. BKL/*Battis,* § 2 Rn. 20.
[64] HM und stRspr *BVerwG* NVwZ 2010, 1026 mwN; EZBK/*Söfker,* § 2 Rn. 100.
[65] *BVerwG* NVwZ 2010, 1026. BKL/*Battis,* § 2 Rn. 22; auch unter Hinweis auf einen *einfachen* bzw. *qualifizierten* Abstimmungsbedarf abhängig vom jeweiligen Grad der Betroffenheit in den gemeindlichen Belangen.
[66] Vgl. BVerwGE 74, 124 (132).
[67] BVerwGE 40, 323 (331); EZBK/*Söfker,* § 2 Rn. 100.
[68] Ausführlich dazu *Kment* UPR 2005, 95 ff.; krit. zu der Neuregelung durch das EAG Bau *Hoppe* NVwZ 2004, 282 ff.

Wohnbedürfnissen der Bevölkerung der Gemeinde H und deren Gesundheit gerichtet hat.

43 **a) Überprüfbarkeit der Vorgaben der §§ 1 V–VII, 1a BauGB**

aa) § 1 V, VI BauGB

Bei den in § 1 V BauGB enthaltenen generellen Planungszielen und den konkreten Planungsleitlinien des § 1 VI BauGB (Nr. 7 ergänzt durch die Vorschriften zum Umweltschutz, § 1a BauGB) handelt es sich um unbestimmte Rechtsbegriffe. Nach zutreffender Ansicht des *BVerwG*,[69] der sich das überwiegende Schrifttum[70] angeschlossen hat, steht der planenden Gemeinde insoweit kein Beurteilungsspielraum zu, weil sie hinsichtlich der Merkmale in § 1 V, VI BauGB keine ausschließliche oder wenigstens hervorragende Sachkunde besitzt. Dies gilt umso mehr bei den Belangen, die nicht einmal in die Zuständigkeit der Gemeinde fallen (zB „Erfordernisse für Gottesdienst und Seelsorge", „Belange der Verteidigung").

44 **bb) § 1 VII BauGB**

Dagegen ist die Frage, ob die Gemeinde bei ihrer Planung „die öffentlichen und privaten Belange gegeneinander und untereinander gerecht" abgewogen hat (*Abwägungsgebot* des § 1 VII BauGB), vom Gericht nur beschränkt überprüfbar.[71] Die *öffentlichen Belange* sind in § 1 VI BauGB im Wesentlichen (also nicht abschließend) aufgezählt. Die *privaten Belange* betreffen zB das Eigentum des einzelnen[72] wie die wirtschaftliche Verwertbarkeit eines Grundstücks, die Auswirkungen der Planung auf das Unternehmen oder auf das Vermögen sowie die Gesundheit. Eine volle Überprüfbarkeit des Abwägungsgebots kann nicht angenommen werden, da die Abwägung, die regelmäßig einen Kompromiss zwischen zahlreichen divergierenden Interessen suchen muss, einen wesentlichen Teil der gemeindlichen Planungsfreiheit ausmacht. Das Vorziehen oder Zurücksetzen bestimmter Belange ist wesentlicher Inhalt der planerischen Entscheidung, die zum Ausdruck bringt, wie und in welcher Richtung sich eine Gemeinde entwickeln will.[73] Einerseits ist das Abwägungsgebot also Ausdruck der Planungsfreiheit, andererseits aber auch rechtliche Schranke der Bauleitplanung.[74]

45 **b) Subsumtion**

Wie oben festgestellt, hat die Gemeinde B das Abwägungsmaterial gem. § 2 III BauGB in einer Weise ermittelt und bewertet, die nicht zur formellen Rechtswidrigkeit des Bebauungsplans führt.

---

[69] Grundsatzentscheidung v. 12.12.1969, BVerwGE 34, 301 (308). Zur Terminologie: *BVerwG* NJW 1986, 82 f., will den Begriff „Planungsleitsatz" ausschließlich für solche gesetzlichen Regelungen verwenden, die bei öffentlichen Planungen strikte Beachtung verlangen und deswegen nicht im Rahmen der planerischen Abwägung überwunden werden können, wie zB § 1 III 1 FStrG. Die konkreten Anforderungen, die das Abwägungsgebot des § 1 VII BauGB nach der Rechtsprechung des *BVerwG* an die Gemeinde stellt, sind den weiteren Grundsatzentscheidungen zu entnehmen: BVerwGE 45, 309, 312 ff.; 47, 144, 146; 59, 87, 98.
[70] BKL/*Krautzberger*, § 1 Rn. 91; EZBK/*Söfker*, § 1 Rn. 110 f.; *Stüer*, Handbuch des Bau- und Fachplanungsrechts, A. III. Rn. 1321.
[71] BVerwGE 45, 309 (314 f.) – Flachglasfall; BKL/*Krautzberger*, § 1 Rn. 92. Zum drittschützenden Charakter des Abwägungsgebots hinsichtlich solcher privater Belange, die für die Abwägung erheblich sind, vgl. *BVerwG* NJW 1999, 592 f. mAnm *Muckel* NVwZ 1999, 963 f.
[72] *BVerwG* NVwZ 2002, 1509: Das von Art. 14 I 1 GG geschützte Eigentum setzt dem Planungsermessen eine äußerste, auch durch Abwägung nicht überwindbare Grenze.
[73] BVerwGE 90, 329 (331 f.); s. ferner BVerfGE 79, 174 (198); EZBK/*Söfker*, § 1 Rn. 201; Finkelnburg/Ortloff/*Kment*, Bd. I, § 5 VI 5. c., S. 57 f. Rn. 70.
[74] So *BayVerfGH* v. 22.4.2005 – Vf. 4-VII-03, VerfGHE 58, 94.

1. Planerische Gestaltungsfreiheit der Gemeinden und ihre Schranken   21

Es fragt sich jedoch, ob sie das *Abwägungsgebot* des § 1 VII BauGB verletzt hat. Die Gemeinde *B* könnte im Planungsergebnis den Ausgleich zwischen den von der Planung berührten öffentlichen Belangen in einer Weise vorgenommen haben, der zur objektiven Gewichtigkeit außer Verhältnis steht *(Abwägungsdisproportionalität)*.[75] Es ist somit die Gewichtigkeit der öffentlichen Belange zu prüfen, die sich nach den örtlichen Verhältnissen der einzelnen Gemeinden richtet, dh der Gemeinde steht es frei, eine bestimmte städtebauliche Entwicklung zu verfolgen.[76] Diese Planungsentscheidungen und Vorstellungen der Gemeinde über die künftige Entwicklung ihres Gemeindegebiets sind allerdings nicht losgelöst von den natürlichen Gegebenheiten möglich, sondern haben ihnen zu folgen.[77] Die Gemeinde kann insoweit einer Situationsgebundenheit unterliegen.[78]

Soweit durch die Großfertigungsanlage das Landschaftsbild beeinträchtigt wird und der Bevölkerung ein Naherholungsgebiet verloren geht, wird dieser Nachteil dadurch ausgeglichen, dass durch den Bau der Großfertigungsanlage 1000 Arbeitsplätze geschaffen werden und somit der drohenden Arbeitslosigkeit begegnet wird. Mehr Bedeutung kommt dem Grundsatz zu, wonach ein *Industriegebiet nicht unmittelbar neben einem Wohngebiet* liegen soll. Dieser Grundsatz gewinnt durch die immer größer werdende Notwendigkeit des Umweltschutzes ein besonderes Gewicht. Wenn schon die Arbeitsstätten häufig stark immissionsbelastet sind, sollen die Wohnbereiche möglichst umweltfreundlich liegen. Allerdings hat auch der Umweltschutz nicht immer uneingeschränkten Vorrang.[79] In einem dichtbesiedelten Land wie der Bundesrepublik Deutschland müssen Lärmeinwirkungen, zB durch Autos und Flugzeuge, genauso hingenommen werden wie Geruchsbelästigungen durch Abgase von Kraftfahrzeugen und durch Verbrennungsrückstände von Ölheizungen.[80]

Ist bei der Abwägung schon grundsätzlich zu beachten, dass die Wohngebiete möglichst nicht an Industriegebiete grenzen,[81] so muss dies erst recht in einer ländlichen Gemeinde gelten, wo genügend Fläche vorhanden ist, ein anderes Gelände zu besiedeln. Dem Umweltschutz und damit der Gesundheit der Bevölkerung kommt so großes Gewicht zu, dass die Bedürfnisse der Wirtschaft und die Schaffung von Arbeitsplätzen nicht die Ausweisung des Industriegebiets an dem See rechtfertigen. Die Gemeinde *B* hat erkennbar der Gesundheit der Bevölkerung nicht genügend Gewicht beigemessen und deshalb den Ausgleich zwischen den von der Planung berührten öffentlichen Belangen so vorgenommen, dass er zur objektiven Bedeutung der Gesundheit der Bevölkerung außer Verhältnis stand.

c) Zwischenergebnis   46

Folglich ist das Abwägungsgebot des § 1 VII BauGB verletzt. Somit liegt ein Verstoß gegen die Abstimmungspflicht des § 2 II BauGB (iVm § 1 VII BauGB) vor.

III. Rechtsfolge des Verstoßes   47

Es fragt sich, welche Rechtsfolge ein Verstoß gegen § 2 II BauGB hat. Nach den allgemeinen verwaltungsrechtlichen Grundsätzen ist eine Satzung nichtig, wenn sie gegen geltendes Recht verstößt. Hier könnten jedoch die Vorschriften über die Planerhaltung (§§ 214–216 BauGB) Anwendung finden.

---

[75] Vgl. Exkurs o. Rn. 30.
[76] HBG/*Hoppe*, § 7 Rn. 68 ff.; s. ferner BKL/*Krautzberger*, § 1 Rn. 103.
[77] BVerfGE 121, 283 (290).
[78] BVerwGE 118, 181 (185).
[79] BKL/*Krautzberger*, § 1 Rn. 103.
[80] Vgl. *OVG NRW* DVBl. 1972, 687 (690), nachgehend: BVerwGE 45, 309.
[81] BVerwGE 45, 309 (327).

48 **1. Unbeachtlichkeit nach §§ 214, 215 BauGB**

§§ 214, 215 BauGB unterscheiden danach, ob die verletzte Norm eine Verfahrens- oder Formvorschrift ist oder zum materiellen Recht gehört. Wie dargestellt (s.o. Rn. 42), betrifft § 2 II BauGB – im Gegensatz zu § 4 BauGB – das materielle Abgestimmtsein der Bauleitpläne. Es handelt sich also um eine materielle Rechtsnorm und nicht lediglich um eine Verfahrensvorschrift,[82] so dass § 214 I BauGB keine Anwendung findet. Da § 2 II BauGB auch nicht in § 214 II, IIa, III BauGB aufgeführt ist, scheidet eine Unbeachtlichkeit nach dieser Vorschrift aus. Nach der Rechtsprechung stellt das interkommunale Abstimmungsgebot eine besondere Ausprägung des (materiellen) Abwägungsgebotes aus § 7 VII BauGB dar.[83] Die Verletzung des Abstimmungsgebotes folgt hier aus einem Fehler im *Abwägungsergebnis*. Fehler im Abwägungsergebnis sind insbesondere gegeben, wenn – wie hier – der Ausgleich zwischen den Belangen in einer Weise vorgenommen wurde, die zu ihrer objektiven Gewichtung außer Verhältnis steht (Abwägungsdisproportionalität). Sie sind *immer beachtlich* und können auch nicht nach § 215 I BauGB präkludiert werden.

49 **2. Heilung im ergänzenden Verfahren nach § 214 IV BauGB**

Ob der Bebauungsplan der Gemeinde *B* endgültig unwirksam ist oder durch eine Behebung der Fehler auch rückwirkend in Kraft treten kann, richtet sich nach § 214 IV BauGB: Danach können Mängel der Satzung durch ein ergänzendes Verfahren behoben werden.

50 **Hinweis:** Die Regelungen der §§ 214 I und 215 I Nr. 1 BauGB sind nach ihrem eindeutigen Wortlaut (Vorschriften „dieses Gesetzbuches") nur auf Verstöße gegen Verfahrensvorschriften des BauGB anwendbar, nicht jedoch auf Verstöße gegen Verfahrensregelungen anderer Gesetze, etwa die der Gemeindeordnungen.
Die Möglichkeit des ergänzenden Verfahrens nach § 214 IV BauGB besteht dagegen auch im Hinblick auf Verstöße gegen sonstiges Landesrecht, also für Verstöße gegen Vorschriften außerhalb des BauGB.[84]

51 Es fragt sich, ob der hier vorliegende (beachtliche) Fehler im ergänzenden Verfahren behebbar ist. Nach allgM scheidet eine nachträgliche Fehlerbehebung bei solchen Mängeln aus, die so schwer wiegen, dass der Kern der Abwägungsentscheidung betroffen ist und die gesamte Planung von vornherein in Frage gestellt werden muss.[85] Vielmehr muss die *konkrete* Möglichkeit der Heilung der Fehler in einem ergänzenden Verfahren bestehen.[86] Wie oben ausgeführt (Rn. 45), verstößt die Ausweisung des Industriegebiets in der Nähe der Wohnbebauung der Gemeinde *H* gegen elementare Planungsgrundsätze. Ein Industriegebiet hätte auf keinen Fall an dieser Stelle planerisch festgesetzt werden dürfen. Eine Korrektur ist nicht möglich, weil das angestrebte Ergebnis der Ansiedlung des Büromöbelkonzerns an dem See nicht erreicht werden kann. Damit sind die Grundzüge der Planung berührt, so dass eine Heilung im ergänzenden Verfahren ausscheidet.

52 **IV. Ergebnis**

Der Bebauungsplan der Gemeinde *B* ist daher endgültig unwirksam. Die Kommunalaufsichtsbehörde kann nach den Grundsätzen der Gemeindeordnung gegen die Ge-

---

[82] *Stelkens* UPR 2005, 81 (86 f.) weist zutreffend darauf hin, dass das Abstimmungsgebot des § 2 III BauGB systematisch an falscher Stelle stellt.
[83] Vgl. *BVerwG* NVwZ 2010, 1026.
[84] Vgl. EZBK/*Stock*, § 214 Rn. 37 f., § 215 Rn. 6 mit Rechtsprechungsnachweisen.
[85] *BVerwG* BauR 2004, 975.
[86] Vgl. o. Rn. 30.

meinde B wegen Verletzung geltenden Rechts vorgehen.[87] Die Nachbargemeinde H kann auch im Wege der Normenkontrolle gem. § 47 II 1 VwGO die Verletzung ihrer Rechte aus § 2 II BauGB iVm § 1 VII BauGB geltend machen.

2. Die Bauleitpläne

Nachdem in den Fällen 1 und 2 die allgemeinen Grundsätze der Bauleitplanung (§§ 1–4 BauGB) und der Umfang der Rechtskontrolle behandelt worden sind, beschäftigt sich Fall 3 mit den Bauleitplänen (§§ 5–10 BauGB). Das BauGB hat das Verfahren der Bauleitplanung zweistufig ausgestaltet: Zunächst ist der *Flächennutzungsplan* als „vorbereitender Bauleitplan" (§ 1 II BauGB) aufzustellen. Aus ihm ist der *Bebauungsplan* (verbindlicher Bauleitplan) zu entwickeln, § 8 II 1 BauGB.[88]   53

a) Aufgabe der Bauleitpläne

aa) Flächennutzungsplan

Der *Flächennutzungsplan* soll für das *ganze* Gemeindegebiet die sich aus der beabsichtigten städtebaulichen Entwicklung ergebende Art der baulichen und sonstigen Bodennutzung nach den voraussehbaren Bedürfnissen der Gemeinde *in den Grundzügen* darstellen (§ 5 I BauGB) und damit das *Rahmenprogramm* für die städtebauliche Entwicklung der Gemeinde bilden. Seine unmittelbaren Bindungswirkungen erstrecken sich nur auf den hoheitlichen Bereich: Die Gemeinde muss die Bebauungspläne aus dem Flächennutzungsplan entwickeln (§ 8 II 1 BauGB). Ferner haben alle öffentlichen Planungsträger, die bei seiner Aufstellung beteiligt waren (§§ 4, 13 II 1 Nr. 3 BauGB), ihre Planungen dem Flächennutzungsplan anzupassen, soweit sie diesem nicht widersprochen haben (§ 7 S. 1 BauGB). Die lange vorherrschende Auffassung, dass der Flächennutzungsplan *gegenüber den Grundstückseigentümern keine unmittelbare Rechtswirkung* hat, kann nicht mehr uneingeschränkt gelten.[89] Die Zulässigkeit eines Bauvorhabens richtet sich bei Vorliegen eines qualifizierten Bebauungsplans allein nach dessen Festsetzungen (§ 30 BauGB),[90] ansonsten nach den §§ 33–35 BauGB. Nach § 35 III 1 Nr. 1 BauGB kann aber sowohl dem privilegierten (§ 35 I BauGB) als auch dem nicht privilegierten Vorhaben (§ 35 II BauGB) entgegengehalten werden, dass es den Festsetzungen eines Flächennutzungsplans widerspricht (dazu Fall 8). Zudem stehen gem. § 35 III 3 BauGB öffentliche Belange einem Vorhaben nach Abs. 1 Nr. 2 bis 6 in der Regel auch dann entgegen, soweit hierfür durch Darstellungen im Flächennutzungsplan oder als Ziele der Raumordnung eine Ausweisung an anderer Stelle erfolgt ist. Der Flächennutzungsplan kann also über die Zulässigkeit bzw. Un-   54

---

[87] Vgl. ua §§ 119 ff. GO NRW. Eingehend KK/*Gierke*, § 10 Rn. 353 f. mwN. Die Kommunalaufsichtsbehörde muss ggf. die Planerhaltungsvorschriften der §§ 214, 215 BauGB beachten. Ihr steht nicht wie der höheren Verwaltungsbehörde im Verfahren nach § 216 BauGB eine uneingeschränkte Kontrollbefugnis zu, vgl. Spannowsky/Uechtritz/*Uechtritz*, BauGB, § 216 Rn. 4 mwN auch zur Gegenmeinung.
[88] Zu den einzelnen Schritten des Aufstellungsverfahrens o. Rn. 11.
[89] Vgl. zu Rechtsnatur und Rechtswirkungen eines Flächennutzungsplanes auch BKL/*Löhr*, § 5 Rn. 45 ff.
[90] Auch die Maßnahmen zur Sicherung der Bauleitplanung (Veränderungssperre, § 14 BauGB, Teilung von Grundstücken, § 19 BauGB, Vorkaufsrecht, §§ 24 ff. BauGB) und das Enteignungsrecht (§ 85 I Nr. 1 BauGB) werden im Wesentlichen durch den Bebauungsplan bestimmt.

II. Bauplanungsrecht

zulässigkeit eines Vorhabens entscheiden. In diesem Fall entfaltet der Flächennutzungsplan auch gegenüber dem Bürger, dessen Vorhaben möglicherweise unzulässig wäre, unmittelbare Außenwirkung.[91] Insofern ist auch eine unmittelbare Rechtsschutzmöglichkeit Privater gegen Flächennutzungspläne in Betracht zu ziehen, weil nicht mehr behauptet werden kann, ein Flächennutzungsplan sei ausnahmslos gegenüber den Bürgern rechtlich unverbindlich[92] und könne infolgedessen nicht zum Gegenstand der richterlichen Kontrolle gemacht werden[93] (siehe dazu den folgenden Fall 3).

bb) Bebauungsplan

55 Die *Aufgabe des Bebauungsplans* besteht darin, für den kleinsten Bereich der flächenbezogenen Gesamtplanung *parzellenscharfe Aussagen* über die künftige bauliche oder sonstige Nutzbarkeit des Bodens zu machen. Deshalb ist dem Inhalt des Bebauungsplans die Eigenschaft *rechtsverbindlicher Festsetzungen* verliehen worden (§ 8 I BauGB). Er bildet die Grundlage für die erforderlichen städtebaulichen Vollzugsmaßnahmen wie die Umlegung, Grenzregelung, Enteignung und Erschließung (§§ 45–135 BauGB). Weiterhin richtet sich die Zulässigkeit eines Vorhabens im Geltungsbereich eines qualifizierten Bebauungsplans nach dessen Festsetzungen (§ 30 I BauGB).

b) Rechtsnatur und Rechtsschutz; der zulässige Inhalt der Bauleitpläne

Fall 3. Ausflugscafé für Kurgäste

56 **Rechtsmittel gegen Bauleitpläne, insbesondere Normenkontrolle, § 47 VwGO – Parallelverfahren für Bebauungsplan und Flächennutzungsplan – Inhalt des Bebauungsplans**

Die Eheleute L sind Eigentümer eines 2000 qm großen unbebauten Grundstücks. Die Kurstadt D setzt in einem Flächennutzungsplan und einem gleichzeitig entwickelten Bebauungsplan fest, dass im Anschluss an das Grundstück der L ein Erholungspark errichtet wird. Für das Grundstück der L, das in einem allgemeinen Wohngebiet liegt, sehen der Flächennutzungsplan und der Bebauungsplan ein Ausflugscafé vor, in dem mindestens 100 Gäste bewirtet werden können. Zu dieser Festsetzung ist es nach einer längeren Debatte im Rat der Kurstadt D gekommen, damit die ständig wachsende Zahl an Kurgästen zufriedenstellend bedient werden kann. – Die Eheleute L, die an der Errichtung eines Hotels interessiert sind, meinen, die Festsetzungen in den Bauleitplänen seien rechtswidrig. Sie möchten wissen, ob sie mit Erfolg gegen die Bauleitpläne vorgehen können.

Gliederung

57 A. Rechtsbehelf gegen den Flächennutzungsplan
  I. Rechtsweg
  II. Klageart
    1. Anfechtungsklage, § 42 I VwGO
    2. Normenkontrollverfahren, § 47 VwGO
    3. Feststellungsklage, § 43 VwGO
  III. Ergebnis

---

[91] So ausdrücklich das *BVerwG* NVwZ 2003, 733 (738).
[92] So noch BVerwGE 68, 319 (322).
[93] So noch *BVerwG* NVwZ 1991, 262 (263).

> B. Rechtsbehelf gegen den Bebauungsplan
>   I. Anfechtungsklage, § 42 I VwGO
>   II. Feststellungsklage, § 43 VwGO
>   III. Normenkontrollverfahren, § 47 VwGO
>   1. Zulässigkeit des Normenkontrollverfahrens
>   a) Eröffnung des Verwaltungsrechtswegs
>   b) Zuständigkeit des Gerichts
>   c) Statthaftigkeit des Antrags
>   d) Antragsberechtigung
>   e) Antragsbefugnis
>   f) Richtiger Antragsgegner
>   g) Frist
>   2. Begründetheit des Normenkontrollantrags
>   a) Formelle Rechtmäßigkeit
>   b) Materielle Rechtmäßigkeit
>   aa) Verstoß gegen § 8 BauGB
>   bb) Verstoß gegen § 9 BauGB iVm § 1 III BauGB
>   (1) Verstoß gegen den Erforderlichkeitsgrundsatz gemäß § 1 III BauGB
>   (2) Verstoß gegen § 4 II Nr. 2 BauNVO wegen der festgesetzten Größe
>   cc) Planerhaltung: Beachtlichkeit eines Verstoßes gegen § 9 I BauGB
>   dd) Ergebnis
>   IV. Inzidentprüfung nach abgelehnter Bauvoranfrage

Lösung

A. Rechtsbehelf gegen den Flächennutzungsplan 58

I. Rechtsweg

Mangels einer einschlägigen aufdrängenden Sonderzuweisung richtet sich die Eröffnung des Verwaltungsrechtswegs nach § 40 I VwGO. Eine öffentlich-rechtliche Streitigkeit nichtverfassungsrechtlicher Art liegt vor, es besteht auch keine abdrängende Zuweisung. Der Verwaltungsrechtsweg ist somit eröffnet.

II. Klageart 59

1. Die *Anfechtungsklage* (§ 42 I VwGO) wäre die richtige Klageart, wenn der Flächennutzungsplan Verwaltungsakt-Qualität hätte (§ 35 S. 1 VwVfG). Dies wurde lange Zeit recht einhellig mit der Begründung abgelehnt, dem Flächennutzungsplan fehle es an einer unmittelbaren Außenwirkung.[94] Im Rahmen des § 35 III 3 BauGB, dem nach einem Vorhaben im unbeplanten Außenbereich eine Ausweisung im Flächennutzungsplan an anderer Stelle als öffentlicher Belang entgegenstehen kann, ist die Rechtsprechung dagegen inzwischen zu der gefestigten Überzeugung gelangt, dass ihm eine unmittelbare Außenwirkung zukommt.

BVerwG NVwZ 2003, 733 (738): „Soweit die Gemeinde von dem Darstellungsprivileg Gebrauch macht, dient der Flächennutzungsplan nicht mehr nur der Steuerung nachfolgender 60

---
[94] So etwa *BVerwG* NVwZ 1991, 262 f.; EZBK/*Söfker*, § 5 Rn. 7 mwN.

Planungen. Er erlangt über die mittelbaren Wirkungen des § 35 Abs. 3 Satz 1 BauGB hinaus unmittelbare Außenwirkungen. Insoweit weist er, ähnlich wie § 35 Abs. 3 Satz 2 Halbsatz 1 BauGB, die Merkmale einer Inhalts- und Schrankenbestimmung im Sinne des Art. 14 Abs. 1 Satz 2 GG auf, die den Gewährleistungsgehalt des Art. 14 Abs. 1 Satz 1 GG zu wahren sowie dem Gleichheitssatz und dem Verhältnismäßigkeitsprinzip zu genügen hat."

61 Auch wird man Regelungscharakter annehmen können, da die Festsetzungen im Flächennutzungsplan durch § 35 III 1 Nr. 1 BauGB und § 35 III 3 BauGB gewissermaßen die Wirkung von Festsetzungen eines Bebauungsplans erhalten. Mithin ist der Flächennutzungsplan insofern eine Regelung mit Anspruch auf Verbindlichkeit und nicht nur eine faktische Gegebenheit.[95] Der Regelungsgehalt eines Verwaltungsaktes ist allerdings erst gegeben, wenn er zielgerichtet gegenüber einen bestimmten oder bestimmbaren Adressaten erlassen wird, um ihm gegenüber unmittelbar eine Rechtsfolge zu setzen. Ob ein Außenbereichsvorhaben tatsächlich den Festsetzungen eines Flächennutzungsplans widerspricht, bedarf der behördlichen Feststellung im Einzelfall. Erst daran kann sich eine hoheitliche Maßnahme iSd § 35 VwVfG anschließen, die eine unmittelbare Rechtsfolge begründet.

Ein Flächennutzungsplan ist also kein Verwaltungsakt und kann demzufolge nicht mit einer Anfechtungsklage angegriffen werden.

62 2. Die Eheleute *L* könnten ein *Normenkontrollverfahren* gem. § 47 VwGO anstrengen. Dieses ist nur statthaft, wenn der Flächennutzungsplan als Satzung nach dem BauGB erlassen worden (§ 47 I Nr. 1 VwGO) oder eine andere im Rang unter dem Landesgesetz stehende Rechtsvorschrift wäre, vorausgesetzt, das jeweilige Landesrecht sieht dies vor (§ 47 I Nr. 2 VwGO).[96] Im Gegensatz zum Bebauungsplan (§ 10 I BauGB) wird der Flächennutzungsplan jedoch nicht als Satzung beschlossen, sondern ergeht durch einfachen Ratsbeschluss und wird daher nicht Ortsrecht. Ein Normenkontrollverfahren nach § 47 I Nr. 1 VwGO scheidet deshalb aus.

Somit stellt sich die Frage, ob Rechtsschutz über § 47 I Nr. 2 VwGO zu erlangen ist. Zwar hatte das *BVerwG* angedeutet[97], der Flächennutzungsplan habe im Anwendungsbereich der Vorschrift des § 35 III BauGB eine dem Bebauungsplan vergleichbare Funktion und könne damit den Charakter einer Rechtsvorschrift haben. In seiner Entscheidung aus dem Jahr 2007 ist das Gericht aber schließlich bei seiner früheren Einschätzung[98] geblieben, dass Darstellungen im Flächennutzungsplan keine Rechtsvorschriften iSd § 47 I Nr. 2 VwGO sind und daher nicht der verwaltungsgerichtlichen Normenkontrolle unterliegen.[99]

§ 47 I Nr. 1 VwGO könnte aber entsprechend anzuwenden sein.

Nach der Ansicht des *BVerwG*[100] ist dies der Fall. Die erforderliche planwidrige Regelungslücke bestehe. Diese habe sich mit der gesetzgeberischen Aufwertung des Flächennutzungsplans zu einem qualifizierten Instrument der gemeindlichen Standortplanung für privilegierte Außenbereichsvorhaben aufgetan. Sie sei entstanden, nachdem der Gesetzgeber im Jahr 1996 Darstellungen des Flächennutzungsplans im Anwendungsbereich des § 35 Abs. 3 Satz 3 BauGB nach ihrem materiell-rechtlichen Inhalt und ihrem Regelungsbereich Rechtswirkungen beigelegt habe, die der Bindungskraft von Festsetzungen eines Bebauungsplans gleichkämen. Es liege in der

---

[95] *Kment* NVwZ 2004, 314.
[96] Von dieser Möglichkeit haben mit Ausnahme der Länder Berlin, Hamburg und Nordrhein-Westfalen alle Bundesländer Gebrauch gemacht.
[97] Vgl. *BVerwG* NVwZ 2004, 614.
[98] *BVerwG,* Beschl. v. 20.7.1990 – 4 N 3.88 – Buchholz 406.11 § 5 BBauG/BauGB.
[99] *BVerwG* NVwZ 2007, 1081; so auch die hM vgl. EZBK/*Söfker,* § 5 Rn. 7 mwN.
[100] Zur analogen Anwendung des § 47 I Nr. 1 VwGO *BVerwG* NVwZ 2007, 1081.

2. Die Bauleitpläne

Konsequenz dieser materiell-rechtlichen Entwicklung, § 47 Abs. 1 Nr. 1 VwGO im Wege der Analogie auf Darstellungen des Flächennutzungsplans mit den Rechtswirkungen des § 35 Abs. 3 Satz 3 BauGB zu erstrecken. Dieser Lückenschluss entspreche dem Zweck des § 47 Abs. 1 Nr. 1 VwGO, einen möglichst effektiven, rechtzeitigen und bundeseinheitlich ausgestalteten Rechtsschutz gegen planerische Festlegungen zu schaffen, die in sehr einschneidender Weise in die Rechtsstellung der Planbetroffenen eingriffen.

In der Tat rechtfertigt das mit der Einführung der Norm im Jahre 1976 verfolgte Ziel, mit einem bundesweiten Normenkontrollverfahren den Rechtsschutz gegenüber Bebauungsplänen im Hinblick auf die privaten Belange Planbetroffener, insbesondere privater Grundeigentümer, möglichst einheitlich auszugestalten, § 47 I Nr. 1 VwGO auf die Darstellung von Konzentrationsflächen in einem Flächennutzungsplan zu erstrecken, mit denen die Rechtswirkungen des § 35 III 3 BauGB erreicht werden sollten. Im Anwendungsbereich dieser Vorschrift erfüllen Flächennutzungspläne eine dem Bebauungsplan vergleichbare Funktion. 63

Ein Normenkontrollantrag nach § 47 I Nr. 1 VwGO wäre für der Eheleute *L* also *statthaft*.

Sie müssten jedoch auch *antragsbefugt* gem. § 47 II 1 VwGO sein und insofern geltend machen, durch den Flächennutzungsplan bzw. seine Festsetzungen in ihren Rechten verletzt zu sein oder in absehbarer Zeit verletzt zu werden. 64

Das Grundstück der Eheleute *L* liegt in einem allgemeinen Wohngebiet, also nicht im Außenbereich iSd § 35 BauGB. Dem Vorhaben zur Errichtung eines Hotels könnten daher nicht die Festsetzungen des Flächennutzungsplans entgegenstehen (§ 35 III 1 Nr. 1 BauGB). Die Eheleute *L* sind also nicht von dem Flächennutzungsplan betroffen, so dass die Möglichkeit einer Verletzung ihrer Rechte nicht in Betracht kommt. Sie sind nicht antragsbefugt.

3. In Betracht kommt weiterhin eine *Feststellungsklage*, § 43 I VwGO. Dann müsste durch den Flächennutzungsplan ein „Rechtsverhältnis" begründet werden. Unter einem Rechtsverhältnis sind die sich auf Grund der Anwendung einer Rechtsnorm auf einen konkreten Sachverhalt ergebenden rechtlichen Beziehungen einer Person zu einer anderen Person oder zu einer Sache zu verstehen.[101] In Betracht kommt direkter Rechtsschutz auf diesem Wege aber allenfalls in Einzelfällen, etwa wenn der Flächennutzungsplan nicht der weiteren Umsetzung durch einen Bebauungsplan bedarf. Dies ist hier aber nicht der Fall, da gleichzeitig mit dem Flächennutzungsplan auch ein entsprechender Bebauungsplan entwickelt worden ist.[102] Im Übrigen würde den Eheleuten *L* jedenfalls ein *berechtigtes Feststellungsinteresse* iSd § 43 I VwGO *fehlen*, da sich die Festsetzungen im Flächennutzungsplan nicht auf ihr Vorhaben auswirken (s. o.). 65

III. Ergebnis 66

Die Eheleute *L* haben keine Möglichkeit, prozessual gegen den Flächennutzungsplan vorzugehen.

B. Rechtsbehelf gegen den Bebauungsplan 67

I. Anfechtungsklage

Sie können aber möglicherweise gegen den Bebauungsplan vorgehen. Als verwaltungsgerichtliche Klage kommt eine Anfechtungsklage in Betracht (§ 42 I VwGO). Diese setzt voraus, dass der Bebauungsplan ein Verwaltungsakt ist. Die heute einhel-

---

[101] BVerwGE 100, 262 (264); *Kopp/Schenke*, VwGO, 18. Aufl. (2012), § 43 Rn. 11 mwN.
[102] Dazu BKL/*Löhr*, § 5 Rn. 46 f.

lige Meinung geht von seinem Rechtsnormcharakter aus.[103] Dem entspricht die in § 10 I BauGB vom Gesetzgeber festgelegte Verabschiedung des Bebauungsplans als Satzung im formellen Sinn und die verwaltungsgerichtliche Normenkontrolle gegenüber Bebauungsplänen (§ 47 I Nr. 1 VwGO). Wenn auch der ganz hM gefolgt werden soll, ist gleichwohl in diesem Zusammenhang auf den materiellen Regelungsgehalt hinzuweisen: Anders als die typische Norm trifft der Bebauungsplan seine Regelung häufig nicht abstrakt-generell, sondern „konkret-individuell und damit sozusagen im Angesicht der konkreten Sachlage".[104] Die Grenzen sind fließend, weil nach § 9 BauGB sowohl abstrakt-generelle als auch konkret-individuelle Festsetzungen möglich sind. Entscheidend ist jedoch, dass der Bebauungsplan – anders als etwa ein Planfeststellungsbeschluss, der ein Verwaltungsakt ist – nicht schon die Vollzugsanordnung seiner Festsetzungen enthält, sondern dass es zu seinem Vollzug weiterer behördlicher Maßnahmen, wie Baugenehmigungen, evtl. mit Auflagen, Gebote, Enteignungen usw., bedarf.[105] Da kein Verwaltungsakt vorliegt, ist eine Anfechtungsklage – ebenso wie eine Verpflichtungsklage – nach § 42 I VwGO nicht zulässig.

68 II. Feststellungsklage

Die Eheleute *L* könnten eine Feststellungsklage erheben mit dem Antrag festzustellen, dass die Festsetzung eines Ausflugscafés für mindestens 100 Gäste nichtig ist. § 43 VwGO verlangt für die Feststellungsklage ein konkretes Rechtsverhältnis zwischen Bürger und Verwaltung. Es ergibt sich aus der Anwendung einer Rechtsnorm auf einen konkreten Sachverhalt.[106] Es ist daher fraglich, ob auch eine Rechtsvorschrift selbst Gegenstand der Feststellungsklage sein kann. Das dürfte abzulehnen sein, weil sonst nicht lösbare Rechtskraftprobleme aufgeworfen werden.[107] Außerdem würde § 47 I Nr. 1 VwGO seine Bedeutung verlieren und könnte in seinen besonderen Erfordernissen (etwa der Antragsbefugnis und der Antragsfrist) umgangen werden. Gleichwohl ist nach der jüngeren Rechtsprechung des Bundesverwaltungsgerichts[108] in besonderen Fällen eine Feststellungsklage nach § 43 VwGO möglich.[109] Ein besonderer Fall könne vorliegen, wenn die Feststellung begehrt werde, dass wegen Ungültigkeit oder Unanwendbarkeit einer Rechtsnorm kein Rechtsverhältnis iSv § 43 I VwGO begründet sei. Ein solches Rechtsverhältnis könne nur zwischen Norm*adressat* (oft ein Bürger) und dem Norm*anwender* (Behörde), nicht dem Norm*geber*, bestehen. Die Feststellungsklage ist danach möglich im „Normvollzugsverhältnis".[110]

Im Hinblick auf ihr Interesse an der Errichtung eines Hotels werden die Eheleute *L* erst dann unmittelbar in ihren Rechten betroffen sein, wenn ein entsprechender Bauantrag abgelehnt wird. Es bedarf also zunächst eines weiteren Vollzugsakts im Verhältnis von Normadressat und Normanwender. Es geht den Eheleuten *L* zum jetzigen Zeitpunkt allein um die Frage der Rechtmäßigkeit des Bebauungsplans, also um die Rechtmäßigkeit einer Rechtsnorm. Hierfür stellt das Normenkontrollverfahren nach § 47 VwGO eine vorrangige Rechtsschutzmöglichkeit dar. Eine Feststellungsklage der Eheleute *L* ist daher nicht zulässig.

---

[103] BVerwGE 50, 114 (119); BVerfGE 70, 35; EZBK/*Stock*, § 10 Rn. 28 ff.
[104] BVerwGE 50, 114 (119). Vgl. auch EZBK/*Stock*, § 10 Rn. 29.
[105] So zutr. BK/*Gaentzsch*, § 10 Rn. 3.
[106] S. oben Rn. 65.
[107] BVerwGE 11, 14; *OVG Münster* DVBl. 1968, 529.
[108] BVerwGE 111, 276 = NJW 2000, 3584, bestätigt durch *BVerwG* DVBl. 2004, 382 und durch *BVerwG* ZUR 2005, 27 (28); *BVerfG* NVwZ 2006, 922.
[109] Im Ausgangsfall BVerwGE 111, 276 ging es um die Festlegung von An- und Abflugstrecken von Verkehrsflugzeugen an einem Flughafen durch Rechtsverordnung.
[110] *BVerwG* NVwZ 2007, 1311 (1312 f.).

III. Normenkontrollverfahren gem. § 47 VwGO

69

Die Eheleute L könnten die Wirksamkeit des Bebauungsplans im Wege eines Normenkontrollverfahrens nach § 47 I Nr. 1 VwGO überprüfen lassen.

1. Zulässigkeit des Normenkontrollverfahrens

70

a) Eröffnung des Verwaltungsrechtsweges

Das OVG (in einigen Ländern als *Verwaltungsgerichtshof* bezeichnet, § 184 VwGO) darf nach § 47 I VwGO nur „im Rahmen seiner Gerichtsbarkeit" tätig werden. Damit wird auf § 40 VwGO verwiesen.[111] Gegenstand der Prüfung müssen daher öffentlich-rechtliche Normen nichtverfassungsrechtlicher Art sein. Eine Sonderzuweisung ist nicht gegeben.

Da sich die Eheleute L gegen eine öffentlich-rechtliche Satzung wenden, die keinen verfassungsrechtlichen Inhalt hat, bestehen hinsichtlich der Eröffnung des Rechtsweges keine Bedenken.

b) Zuständigkeit des Gerichts

71

Innerhalb der Instanzen ist nicht das Verwaltungsgericht, sondern das OVG bzw. der Verwaltungsgerichtshof sachlich, instanziell und örtlich zuständig.

c) Statthaftigkeit des Antrags

72

Gegenstand des Normenkontrollantrags können nicht nur unter dem Landesgesetz stehende Rechtsvorschriften sein, sondern auch Satzungen, die auf Grund der Vorschriften des BauGB erlassen worden sind (§ 47 I Nr. 1 VwGO). Bei dem Bebauungsplan handelt es sich um eine derartige Satzung, § 10 I BauGB.

d) Antragsberechtigung

73

Als natürliche Personen sind die Eheleute L nach § 47 II 1 VwGO berechtigt, den Antrag auf Normenkontrolle zu stellen.

e) Antragsbefugnis

74

Das Erfordernis der Antragsbefugnis ergibt sich ebenfalls aus § 47 II 1 VwGO. Danach müssen die Eheleute L geltend machen, durch die Rechtsvorschrift oder deren Anwendung in ihren Rechten verletzt zu sein oder in absehbarer Zeit verletzt zu werden. Sowohl aus der Gesetzesformulierung als auch aus der Entstehungsgeschichte ergibt sich, dass die Antragsbefugnis nach § 47 II 1 VwGO im Kern der Klagebefugnis gem. § 42 II VwGO entspricht. Es sind daher an beide Befugnisse die gleichen Voraussetzungen zu stellen.[112] Somit genügt die *Möglichkeit einer Rechtsverletzung*.

Da es sich um eine Beeinträchtigung eigener Rechte handeln muss, scheidet eine Verletzung lediglich wirtschaftlicher, kultureller oder sonstiger ideeller Interessen zur Begründung der Antragsbefugnis aus.[113] Im vorliegenden Fall sind die Eheleute L Eigentümer des 2000 qm großen unbebauten Grundstücks, auf dem sie ein Hotel errichten wollen. Gem. § 75 I 1 BauO NRW haben sie, vorausgesetzt, sie stellen einen Bauantrag, einen Rechtsanspruch auf Erteilung der Baugenehmigung, wenn keine öffentlich-rechtlichen Vorschriften entgegenstehen. Hier lässt der Bebauungsplan nur ein Ausflugscafé für mindestens 100 Gäste zu, so dass die Errichtung eines Hotels nach § 30 I BauGB nicht genehmigt werden könnte. Unter wirtschaftlichen Gesichtspunkten kann das Ausflugscafé möglicherweise objektiv vorteilhafter sein als

---

[111] Vgl. nur *Hess VGH* NVwZ 1991, 1098.
[112] *BVerwG* NJW 1999, 592.
[113] *Kopp/Schenke*, VwGO, § 47 Rn. 52, § 42 Rn. 59 mwN.

ein Hotel. Hierauf kommt es im Rahmen des § 47 II 1 VwGO jedoch nicht an. Maßgebend ist vielmehr, ob die Eheleute *L* bei *konkreter Betrachtungsweise* in ihren Rechten verletzt sein können. Da Art. 14 I GG die Baufreiheit grundsätzlich gewährleistet, sind die Voraussetzungen des § 47 II 1 VwGO bereits dann zu bejahen, wenn ein Eigentümer ein anderes Bauvorhaben errichten will, als der Bebauungsplan zulässt.[114]

Unbeachtlich ist es für die Antragsbefugnis nach § 47 II 1 VwGO, dass die Eheleute *L* noch keinen Bauantrag gestellt haben. Wie der Gesetzestext ausdrücklich hervorhebt, reicht es aus, wenn die Rechtsverletzung in absehbarer Zeit durch die Anwendung der Rechtsvorschrift erfolgen kann. Falls die Eheleute *L* die Baugenehmigung für das Hotel beantragen, muss die Bauaufsichtsbehörde, wie dargelegt, einen ablehnenden Verwaltungsakt erlassen, so dass die Möglichkeit einer Rechtsverletzung iSd § 47 II 1 VwGO besteht. Die Eheleute *L* sind daher antragsbefugt.

75 **Exkurs:** Innerhalb der Prüfung der Antragsbefugnis kann es im Einzelfall problematisch sein, ob eine Norm drittschützenden Charakter hat, auf deren Verletzung sich der Antragsteller berufen kann. Es war insofern umstritten, ob der planbetroffene Bürger ein allgemeines Recht auf fehlerfreie Abwägung seiner privaten gegen die öffentlichen Belange hat. Das *BVerwG* hat klargestellt, dass es ein Rücksichtnahmegebot und somit ein allgemeines Recht auf fehlerfreie Abwägung nur nach Maßgabe der einfachen Gesetze, nicht aber als ein das gesamte Bauplanungsrecht umfassendes allgemeines Gebot gebe.[115] Als einfaches Gesetz kommt die Vorschrift des *§ 1 VII BauGB* in Frage, aus dem sich ein *Gebot zur fehlerfreien Abwägung* ergibt. Das *BVerwG* hat hierzu entschieden, dass „das in § 1 Abs. 6 BauGB[116] enthaltene Abwägungsgebot ... *drittschützenden Charakter* hinsichtlich solcher privater Belange (hat), die für die Abwägung erheblich sind."[117] Es ist somit derjenige antragsbefugt, der geltend macht, dass sein Recht auf angemessene Berücksichtigung seiner Belange innerhalb der Abwägung nach § 1 VII BauGB nicht beachtet wurde.[118]

76 **f) Richtiger Antragsgegner**

Antragsgegner ist nach § 47 II 2 VwGO die Kurstadt *D*, weil sie den Bebauungsplan als Satzung erlassen hat.

77 **g) Frist**

Der Antrag auf Normenkontrolle ist innerhalb einer Frist von einem Jahr nach Bekanntmachung des Bebauungsplans zu stellen (§ 47 II 1 VwGO).[119]

Somit wäre der Normenkontrollantrag der Eheleute *L* zulässig.

78 **2. Begründetheit des Normenkontrollantrags**

Der Antrag ist gem. § 47 V 2 Halbs. 1 VwGO begründet, wenn die bauplanungsrechtliche Satzung wegen eines Verstoßes gegen höherrangiges Recht unwirksam ist. Als Prüfungsmaßstab kommt sowohl Bundesrecht als auch Landesrecht (hier mit der Einschränkung aus § 47 III VwGO) in Betracht. Nach *hM* kann auch das Europäische Unionsrecht Prüfungsmaßstab sein.[120]

79 **Hinweis:** Das Normenkontrollverfahren ist ein objektives Beanstandungsverfahren. § 113 I 1 VwGO ist also nicht anzuwenden, dh die Prüfung des Gerichts erfolgt umfassend und beschränkt sich – ungeachtet der nach § 47 II 1 VwGO erforderlichen Antragsbefugnis und der

---

[114] *OVG NRW* NWVBl. 1998, 236.
[115] *BVerwG* NJW 1999, 592 (593).
[116] Jetzt § 1 VII BauGB.
[117] *BVerwG* aaO.
[118] Das gilt auch für die Nachbargemeinde, die die Verletzung des kommunalen Abstimmungsgebotes rügt, vgl. *OVG NRW* NVwZ 2005, 1201 (1202).
[119] Die Einjahresfrist gilt gem. § 195 VII VwGO nicht für Rechtsvorschriften, die vor dem 1.1.2007 bekanntmacht worden sind, stattdessen gilt weiter die 2-Jahresfrist.
[120] *BVerwG* NVwZ-RR 1995, 358 (359); SSP/*Gerhardt/Bier*, VwGO, 22. EGL 2011, § 47 Rn. 89.

2. Die Bauleitpläne

darin liegenden Versubjektivierung des Rechtsschutzes auf der prozessualen Ebene – nicht auf mögliche Verletzungen subjektiver Rechte des Antragstellers.

a) Formelle Rechtmäßigkeit 80

Hinsichtlich der Verletzung von Verfahrens- und Formvorschriften ist auf die Vorschriften über deren Beachtlichkeit und die Fristenregelungen zur Geltendmachung etwaiger Verletzungen nach §§ 214, 215 BauGB und nach den entsprechenden Vorschriften in den Gemeindeordnungen[121] sowie auf das ergänzende Verfahren nach § 214 IV BauGB[122] hinzuweisen. Im hier zu beurteilenden Fall bestehen keine Anhaltspunkte für ein dahingehendes Prüfungserfordernis.

b) Materielle Rechtmäßigkeit 81

Der Bebauungsplan kann jedoch gegen § 8 II 1 BauGB und § 9 iVm § 1 III BauGB verstoßen, weil er gleichzeitig mit dem Flächennutzungsplan entwickelt worden ist und sein Inhalt möglicherweise nicht zulässig ist.

aa) Verstoß gegen § 8 BauGB 82

Nach § 8 II 1 BauGB sind Bebauungspläne aus dem Flächennutzungsplan zu entwickeln. Vor Inkrafttreten der sog. Beschleunigungsnovelle zum BBauG v. 6.7.1979 (BGBl. I, 949) war es umstritten, ob ein Verstoß gegen § 8 II 1 BBauG (inhaltsgleich mit dem BauGB) vorliegt, wenn beide Pläne – wie hier – zeitlich parallel ausgearbeitet werden. Mit dem 1979 eingefügten § 8 III BBauG (insoweit übereinstimmend mit dem BauGB) hat der Gesetzgeber klargestellt, dass die Gemeinden einen Bebauungsplan gleichzeitig mit dem Flächennutzungsplan aufstellen, ändern und ergänzen können (sog. Parallelverfahren).[123]

Hinweis: Kommt man in einer Klausur zu dem Ergebnis, dass ein Verstoß gegen § 8 II, III 83 BauGB vorliegt, ist weiter zu prüfen, ob dieser Fehler für die Rechtswirksamkeit des Bauleitplans unter den Voraussetzungen des § 214 II BauGB unbeachtlich ist.

bb) Verstoß gegen § 9 BauGB iVm § 1 III BauGB 84

Es ist nunmehr zu prüfen, ob der *Inhalt des Bebauungsplans zulässig* ist. Die Festsetzung eines Ausflugscafés für mindestens 100 Gäste auf dem Grundstück der *L* könnte rechtswidrig sein.

Der zulässige Inhalt des Bebauungsplans richtet sich nach § 9 BauGB. Die Festsetzungen des Bebauungsplans (§ 9 I BauGB) sind abschließend aufgezählt und lassen sich in bestimmte Fallgruppen aufteilen.[124] Trifft der Bebauungsplan verbindliche Anordnungen, die über diese Festsetzungen hinausgehen, sind sie unwirk-

---

[121] Vgl. zB § 7 VI GO NRW.
[122] Vgl. dazu o. Rn. 49 ff.
[123] Zur Gestaltung des Parallelverfahrens s. *BVerwG* DVBl. 1985, 385 (387). Hierzu und zum ebenfalls möglichen vorzeitigen Bebauungsplan, § 8 IV BauGB, vgl. auch BKL/*Löhr*, § 8 Rn. 2 ff.
[124] (1) Das Bauland (Nr. 1–9); (2) die von der Bebauung freizuhaltenden Grundstücke (Nr. 10), (3) die Verkehrsflächen (Nr. 11), die mit Geh-, Fahr- und Leitungsrechten zu belastenden Flächen (Nr. 21) und die Flächen für Maßnahmen zur Herstellung des Straßenkörpers (Nr. 26); (4) die Versorgungs-, Abfall- und Abwasserbeseitigungsflächen (Nr. 12–14); (5) die Grünflächen (Nr. 15) sowie die Anpflanzung von Bäumen und Sträuchern (Nr. 25); (6) die Wasserflächen und die Flächen für die Wasserwirtschaft (Nr. 16); (7) Maßnahmen zum Schutz, zur Pflege und zur Entwicklung von Boden, Natur und Landschaft (Nr. 20), Gebiete mit Luftreinhaltung und zum Einsatz erneuerbarer Energien (Nr. 23) und Flächen zum Schutz vor schädlichen Umwelteinwirkungen im Sinne des Bundes-ImmissionsschutzG (Nr. 24); (8) die Gemeinschaftsanlagen für bestimmte Gebiete wie Kinderspielplätze, Freizeiteinrichtungen, Stellplätze und Garagen (Nr. 22); (9) die Flächen für Sonderzwecke wie Aufschüttungen, Abgrabungen, Gewinnung von Bodenschätzen (Nr. 17), für die Landwirtschaft und für Wald (Nr. 18) sowie für die Kleintierhaltung (Nr. 19).

sam.¹²⁵ Die planerische Gestaltungsfreiheit der Gemeinde wird also durch § 9 I bis III BauGB eingeschränkt.¹²⁶ Ob und inwieweit die Gemeinde von den Festsetzungen Gebrauch macht, beurteilt sich insbesondere nach den Grundsätzen des § 1 III, VI, VII BauGB.¹²⁷

Die Bestimmung über die Bebauung des Grundstücks mit einem Ausflugscafé für mindestens 100 Gäste könnte gem. § 9 I Nr. 1 und 9 BauGB zulässig sein. Nach § 9 I Nr. 1 BauGB setzt der Bebauungsplan für das Bauland „die Art und das Maß der baulichen Nutzung" fest. Damit Art und Maß der baulichen Nutzung sowie die Bauweise einheitlich in den Gemeinden festgesetzt werden, trifft die Baunutzungsverordnung (BauNVO) hierfür typisierende Regelungen. Die Art der baulichen Nutzung ist durch die Gebiete der BauNVO gekennzeichnet.¹²⁸ Mit der Festsetzung der Baugebiete im Bebauungsplan werden die Vorschriften der §§ 2–14 BauNVO Bestandteil des Bebauungsplans, § 1 III 2 BauNVO.

85 **Hinweis:** Über die Ermächtigung des § 9 IV BauGB können auch auf landesrechtliche Regelungen beruhende Festsetzungen Bestandteil des Bebauungsplans werden. Der nordrhein-westfälische Gesetzgeber hat zB von dieser Ermächtigung in § 86 IV BauO NRW Gebrauch gemacht. Danach können die in § 86 BauO NRW genannten örtlichen Bauvorschriften, die zB die äußere Gestaltung von baulichen Anlagen oder von Werbeanlagen betreffen, als Festsetzungen in einem Bebauungsplan aufgenommen werden.¹²⁹

86 Das Grundstück der *L* liegt in einem allgemeinen Wohngebiet. In diesem sind gem. § 4 II Nr. 2 BauNVO Schank- und Speisewirtschaften zulässig. Auch wenn ein Café einer Schank- und Speisewirtschaft gleichgestellt werden kann, bestehen Bedenken gegen die in dem Bebauungsplan vorgenommene Festsetzung eines Ausflugscafés für mindestens 100 Gäste aus mehrfacher Sicht: Die Festsetzung könnte zu speziell sein und damit den Erforderlichkeitsgrundsatz des § 1 III BauGB verletzen; ferner könnte ein Verstoß gegen § 4 II Nr. 2 BauNVO wegen der festgesetzten Größe vorliegen.

87 (1) Der *Grundsatz der Erforderlichkeit* wirkt sich in zwei Richtungen aus: einmal in Richtung des *notwendigen Umfangs der Regelungen,* zum anderen in der *Begrenzung der Regelungen* (mit Rücksicht auf Art. 14 I GG).¹³⁰ „Das Maß gebotener Konkretisierung" hängt „wesentlich von der Art der jeweiligen Festsetzung, von den Planungszielen und von den Umständen im Einzelfall, insbesondere auch von den örtlichen Verhältnissen ab."¹³¹ Die Festsetzungen müssen zur Verwirklichung der Planungsziele objektiv geeignet, ihrer Art und ihrem Ausmaß nach notwendig und darüber hinaus in ihrer inhaltlich auf das Grundeigentum einwirkenden Intensität gerechtfertigt sein.¹³²

Mit der Festlegung eines „Ausflugscafés" wird eine ganz spezielle Nutzung des Grundstücks der *L* vorgeschrieben. Die Kurstadt *D* will dadurch erreichen, dass ihre Gäste ein bestimmtes Angebot zur Beköstigung erhalten. Auch wenn dieser Wunsch verständlich ist, fragt sich, ob der Eingriff in das Grundeigentum nicht zu weitgehend ist. Ein vergleichbarer Fall läge vor, wenn eine ländliche Gemeinde, in der es keinen

---

¹²⁵ *BVerwG* NVwZ 1995, 696 (697): Verstoß gegen den Typenzwang des § 9 BauGB und der BauNVO führt zur Nichtigkeit der Festsetzung; ferner EZBK/*Söfker,* § 9 Rn. 7; *Brohm,* § 12 Rn. 37.
¹²⁶ *Hellermann,* § 4 Rn. 70 ff.
¹²⁷ Vgl. BKL/*Löhr,* § 9 Rn. 4, 4 b.
¹²⁸ (1) Kleinsiedlungsgebiete; (2) reine Wohngebiete; (3) allgemeine Wohngebiete; (4) besondere Wohngebiete; (5) Dorfgebiete; (6) Mischgebiete; (7) Kerngebiete; (8) Gewerbegebiete; (9) Industriegebiete; (10) Sondergebiete, die der Erholung dienen; (11) sonstige Sondergebiete.
¹²⁹ Vgl. dazu *OVG NRW* NVwZ-RR 2001, 14.
¹³⁰ BK/*Gaentzsch,* § 9 Rn. 8 f.; EZBK/*Söfker,* § 9 Rn. 8.
¹³¹ *BVerwG* NVwZ 1989, 659; BVerwGE 50, 114 (120 ff.).
¹³² EZBK/*Söfker,* § 9 Rn. 8, 15 mwN.

Schreiner mehr gibt, auf einem Grundstück nur die Errichtung einer Schreinerei als Handwerksbetrieb (vgl. § 4 II Nr. 2 BauNVO) zuließe. Derartige spezielle Festsetzungen in einem Bebauungsplan legen die *Art des Gewerbes* fest und gehen deshalb über die rein *bauliche Nutzung* eines Grundstücks hinaus. Damit wird inhaltlich in das Grundeigentum des Einzelnen in einer Intensität eingegriffen, die durch das Baurecht und die Verfolgung der städtebaulichen Entwicklung und Ordnung nicht gerechtfertigt ist. Folglich ist der Grundsatz der Erforderlichkeit (§ 1 III BauGB) verletzt.

Hinweis: Vertretbar ist auch die Annahme eines Verstoßes gegen § 9 I Nr. 1 BauGB, wonach nur die Art der *baulichen* Nutzung festgesetzt werden darf, während hier eine spezielle *gewerbliche* Nutzung bestimmt ist.

(2) Ferner könnte durch die Festsetzung eines Ausflugscafés für „mindestens 100 Gäste" § 4 II Nr. 2 BauNVO verletzt sein. Nach dieser Vorschrift sind nur Betriebe zulässig, die „der Versorgung des Gebiets" dienen. Es soll der Personenkreis versorgt werden, der in dem Gebiet wohnt, wobei das allgemeine Wohngebiet und nicht (auch) der Erholungspark gemeint ist. Deshalb ist die Dimensionierung für „mindestens 100 Gäste" zu groß, weil in erster Linie die zahlreichen Kurgäste und nicht nur die Bewohner des allgemeinen Wohngebiets versorgt werden sollen.

Die Festsetzung könnte jedoch gem. § 9 I Nr. 9 BauGB wegen des besonderen Nutzungszwecks zulässig sein. Mit der Regelung in § 9 I Nr. 9 BauGB soll dem städtebaulich begründeten Nutzungszusammenhang zwischen zwei Flächen Rechnung getragen werden können, wenn keine der speziellen Festsetzungsmöglichkeiten des § 9 I BauGB eingreift. Es muss stets eine Folgenutzung oder komplementäre Nutzung vorliegen, also ein enger räumlicher Zusammenhang bestehen.[133] Da hier die Kurstadt *D* das Ausflugscafé auf dem Grundstück der Eheleute *L* neben einem Erholungspark ausgewiesen hat, ist ein Zusammenhang der Nutzungen grundsätzlich gegeben.[134] Eine komplementäre Nutzung kann bei einem Ausflugscafé neben einem Erholungspark bejaht werden.

Allerdings ist die Festsetzung der Größe des Cafés (mindestens 100 Gäste) möglicherweise unzulässig. Das Gesetz spricht in § 9 I Nr. 9 BauGB nur von dem Nutzungszweck, der festgesetzt werden kann, nicht von der Größe oder dem Umfang der Nutzung. Der Nutzungszweck erschöpft sich in der Bestimmung der *städtebaulichen* Anforderungen. So werden in der Literatur als Beispiele einer zulässigen Festsetzung angeführt: Parkhäuser, Tankstellen, Aussichtstürme, Ausflugslokale.[135] Demgegenüber stellt die Festsetzung der Größe eines Ausflugscafés eine Maßnahme dar, die den *Umfang des Gewerbebetriebs* betrifft. Sie ist eine Angelegenheit der freien Marktwirtschaft, die der Investor selbst entscheiden können muss. Aufgabe des Planungsträgers ist es lediglich, eine genügend große überbaubare Fläche in dem Bebauungsplan auszuweisen, nicht aber eine Mindestgröße vorzuschreiben. Für diese Auslegung des § 9 I Nr. 9 BauGB kann auch die Formulierung im Einleitungssatz des § 9 I BauGB angeführt werden, nach der die Festsetzungen nur aus *städtebaulichen Gründen* zu treffen sind. Daraus folgt, dass Bebauungspläne zB nicht für wettbewerbs-, gewerbliche, friedens- oder außenpolitische Ziele eingesetzt werden dürfen.[136]

Mithin ist die vorgenommene Festsetzung nicht zulässig.

---

[133] BKL/*Löhr*, § 9 Rn. 36, 37.
[134] Vgl. auch EZBK/*Söfker*, § 9 Rn. 90 zu Ausflugslokalen – mit weiteren Beispielen.
[135] EZBK/*Söfker*, § 9 Rn. 90; BK/*Gaentzsch*, § 9 Rn. 31; BKL/*Löhr*, § 9 Rn. 37.
[136] Dazu BKL/*Löhr*, § 9 Rn. 4a mwN

90 **cc) Planerhaltung**

Der Verstoß gegen § 9 I BauGB ist stets beachtlich, weil er von §§ 214, 215 BauGB nicht erfasst wird.

91 **dd) Ergebnis**

Die Eheleute *L* können mit Erfolg im Wege der Normenkontrolle gegen den Bebauungsplan vorgehen. Es fragt sich, welchen Ausspruch das Oberverwaltungsgericht vornehmen wird. In Fällen, in denen Mängel im ergänzenden Verfahren nach § 214 IV BauGB behoben werden können, ist die Satzung nicht definitiv, sondern nur schwebend unwirksam. Nach dem Willen des Gesetzgebers ist diese Möglichkeit jedoch im generellen Ausspruch der Unwirksamkeit iSd § 47 V 2 VwGO enthalten. Im Rahmen eines Kontrollverfahrens soll sich das Gericht also nicht mehr mit der Frage beschäftigen müssen, ob ein fehlerhafter Bebauungsplan durch ein ergänzendes Verfahren von der Gemeinde rückwirkend in Kraft gesetzt werden kann.[137] Daher wird das Oberverwaltungsgericht den Bebauungsplan für teilunwirksam erklären (§ 47 V 2 VwGO), soweit er die rechtswidrige Festsetzung für das Grundstück der Eheleute *L* betrifft.

Ein ergänzendes Verfahren nach § 214 IV BauGB zur nachträglichen Fehlerbehebung scheidet nach allgM bei solchen Mängeln aus, die die Grundzüge der Planung berühren.[138] Dies ist der Fall bei der Festsetzung von solchen Inhalten, die nach § 9 I BauGB unzulässig sind.

92 **IV. Inzidentprüfung nach abgelehnter Bauvoranfrage**

Die Eheleute *L* können eine gerichtliche Überprüfung des Bebauungsplans schließlich auf folgendem Weg erreichen: Sie stellen eine sog. *Bauvoranfrage* gem. § 71 BauO NRW,[139] ob die Errichtung des von ihnen gewünschten Hotels zulässig ist.[140] Lehnt die Bauaufsichtsbehörde die Zulässigkeit des Hotels ab, liegt ein Verwaltungsakt vor, und die *L* können Verpflichtungsklage (§ 42 I VwGO) mit dem Ziel erheben, dass das Grundstück baulich durch die Errichtung eines Hotels genutzt werden kann. In dem Verfahren vor dem Verwaltungsgericht muss die Rechtmäßigkeit des Bebauungsplans *inzidenter geprüft* werden, weil der ablehnende Bescheid einer rechtlichen Grundlage bedarf und eine solche nur der Bebauungsplan sein kann.[141] Die Inzidentprüfung erstreckt sich nicht nur auf Landesrecht, sondern auch auf Bundesrecht einschließlich Verfassungsrecht.

Das VG würde – wie oben bereits dargelegt – von der Unwirksamkeit der Festsetzung für das Grundstück der *L* wegen Verstoßes gegen § 9 I BauGB ausgehen.

3. Städtebauliche Verträge

93 Der Trend zum kooperativen Verwaltungsstaat wird immer stärker. Städtebauliche Verträge bilden das wichtigste Beispiel kooperationsvertraglicher Aufgabenwahrnehmung im Bereich der klassischen Verwaltung. Der Gesetzgeber hat ausdrücklich eine dementsprechende Überschrift („Zusammenarbeit mit Privaten") vor § 11 BauGB

---

[137] *Erbguth* DVBl. 2004, 802 (804).
[138] BKL/*Battis,* § 214 Rn. 20. Zur generellen Problematik s. schon Rn. 30 unten.
[139] Dazu näher unten S. 116, Rn. 14.
[140] Mittels einer Bauvoranfrage können Einzelheiten der Bebauung ohne große Kosten geklärt werden.
[141] Vgl. eingehend BK/*Gaentzsch,* § 10 Rn. 64.

3. Städtebauliche Verträge

(Städtebaulicher Vertrag) und § 12 BauGB (Vorhaben- und Erschließungsplan) aufgenommen. Bereits 1998 mit der Übernahme der entsprechenden Vorschriften aus dem Maßnahmengesetz zum BauGB in das Planungsrecht als Dauerregelung erkannte der Gesetzgeber an, dass die *Kooperation zwischen Gemeinden und privaten Investoren* einen hohen Stellenwert hat[142]. Es spiegelt das schon seit geraumer Zeit veränderte Staatsverständnis wider, das dem hoheitlichen Vorgehen zunehmend ein kooperatives Handeln zur Seite stellt. Hintergrund sind ua eine sich ändernde Planungskultur, die sich von der Angebotsplanung zur vorhabenbezogenen Planung fortentwickelte, und die schwindenden öffentlichen Finanzmittel.[143]

Die Frage nach der Rechtsnatur städtebaulicher Verträge generell, also unabhängig von § 11 BauGB, als öffentlich-rechtliche oder privatrechtliche lässt sich nicht einheitlich beantworten, weil sie aus Elementen beider Rechtsgebiete bestehen können.[144] Es ist daher im Einzelfall zu untersuchen, welchem Rechtsgebiet diejenigen Normen zuzuordnen sind, aus denen einer der Vertragspartner Rechte herleitet. Städtebauliche Verträge, deren Gegenstand in § 11 BauGB geregelt ist, sind öffentlich-rechtlicher Natur, so dass es bei der Geltung und den Grenzen der für öffentlich-rechtliche Verträge maßgebenden §§ 54 und 56 VwVfG bleibt.[145] In § 11 I 2 BauGB sind die *Gegenstände eines städtebaulichen Vertrages* beispielhaft aufgezählt.[146] Die Vorschrift enthält die grundsätzliche Bestimmung und regelt die Zulässigkeit sowie den Anwendungsbereich städtebaulicher Verträge:

– Vorbereitung und Durchführung städtebaulicher Maßnahmen (§ 11 I 2 Nr. 1 BauGB);
– Förderung und Sicherung der mit der Bauleitplanung verfolgten Ziele (§ 11 I 2 Nr. 2 BauGB);
– Übernahme der Folgekosten (§ 11 I 2 Nr. 3 BauGB);
– städtebauliche Verträge zur Absicherung energetischer Vorhaben (§ 11 I 2 Nr. 4 BauGB);
– Vereinbarungen über die energetische Qualität von Gebäuden (§ 11 I 2 Nr. 5 BauGB).[147]

Da die Vereinbarung einer vom Vertragspartner zu erbringenden Leistung nach § 11 II 2 BauGB unzulässig ist, wenn er auch ohne sie einen Anspruch auf die Gegenleistung hätte, kommen nur diejenigen Bereiche für vertragliche Regelungen in Betracht, in denen die Gemeinde planerische Gestaltungsfreiheit hat oder Verwaltungsermessen ausübt. Neben den vorstehend aufgeführten Gegenständen sind es insbesondere Ausnahmen und Befreiungen (§ 31 BauGB) bzw. bauordnungsrechtliche Abweichungen (§ 73 BauO NRW), die zum Inhalt von städtebaulichen Verträgen gemacht werden.

Wenn die Gemeinde in städtebaulichen Vereinbarungen Regelungen treffen will, die über die möglichen Festsetzungen eines Bebauungsplans hinausgehen und dazu dienen sollen, die städtebaulichen Zielvorstellungen der Gemeinde zu verwirklichen, muss sie stets ein legitimes städtebauliches Ziel verfolgen. Anderenfalls ist die vereinbarte Regelung unwirksam.[148]

---

[142] Zur Rechtsentwicklung vgl. EZBK/*Krautzberger*, § 11 Rn. 1 ff.
[143] BKL/*Löhr*, § 11 Rn. 1 f.
[144] EZBK/*Krautzberger*, § 11 Rn. 186 ff.
[145] BKL/*Löhr*, § 11 Rn. 22.
[146] Zur Regelung des § 11 BauGB und städtebaulichen Verträgen allgemein: HBG/*Bönker*, § 13.
[147] § 11 I 2 Nr. 4 BauGB wurde durch das EAG Bau 2004 neu eingeführt und im Rahmen der sog. Klimaschutznovelle von 2011 (BGBl. I S. 1509) in ihrem Anwendungsbereich erweitert, § 11 I 2 Nr. 5 BauGB wurde 2011 in diesem Zuge neu eingeführt.
[148] GBR/*Reidt*, Rn. 984.

Fall 4. Kostenbeteiligung an der Vergrößerung eines Pumpwerks

95 Städtebauliche Verträge – Folgekostenvertrag – Baudispensvertrag – Koppelungsverbot – Zusage von Ausnahmen und Befreiungen

A ist Eigentümer eines größeren Geländes am F-Weg in einem kleinen Stadtteil der kreisfreien Stadt S (NRW), das nach dem Bebauungsplan als Mischgebiet mit höchstens 6 Vollgeschossen ausgewiesen ist; ferner ist im Bebauungsplan ein Abstand der Baulinie zum Bürgersteig von 5m vorgesehen, der in Ausnahmefällen auf 3m verringert werden kann. A möchte das Gelände mit einer größeren viergeschossigen Wohnanlage (11m Außenwandhöhe) für 100 Wohneinheiten bebauen. Aus den eingereichten Bauzeichnungen ergibt sich, dass A bis auf 3m an den F-Weg heranbauen und zu den beiden seitlichen Nachbargrundstücken, die unbebaut sind und im Eigentum der Stadt S stehen, nur eine Abstandfläche von 2m einhalten will. A meint, das sei notwendig, da bei Einhaltung aller Abstände pro Geschoss zwei Wohneinheiten weniger entstünden, wodurch die Wohnanlage unrentabel werde.

Die Stadt S ist mit der Bebauung an dieser Stelle deshalb nicht einverstanden, weil sie als Folge der zu erwartenden 300–400 neuen Einwohner ein älteres Pumpwerk zur ordnungsgemäßen Beseitigung des Abwassers der neuen Wohnanlage vergrößern müsste. Es kommt daher zu Verhandlungen, in deren Verlauf sich A in einem schriftlich geschlossenen Vertrag mit der Stadt S verpflichtet, zu den genannten Folgekosten einen Beitrag von 500 Euro je Wohneinheit, insgesamt also 50 000 Euro, an die Stadt zu zahlen. Darüber hinaus erklärt sich A bereit, weitere 500 Euro je Wohneinheit für denselben Zweck zu tragen, wenn die Stadt S im Gegenzug auch die erforderlichen Ausnahmen oder Befreiungen bezüglich der nicht eingehaltenen Abstände erteilt bzw. entsprechende Abweichungen zulässt, womit S einverstanden ist. A zahlt einen Teilbetrag und beantragt eine Baugenehmigung. Die Stadt S versagt im Sommer 2013 trotzdem die Baugenehmigung für die Bebauung in der vorgesehenen Form unter Hinweis auf die nicht eingehaltenen Abstände; bei Einhaltung der Abstandsvorschriften werde die Erlaubnis sofort erteilt werden. A meint, dass die vertraglichen Regelungen etwaige Hindernisse für die Erteilung der Baugenehmigung ausgeräumt hätten. A möchte nunmehr Klage erheben.

Hätte eine Klage Aussicht auf Erfolg?

Gliederung

96   A. Zulässigkeit der Klage
    I. Rechtsweg
       1. Folgekostenvereinbarung
       2. Baudispensvereinbarung
       3. Zwischenergebnis
    II. Statthafte Klageart
    III. Übrige Sachurteilsvoraussetzungen
    IV. Zwischenergebnis
B. Begründetheit der Klage
    I. Gesetzlicher Anspruch gemäß § 75 I 1 BauO NRW
       1. Erfordernis einer Baugenehmigung
       2. Entgegenstehen öffentlich-rechtlicher Vorschriften
    II. Ausräumung der Hinderungsgründe
       1. Zulässigkeit der Folgekostenvereinbarung

a) Formerfordernis
  b) Materielle Zulässigkeitsvoraussetzungen
     aa) Ursächlichkeit, § 11 I 2 Nr. 3 BauGB
     bb) Angemessenheit, § 11 II 1 BauGB
     cc) Kein – ohnehin bestehender – Anspruch auf die Gegenleistung, § 11 II 2 BauGB
     dd) Kein Entgegenstehen von Rechtsvorschriften, § 54 S. 1 VwVfG NRW
  c) Zwischenergebnis
 2. Zulässigkeit der Baudispensvereinbarung
  a) Formerfordernis
  b) Materielle Zulässigkeitsvoraussetzungen
     aa) Kein Verstoß gegen das sog. Koppelungsverbot, § 56 I 2 VwVfG NRW
     bb) Angemessenheit, § 11 II 1 BauGB
     cc) Kein ohnehin bestehender Anspruch auf die Gegenleistung, § 11 II 2 BauGB
     dd) Kein Entgegenstehen von Rechtsvorschriften, § 54 S. 1 VwVfG NRW
        (1) Ausnahme nach § 31 BauGB
        (2) Abweichung nach § 73 I 1 BauO NRW
  c) Zwischenergebnis
 III. Zusammenfassende Beurteilung der Vereinbarung
C. Ergebnis

Lösung

A. Zulässigkeit der Klage

I. Rechtsweg

In Betracht kommt eine Klage vor dem Verwaltungsgericht. Es müsste sich zunächst um eine öffentlich-rechtliche Streitigkeit handeln, § 40 I 1 VwGO. *A* will auf Erteilung einer Baugenehmigung klagen, einer Materie also, die im öffentlichen Recht (BauO, BauGB) geregelt ist. *A* leitet den Anspruch hierauf aus § 75 BauO NRW ab, wobei er davon ausgeht, dass dem Anspruch eventuell entgegenstehende Hindernisse durch die Vereinbarung mit der Stadt *S* ausgeräumt worden seien. Da Kernpunkt des Rechtsstreits dieser Vertrag ist, richtet sich der Rechtsweg nach dessen *Gegenstand*.[149]

Im vorliegenden Fall hat der Vertrag zwischen *A* und der Stadt *S* zwei verschiedene Inhalte: Zum einen beteiligt sich *A* mit einem Betrag in Höhe von 50 000 Euro an den Folgekosten, die durch den Ausbau des Pumpwerks entstehen *(Folgekostenvereinbarung)*, zum anderen ist er bereit, 500 Euro je Wohneinheit zu zahlen, wenn die Stadt die erforderlichen Ausnahmen und Befreiungen bezüglich der nicht eingehaltenen Abstände erteilt *(Baudispensvereinbarung)*.

---

[149] Vgl. statt vieler BVerwGE 22, 138 (140); EZBK/*Krautzberger*, § 11 Rn. 187.

1. Folgekostenvereinbarung

98

Die spezialgesetzliche Grundlage für Vereinbarungen über Folgekosten ergibt sich aus § 11 I 2 Nr. 3 BauGB. Danach können sich Bauwillige gegenüber der Gemeinde durch Vertrag verpflichten, Kosten oder sonstige Aufwendungen zu übernehmen, die der Gemeinde für städtebauliche Maßnahmen entstehen oder entstanden sind und die Voraussetzung oder Folge des geplanten Vorhabens sind. Gegenstand von Folgekostenverträgen können Anlagen und Einrichtungen sein, die der Allgemeinheit dienen. Sie können auch außerhalb des Baugebiets liegen. Die Regelung lehnt sich an die höchstrichterliche Rechtsprechung an und entwickelt diese fort.[150]

Soweit A sich in dem Vertrag zur Zahlung von 50 000 Euro verpflichtet hat, kann es sich um eine Folgekostenregelung iSd § 11 I 2 Nr. 3 BauGB handeln. Da der Gegenstand der Vereinbarung in Normen geregelt ist, die sich an einen Träger hoheitlicher Gewalt wenden, liegt eine öffentlich-rechtliche Streitigkeit vor.

2. Baudispensvereinbarung

99

Es ist ferner zu prüfen, ob der zweite Teil der Vereinbarung, die Zahlung von 500 Euro je Wohneinheit für die Gewährung von Ausnahmen oder Befreiungen bzw. für die Zulassung von Abweichungen, ebenfalls öffentlich-rechtlicher Natur ist. Heute wird durchweg angenommen, dass die typischen Fälle der Verträge im Bereich des Baurechts, wie die städtebaulichen Verträge nach § 11 BauGB und der Baudispensvertrag, als öffentlich-rechtliche Verträge nach §§ 54 ff. VwVfG zu qualifizieren sind (§ 11 IV BauGB lässt die Zulässigkeit anderer als in § 11 I 2 Nr. 1–5 BauGB geregelter städtebaulicher Verträge ausdrücklich unberührt).[151]

Dem ist zuzustimmen, insbesondere für den hier in Rede stehenden Bereich der Baudispensverträge. Die Zuordnung zum öffentlichen Recht ergibt sich vor allem aus der einvernehmlichen Mitwirkung der Gemeinde am Baugenehmigungsverfahren. Die von A gewünschte Baugenehmigung kann nur erteilt werden, wenn die Stadt S wegen der nicht eingehaltenen Abstände eine Ausnahme oder Befreiung nach § 31 BauGB ausspricht und eine Abweichung gemäß § 73 BauO NRW zulässt.

3. Zwischenergebnis

100

Die Folgekosten- und Baudispensvereinbarung ist dem öffentlichen Recht zuzuordnen. Die Streitigkeit ist auch nichtverfassungsrechtlicher Art und es besteht keine Sonderzuweisung. Demnach ist eine Klage des A vor dem Verwaltungsgericht nach § 40 I 1 VwGO zulässig.

II. Statthafte Klageart

101

Als Klageart kommt eine Verpflichtungsklage gem. § 42 I VwGO in Betracht. A begehrt die Verurteilung zum Erlass eines abgelehnten Verwaltungsakts, nämlich der Baugenehmigung für das ursprünglich konzipierte Vorhaben. A selbst geht davon aus, dass die Bauerlaubnis erst nach Gewährung von Ausnahmen oder Befreiungen und Abweichungen erteilt werden kann. Obwohl diese also logisch vorrangig gewährt sein müssen, können die Baugenehmigung und die Ausnahmen bzw. Befreiungen gemeinsam beantragt werden.[152] In dem Antrag auf Baugenehmigung liegt regelmäßig zugleich ein Antrag auf Gewährung der erforderlichen Aus-

---

[150] Grundlegend bereits BVerwGE 42, 331.
[151] Vgl. BGHZ 56, 365 (368); BVerwGE 42, 331; EZBK/*Söfker*, § 31 Rn. 62.
[152] Nur wenn Abweichungen vorab beantragt werden, ist ihre Zulassung ein selbstständig anfechtbarer Verwaltungsakt.

nahmen und Dispense.[153] Die Verpflichtungsklage ist demnach die richtige Klageart.

III. Übrige Sachurteilsvoraussetzungen

102

1. A ist gemäß § 42 II VwGO klagebefugt, da er möglicherweise in seinem Recht auf Erteilung der Baugenehmigung (§ 75 I 1 BauO NRW) und seinen vertraglichen Rechten aus dem schriftlichen Vertrag beeinträchtigt ist.
2. Die Klage ist gegen die Stadt S zu richten, §§ 78 I Nr. 1 VwGO, als die Körperschaft, deren Behörde A die beantragte Baugenehmigung versagt hat.
3. Die Beteiligtenfähigkeit der Stadt ergibt sich aus § 61 Nr. 1 VwGO.
4. Hinsichtlich der sonstigen Sachurteilsvoraussetzungen bestehen keine Bedenken.

IV. Zwischenergebnis

103

Eine vor dem zuständigen Verwaltungsgericht erhobene Verpflichtungsklage des A gegen die Stadt S wäre zulässig.

B. Begründetheit der Klage

104

Die Verpflichtungsklage ist begründet, soweit die Ablehnung der Baugenehmigung rechtswidrig war und den A in seinen Rechten verletzt hat, § 113 V 1 VwGO. Das ist dann der Fall, wenn A einen Anspruch auf Erteilung der Baugenehmigung hat.

I. Gesetzlicher Anspruch

105

Der *Anspruch* könnte sich aus § 75 I 1 BauO NRW ergeben. Danach ist die Baugenehmigung zu erteilen, wenn dem Vorhaben öffentlich-rechtliche Vorschriften nicht entgegenstehen.

1. Erfordernis einer Baugenehmigung

106

Es fragt sich zunächst, ob im vorliegenden Fall überhaupt eine Baugenehmigung erforderlich ist. Grundsätzlich bedarf nach § 63 I BauO NRW jede Errichtung einer baulichen Anlage der Baugenehmigung. Die Bauordnungen vieler Bundesländer verzichten mittlerweile zwecks Verfahrensbeschleunigung auch bei Vorhaben, die nicht nur untergeordnete Gebäude und Nebenanlagen betreffen, auf das Erfordernis der Baugenehmigung.[154] Gemäß § 67 I 1 BauO NRW bedürfen die Errichtung oder Änderung von Wohngebäuden mittlerer und geringer Höhe im Geltungsbereich eines Bebauungsplans im Sinne des § 30 I oder II BauGB keiner Baugenehmigung, wenn das Vorhaben den Festsetzungen des Bebauungsplans nicht widerspricht, die Erschließung gesichert ist und die Gemeinde nicht innerhalb eines Monats nach Eingang der Bauvorlagen erklärt, dass das Genehmigungsverfahren durchgeführt werden soll. Hier will A ein viergeschossiges Gebäude mit einer Außenwandhöhe von 11m errichten. Nach der Legaldefinition in § 2 III 2 BauO NRW handelt es sich um ein Gebäude mittlerer Höhe, so dass § 67 I 1 BauO NRW anwendbar ist. Da A von der im Bebauungsplan festgesetzten Baulinie von 5m abweichen will, widerspricht das Vorhaben dem Inhalt des Bebauungsplans. Die erste Voraussetzung für eine Genehmigungsfreistellung nach § 67 I 1 BauO NRW ist daher nicht erfüllt. Abgesehen davon hat A eine Baugenehmigung und damit die Durchführung des Genehmigungsverfahrens beantragt. Hierzu war er nach § 67 I 3 BauO NRW berechtigt.

Mithin besteht das Erfordernis einer Baugenehmigung.

---

[153] EZBK/*Söfker*, § 31 Rn. 63 f., der zwischen der Gewährung einer Ausnahme und der einer Befreiung unterscheidet; im Übrigen ist zu beachten, dass das bloße Vorliegen einer „Befreiungslage" als nicht ausreichend erachtet wird, vgl. ua *OVG RhPf* DVBl. 2010, 659.
[154] Dazu näher unten S. 114 f., Rn. 10.

2. Entgegenstehende öffentlich-rechtliche Vorschriften

107 Der Erteilung der Baugenehmigung können aber öffentlich-rechtliche Vorschriften entgegenstehen. Die Zulässigkeit des Vorhabens richtet sich hier nach § 30 I BauGB.

Als denkbarer Hinderungsgrund für die Erteilung der Baugenehmigung kommt die fehlende Erschließung in Betracht, die § 30 I BauGB voraussetzt. Das BauGB verwendet den Begriff der Erschließung an verschiedenen Stellen und enthält in den §§ 123–135 BauGB einen eigenen Teil über die Erschließung. Es findet sich jedoch keine inhaltliche Bestimmung dieses Begriffs. Seine Verwendung erfolgt auch nicht einheitlich, sondern entsprechend den Erfordernissen des jeweiligen Regelungszusammenhangs.[155] Während § 123 I BauGB den Gemeinden ganz allgemein „die Erschließung" als Aufgabe zuweist und damit eine Erschließung des ganzen Baugebiets meint, die auch Parkflächen und Grünanlagen erfasst, ist der *Erschließungsbegriff in § 30 I BauGB nur grundstücksbezogen.*[156] Denn die Sicherung der Erschließung iSd § 30 BauGB soll gewährleisten, dass die Nutzung des zu genehmigenden Bauvorhabens sowohl für den Nutzer als auch für die Allgemeinheit ohne schädliche Folgen geschehen kann. Mindestens wird man den Anschluss des Baugrundstücks an das öffentliche Straßennetz, die Versorgung mit Strom und Wasser und die Abwasserbeseitigung verlangen müssen. Weitere Anforderungen können sich aus den Festsetzungen des Bebauungsplans ergeben.

108 Um die ordnungsgemäße Beseitigung des Abwassers gewährleisten zu können, müsste hier aber zunächst das vorhandene Pumpwerk vergrößert werden. Die Erschließung des Bauvorhabens ist damit noch nicht gesichert, so dass die Gemeinde die Erteilung der Baugenehmigung grundsätzlich verweigern durfte.

Dem Vorhaben könnten weitere öffentlich-rechtliche Vorschriften entgegenstehen. Die Stadt S beruft sich darauf, dass die Normen über die Abstände nicht eingehalten sind. Es handelt sich dabei erstens um die *bauplanungsrechtliche* Festsetzung der Baulinie, die nach dem Bebauungsplan 5 m vom Bürgersteig beträgt, während A bis auf 3 m heranbauen will. Insoweit ist das Vorhaben gemäß §§ 30 I BauGB, 23 II BauNVO iVm dem Bebauungsplan unzulässig. Weiterhin handelt es sich zweitens um die *bauordnungsrechtlichen* Vorschriften über die Abstandfläche zu den Nachbargrundstücken, die nach § 6 V 1 BauO NRW 8,8 m (11 m × 0,8) beträgt, während A bis auf 2 m heranbauen will. Insoweit liegt ein Verstoß gegen § 6 V 1 BauO NRW vor.

A hat also unmittelbar aus § 75 I 1 BauO NRW keinen Anspruch.

II. Ausräumung der Hinderungsgründe

109 Der Anspruch könnte sich jedoch dann aus § 75 I 1 BauO NRW ergeben, wenn das Gericht feststellen würde, dass sämtliche Hindernisse durch den Abschluss der Folgekosten- und Baudispensvereinbarung sowie durch Ausnahmen oder Befreiungen und Abweichungen ausgeräumt werden können *und* dass die Baugenehmigungsbehörde auf Grund des schriftlichen Vertrags *zur Erteilung dieser Ausnahmen oder Befreiungen sowie zur Zulassung von Abweichungen verpflichtet war*. Es ist folglich zu prüfen, ob die zwischen A und der Stadt S abgeschlossene Folgenkostenvereinbarung (unten 1.) sowie die Baudispensvereinbarung (unten 2.) zulässig sind.

1. Zulässigkeit der Folgekostenvereinbarung

110 Da sich A als Bauwilliger mit 50 000 Euro am Ausbau des städtischen Pumpwerks beteiligt, könnte eine Folgekostenvereinbarung iSd § 11 I 2 Nr. 3 BauGB vorliegen.

---

[155] BKL/*Löhr*, § 30 Rn. 14, Vor §§ 123–135 Rn. 2.
[156] EZBK/*Söfker*, § 30 Rn. 40; BKL/*Löhr*, § 30 Rn. 14, Vor §§ 123–135 Rn. 3

Der Ausbau der Pumpanlage dient der Sicherung der Erschließung. Früher war es umstritten, ob derartige Folgekostenvereinbarungen über die Erschließung durch einen Erschließungsvertrag iSd § 124 BauGB aF abgeschlossen werden müssen. Das *BVerwG* ging davon aus, dass die Regelung über den Erschließungsvertrag gegenüber derjenigen in § 11 BauGB die speziellere Norm sei.[157] Dieser Streit hat sich jedoch erledigt, da mit dem Inkrafttreten des Gesetzes zur Stärkung der Innenentwicklung in den Städten und Gemeinden und weiterer Fortentwicklung des Städtebaurechts die bisherigen Regelungen über den Erschließungsvertrag in § 124 BauGB als eigenständige Regelungen neben den allgemeinen Vorschriften in § 11 BauGB entfallen sind.[158] Folglich ermöglicht § 11 BauGB die Übernahme der Kosten, die bei durch das Vorhaben verursachten städtebaulichen Maßnahmen entstehen oder entstanden sind. Es ist dabei unbeachtlich, ob die Anlagen und Einrichtungen für die Allgemeinheit innerhalb oder außerhalb des Baugebiets liegen.[159]

a) Formerfordernis 111

Gemäß § 11 III BauGB bedarf ein Folgekostenvertrag der Schriftform, die im vorliegenden Fall eingehalten ist. Sonstige Rechtsvorschriften, die eine andere Form vorschreiben, bestehen nicht.

b) Materielle Zulässigkeitsvoraussetzungen 112

Die Kodifizierung des Folgekostenvertrags in § 11 I Nr. 3 BauGB lehnt sich eng an die höchstrichterliche Rechtsprechung an. Danach ist die Abwälzung von Folgekosten Sache des Abgabenrechts und dieses um der Gleichbehandlung willen im Grundsatz dispositionsfeindlich. Von diesem Ausgangspunkt her folgt, dass die Gemeinden für die wirtschaftlichen Folgen ihrer Bauleitplanung einstehen müssen, soweit ihnen nicht das Abgabenrecht hilft oder *ausnahmsweise* andere Handhabungen zur Verfügung stehen.[160] Eine solche Ausnahmeregelung enthält § 11 BauGB.

Die Zulässigkeitsvoraussetzungen ergeben sich aus § 11 BauGB und ergänzend aus § 54 und § 56 VwVfG, die für alle öffentlich-rechtlichen Verträge gelten.[161]

aa) Nach der Formulierung in § 11 I 2 Nr. 3 BauGB dürfen in dem Folgekostenvertrag nur diejenigen entstehenden oder entstandenen Kosten für städtebauliche Maßnahmen übernommen werden, die Voraussetzung oder Folge[162] des geplanten Vorhabens sind. Damit wird dem *Erfordernis der Ursächlichkeit*[163] Geltung verschafft, das auch in § 56 I VwVfG zum Ausdruck gekommen ist („Gegenleistung für einen bestimmten Zweck", „im sachlichen Zusammenhang mit vertraglichen Leistung der Behörde", sog. Koppelungsverbot[164]). Nach § 56 I 1 und 2 VwVfG muss die Gegenleistung für einen bestimmten Zweck vereinbart und in einem sachlichen Zusammenhang mit der vertraglichen Leistung der Behörde stehen. Dem Erfordernis der Ursächlichkeit ist nur dann Genüge getan, wenn die vereinbarten Beträge durch den Vertrag in bestimmter Höhe bestimmten Maßnahmen zugeordnet 113

---

[157] So *BVerwG* NVwZ 2011, 690 (692).
[158] In der Gesetzesbegründung ist zu lesen, dass durch das Urteil des *BVerwG* (NVwZ 2011, 690) in der kommunalen Praxis Fragen zum Verhältnis von § 124 BauGB aF und § 11 BauGB aufgetreten sind. Um Unsicherheiten auszuräumen und damit den Handlungsspielraum der Kommunen zu erweitern, sollen Verträge über die Erschließung – ua auch Folgekostenverträge – künftig generell als Verträge iSd § 11 I 2 Nr. 1 bzw. § 11 I 2 Nr. 3 BauGB zu behandeln sein. Vgl. BT-Drs. 17/11468.
[159] *BVerwG* NVwZ 2009, 1109; BKL/*Krautzberger*, § 11 Rn. 163.
[160] BVerwGE 90, 310 (312).
[161] BKL/*Löhr*, § 11 Rn. 22.
[162] Zum Begriffspaar „Voraussetzung oder Folge" *BVerwG* NVwZ 2006, 336 ff.
[163] Vgl. dazu etwa EZBK/*Krautzberger*, § 11 Rn. 164; BKL/*Löhr*, § 11 Rn. 16.
[164] Vgl. hierzu *Kopp/Ramsauer*, VwVfG, 13. Aufl. (2012), § 56 Rn. 16 ff.

werden.¹⁶⁵ Deshalb spricht das *BVerwG*¹⁶⁶ bei der Gegenleistung des Bauwilligen auch von einer Art „Aufwendungsersatz". Die Beteiligten müssen sich in dem Vertrag auf die Zusammenhänge zwischen dem beabsichtigten Vorhaben und den dadurch veranlassten Folgeeinrichtungen beziehen. Eine allgemeine Zuzugsabgabe wäre unzulässig. Außerdem muss ein eindeutiger zeitlicher Zusammenhang bestehen. Ein bloß allgemeiner Bezug zu den gemeindlichen Aufgaben reicht nicht aus. Nicht zulässig sind daher beispielsweise die Deckung eines Nachholbedarfs für bereits zuvor verwirklichte Planungen oder das Bilden finanzieller Reserven für gegenwärtig noch nicht absehbare Planungen. Wobei allerdings unter Umständen auf ein kommunales Gesamtkonzept abgestellt werden kann.¹⁶⁷

Hier waren sich die Parteien einig, dass A die Beiträge zur Mitfinanzierung der Vergrößerung des Pumpwerks leistete, die angesichts der Zunahme an Abwässern durch das Bauvorhaben des A notwendig würde. Damit bestehen hinsichtlich der Ursächlichkeit keine Bedenken.

114 bb) Die vertraglich vereinbarten Leistungen müssen *den gesamten Umständen nach angemessen sein* (§ 11 II 1 BauGB; s. auch § 56 I 2 VwVfG). Bei dieser Zulässigkeitsvoraussetzung handelt es sich um die gesetzliche Normierung des aus dem Rechtsstaatsprinzip (Art. 20 III, 28 I GG) herzuleitenden *Übermaßverbots*. Die vom Vertragspartner zu erbringende Leistung muss in angemessenem Verhältnis zur Leistung der Behörde und zum Wert des Bauvorhabens stehen¹⁶⁸ und darf für den Versprechenden und diejenigen, an die später bei einer Veräußerung die Kosten weitergegeben werden, keine unzumutbare Belastung bedeuten. Auch insoweit ergibt sich nach dem Sachverhalt kein Anlass für eine Beanstandung. Eine einmalige Zahlung von 50 000 Euro zur Sicherstellung der ordnungsgemäßen Ableitung der vom Grundstück ausgehenden Abwässer ist durchaus angemessen.

115 cc) Nach § 11 II 2 BauGB (s. auch § 56 II VwVfG) ist die Vereinbarung einer vom Bauwilligen zu erbringenden Leistung unzulässig, wenn er auch ohne sie einen *Anspruch auf die Gegenleistung*, hier also auf die Erteilung der Baugenehmigung, hätte. Hoheitliche Entscheidungen sollen grundsätzlich nicht von zusätzlichen wirtschaftlichen Gegenleistungen abhängig gemacht werden dürfen (ein Aspekt des „Koppelungsverbots").¹⁶⁹ Damit soll die Gefahr eines „Verkaufs von Hoheitsakten" abgewehrt werden.¹⁷⁰ Ferner wird der Gefahr des Machtmissbrauchs durch die öffentliche Hand vorgebeugt. Denn zB die – auch bloß faktische – Überlegenheit der Bauaufsichtsbehörde könnte zu einer Ausnutzung des Machtgefälles führen. Daher ist für den Abschluss einer Folgekostenvereinbarung nur Raum, wenn der Gemeinde *Ermessen* eingeräumt ist.¹⁷¹ Typische Beispiele sind die Entscheidungen über Ausnahmen und Befreiungen bzw. Abweichungen, die nach Bundesrecht (§ 31 BauGB) oder Landesrecht (ua § 73 BauO NRW) im Ermessen der Gemeinde stehen. Ferner können durch Folgekostenverträge gesetzliche Hinderungsgründe ausgeräumt werden, zB im Fall der unwirtschaftlichen Aufwendungen des § 35 III 1 Nr. 4 BauGB, wenn der Bauherr diese Aufwendungen übernimmt.¹⁷²

---

¹⁶⁵ So BVerwGE 42, 331.
¹⁶⁶ BVerwGE 42, 331 (343); 90, 310 (311 ff.).
¹⁶⁷ BVerwGE 133, 85; 139, 262.
¹⁶⁸ So etwa BVerwGE 42, 331 (338 ff.).
¹⁶⁹ Vgl. bereits *BGH* DVBl. 1967, 37; BGHZ 71, 386.
¹⁷⁰ Formulierung von *Tittel* DVBl. 1967, 38 (39): Anm. zu *BGH* DVBl. 1967, 36.
¹⁷¹ Vgl. *BVerwG* NVwZ 2000, 1285; BKL/*Löhr*, § 11 Rn. 23.
¹⁷² BVerwGE 90, 310 (314); BKL/*Löhr*, § 35 Rn. 57.

Im vorliegenden Fall hat *A* die 50 000 Euro nicht für die Erteilung von Ausnahmen und Befreiungen bezüglich der nicht eingehaltenen Abstandflächen gezahlt. Mit diesem Betrag wollte er vielmehr einen Beitrag für die Vergrößerung des Pumpwerks leisten, um die diesbezüglichen Bedenken der Stadt *S* gegen eine Baugenehmigung aus dem Weg zu räumen und das grundsätzliche Einverständnis zur Bebauung zu erhalten. Dann müsste aber der Stadt *S* insoweit ein Ermessen zustehen oder es müsste ein Hinderungsgrund für die Erteilung der Baugenehmigung ausgeräumt werden.

Da das Bauvorhaben im Geltungsbereich eines Bebauungsplans liegt, findet § 30 I BauGB Anwendung. Diese Norm sieht kein Ermessen für die Bauaufsichtsbehörde vor, wenn die Tatbestandsmerkmale erfüllt sind. Als denkbarer Hinderungsgrund für die Erteilung der Baugenehmigung kommt jedoch die fehlende Sicherung der Erschließung in Betracht, die von § 30 I BauGB vorausgesetzt wird. Wie bereits ausgeführt, fehlt es an einer gesicherten Erschließung des Bauvorhabens, weil die ordnungsgemäße Ableitung der Abwässer bislang noch nicht gewährleistet ist. Aus diesem Grund konnte die Stadt *S* die beantragte Baugenehmigung nicht erlassen, weil dieser mit § 30 BauGB eine öffentlich-rechtliche Vorschrift entgegensteht. Die Folgekostenvereinbarung ist daher nicht nach § 11 II 2 BauGB unzulässig.

dd) Ferner dürfen dem Vertrag *keine Rechtsvorschriften entgegenstehen* (§ 54 S. 1 VwVfG). Solche könnten sich zB aus den Abgabengesetzen der Länder ergeben. Für die Übernahme der Folgekosten, die durch den Ausbau eines Pumpwerks verursacht werden, gibt es jedoch keine entgegenstehende Rechtsnorm. Sie ist weder dem Kommunalabgabengesetz NRW (KAG NRW) zu entnehmen noch dem Landeswassergesetz (LWG). Unerheblich ist es, dass das KAG NRW keine förmliche Rechtsgrundlage für die Heranziehung zu Folgekosten enthält; das besagt nichts darüber, ob die Entlastung auf andere Weise erfolgen kann.

Der zwischen *A* und der Stadt *S* abgeschlossenen Vereinbarung standen somit keine Rechtsvorschriften entgegen.

c) Zwischenergebnis

Die Folgekostenvereinbarung ist daher zulässig.

2. Zulässigkeit der Baudispensvereinbarung

Wie dargelegt (Rn. 99), handelt es sich bei der Baudispensvereinbarung ebenfalls um einen öffentlich-rechtlichen Vertrag nach §§ 54 ff. VwVfG: *A* hat sich verpflichtet, weitere 500 Euro je Wohneinheit zu tragen, eine Summe, die der Gemeinde zum Ausbau des Pumpwerks dient (§ 56 I VwVfG). Im Gegenzug ist die Stadt *S* damit einverstanden, die erforderliche Ausnahme oder Befreiung bezüglich der nicht eingehaltenen Abstände zu erteilen bzw. eine entsprechende Abweichung zuzulassen.

Auch die Baudispensvereinbarung ist ein städtebaulicher Vertrag und muss den allgemeinen Anforderungen des § 11 BauGB genügen.[173] Sie lässt sich jedoch nicht unter die in § 11 I Nr. 1–5 BauGB beispielhaft aufgeführten Gegenstände subsumieren.[174]

a) Formerfordernis

Die in § 11 III BauGB (§ 57 VwVfG) vorgeschriebene Schriftform ist eingehalten worden.

---

[173] BKL/*Löhr*, § 31 Rn. 50. Baudispensverträge werden heute allgemein zum städtebaulichen Vertrag gezählt, s. EZBK/*Söfker*, § 31 Rn. 62.
[174] Vgl. EZBK/*Krautzberger*, § 11 Rn. 26.

b) Materielle Zulässigkeitsvoraussetzungen

120 **aa)** Mangels Anwendbarkeit von § 11 I 2 Nr. 1–5 BauGB können die dortigen Regelungen nicht für das Erfordernis der Ursächlichkeit herangezogen werden. Vielmehr ist § 56 I 2 VwVfG zu prüfen, in dem der entsprechende Gedanke zum Ausdruck gekommen ist: Die Gegenleistung (Zahlung der 500 Euro je Wohneinheit durch *A*) muss *im sachlichen Zusammenhang* mit der vertraglichen Leistung der Behörde (Erteilung der Ausnahme oder Befreiung bzw. Zulassung einer Abweichung) stehen. Dieses sog. *Koppelungsverbot* hat zwei Komponenten[175]: So ist es zum einen verboten, durch verwaltungsrechtlichen Vertrag etwas miteinander zu verknüpfen, was nicht ohnedies in innerem Zusammenhang zueinander steht.[176]

Hiergegen wird durch die Baudispensvereinbarung nicht verstoßen. *A* kann durch die Erteilung der Ausnahme oder Befreiung bzw. Zulassung der Abweichung pro Geschoss zwei Wohneinheiten mehr errichten. Damit in innerem Zusammenhang steht die Zahlung der 500 Euro je Wohneinheit als Beitrag für die Kosten der Infrastruktureinrichtungen.

121 **Exkurs:** Es ist allgemein anerkannt, dass die Gemeinde finanzielle Aufwendungen, die die Erteilung einer Befreiung oder Zulassung einer Abweichung nach sich zieht, dem Antragsteller als Nutznießer aufbürden darf.[177] Bekanntestes Beispiel hierfür sind die Garagenablöseverträge, bei denen der Antragsteller von der (bauordnungsrechtlichen) Pflicht, einen Stellplatz zu errichten, gegen Zahlung eines Geldbetrags befreit wird.[178]

122 Ausdruck des Koppelungsverbots ist zum anderen der Satz, dass hoheitliche Entscheidungen im Prinzip nicht von zusätzlichen wirtschaftlichen Gegenleistungen abhängig gemacht werden dürfen (dazu o. Rn. 115).[179] Aber auch insoweit bestehen im vorliegenden Fall keine Bedenken, da *A* die 500 Euro je Wohneinheit für die Erweiterung des Pumpwerks aufbringt und sich die Hoheitsakte nicht durch eine zusätzliche wirtschaftliche Leistung „erkauft".[180] Es geht um eine Entlastung der Stadt *S*, die mit dem Aufwendungsersatz nach § 670 BGB eine gewisse Verwandtschaft hat. Nach dem Sachverhalt ist anzunehmen, dass die Vergrößerung des städtischen Pumpwerks auch tatsächlich aufgrund des Bauvorhabens des *A* notwendig ist.

123 **bb)** Weiterhin muss die Gegenleistung *den gesamten Umständen nach angemessen sein* (§ 11 II 1 BauGB). *A* kann in seiner viergeschossigen Wohnanlage durch die Ausnahme und die Abweichung insgesamt acht Wohnungen mehr bauen. Als Gegenleistung zahlt er 50 000 Euro an die Stadt *S*. Wirtschaftlich gesehen entfallen auf jede zusätzliche Wohnung also 6250 Euro. Dieser Betrag ist nicht sonderlich hoch und bedeutet keine unzumutbare Belastung für *A* und seine möglichen Rechtsnachfolger. Mithin sind Leistung und Gegenleistung den gesamten Umständen nach angemessen.

124 **cc)** Die Vereinbarung der von *A* zu erbringenden Leistung wäre unzulässig, wenn er auch ohne sie einen *Anspruch auf die Erteilung der Ausnahme oder Befreiung bzw. Zulassung der Abweichung* hätte (§ 11 II 2 BauGB). Die Erteilung von Ausnahmen und Befreiungen ist jedoch in das Ermessen der Bauaufsichtsbehörde gestellt (§ 31 I, II BauGB). Entsprechendes gilt für die Zulassung einer Abweichung nach dem Bau-

---

[175] Vgl. dazu *OVG Nds* BauR 2006, 1703, unter Hinweis auf BVerwGE 42, 331.
[176] *BGH* DVBl. 1967, 36 (37).
[177] Vgl. etwa EZBK/*Söfker*, § 31 Rn. 62.
[178] Finkelnburg/Ortloff/*Kment*, Bd. II, S. 56ff (62).
[179] *BGH* DVBl. 1972, 824 (825).
[180] Die Gemeinde will „keinen Profit herausschlagen", sie will sich nicht „die Wahrnehmung ihrer amtlichen Aufgaben bezahlen lassen", so die Formulierung von *BGH* DVBl. 1967, 36 (37 f.). Vgl. auch BVerwGE 133, 85 zur Rückabwicklung eines Folgelastenvertrages.

ordnungsrecht (§ 73 BauO NRW). *A* hat also keinen diesbezüglichen Rechtsanspruch gegen die Stadt *S*. Folglich greift die Einschränkung des § 11 II 2 BauGB nicht ein.

dd) Die vertraglichen Ausnahmen und Befreiungen bzw. Abweichungen wären unzulässig, wenn ihnen *Rechtsvorschriften entgegenstünden* (§ 54 S. 1 VwVfG). 125

Wie erwähnt, ist das Vorhaben sowohl mit der bauplanungsrechtlichen Festsetzung der Baulinie (§§ 30 BauGB, 23 I BauNVO iVm dem Bebauungsplan) als auch mit der bauordnungsrechtlichen Abstandsflächenregelung (§ 6 V 1 BauO NRW) unvereinbar.

(1) Ausnahme nach § 31 BauGB 126

Von der bauplanungsrechtlichen Festsetzung der Baulinie (5m Abstand) sind Ausnahmen nach § 31 I BauGB möglich, wenn das im Bebauungsplan ausdrücklich vorgesehen ist. Nach dem Sachverhalt enthält der Bebauungsplan die Festsetzung, dass der Abstand der Baulinie zum Bürgersteig in Ausnahmefällen auf 3m verringert werden kann, was nach § 23 II 3 BauNVO möglich ist. Diesen Abstand sieht die Planung des *A* vor. Da die kreisfreie Stadt *S* ferner zugleich „Baugenehmigungsbehörde" und „Gemeinde" iSd § 36 I BauGB ist (§ 60 I Nr. 3a BauO NRW), sind sämtliche Voraussetzungen für die Erteilung der Ausnahme nach Ermessen erfüllt.

(2) Abweichung nach § 73 I 1 BauO NRW 127

Anders kann es sich mit dem Verstoß gegen die Abstandsflächenregelung verhalten. *A* will bis auf 2m an die seitlichen Grundstücksgrenzen heranbauen, während die Abstandsfläche nach § 6 V 1 BauO NRW bei der geplanten viergeschossigen Bebauung mit 11m Außenwandhöhe 8,8m (11m × 0,8) beträgt. *A* würde hierfür die Zulassung einer Abweichung von der zwingenden Vorschrift des § 6 V 1 BauO NRW benötigen, da die Gestattung geringerer Tiefen der Abstandsflächen nach § 6 XV, XVI BauO NRW mangels näherer Angaben im Sachverhalt nicht in Betracht kommt.

Die Voraussetzungen für eine bauordnungsrechtliche Abweichung ergeben sich aus §§ 73, 74 II BauO NRW. Das dort geregelte Verfahren müsste eingehalten sein. Zunächst ist die Benachrichtigung der Angrenzer (Eigentümer und Erbbauberechtigte) erforderlich, wenn zu erwarten ist, dass öffentlich-rechtlich geschützte Belange berührt werden (§ 74 II 1 BauO NRW). Die Regelung über den seitlichen Abstand vom Nachbargrundstück ist nachbarschützender Natur.[181] Die seitlichen Nachbargrundstücke stehen im Eigentum der Stadt *S*. Es kann daher davon ausgegangen werden, dass hinsichtlich § 74 II BauO NRW keine Bedenken bestehen; die zuständige Liegenschaftsabteilung dürfte eingeschaltet gewesen sein.[182]

Zweifelhaft ist, ob die materiellen Voraussetzungen für eine Abweichung vorlagen. Maßgebend ist § 73 I 1 BauO NRW. Danach kann die Genehmigungsbehörde Abweichungen von bauaufsichtlichen Anforderungen zulassen, wenn folgende Tatbestandsmerkmale erfüllt sind:
– in der BauO NRW oder in nachrangigen Vorschriften darf nichts anderes geregelt sein,
– die Abweichung muss mit den öffentlichen Belangen vereinbar sein
– unter Berücksichtigung des Zwecks der jeweiligen Anforderungen und
– unter Würdigung der nachbarlichen Interessen.

---

[181] GCJPW/*Johlen*, § 6 Rn. 39 ff.
[182] Jedenfalls kann die Stadt *S* sich wegen des Grundsatzes des widersprüchlichen Verhaltens nicht darauf berufen, dass ihre Einverständniserklärung zu dem Dispens darum unwirksam sei, weil sie in ihrer Eigenschaft als Eigentümerin der Nachbargrundstücke nicht angehört wurde.

Sind diese Voraussetzungen nicht erfüllt, ist für die Ausübung von Ermessen auf der Rechtsfolgenseite kein Raum mehr.[183]

128 Eine andere, der Abweichung entgegenstehende Vorschrift kann § 6 V 5 BauO NRW enthalten. Nach dieser Vorschrift *muss* die Tiefe der Abstandflächen in allen Fällen mindestens 3m betragen. Demgegenüber hatte sich die Stadt S mit einem Abstand von 2m einverstanden erklärt. Mit der Festlegung in § 6 V 5 BauO NRW wollte der Gesetzgeber eine zwingende *Mindestabstandfläche* einführen, die er für erforderlich hielt, um sowohl eine ausreichende Belichtung und Belüftung der Bauvorhaben zu gewährleisten als auch den Brand- und Katastrophenschutz zu sichern. Daher stellt § 6 V 5 BauO NRW eine Verbotsregelung für Abstandflächen unter 3m dar, so dass bereits die erste Voraussetzung für eine Abweichung nach § 73 I 1 BauO NRW nicht erfüllt ist.

Darüber hinaus könnte es auch an den weiteren Voraussetzungen fehlen. Zweck der seitlichen Abstandflächen ist die Gewährleistung einer ausreichenden Belichtung und Belüftung der Bauvorhaben sowie die Sicherung des Brand- und Katastrophenschutzes. Letztere sind besonders wichtige öffentliche Belange, mit denen die Zulassung einer Abweichung möglicherweise nicht vereinbar ist. Hier beträgt die gesetzlich vorgeschriebene Abstandfläche 8,8 m. Würde sie zB nur um 2–3m verringert, könnten Feuerwehrfahrzeuge noch ohne Probleme die rückwärtig liegenden Bereiche der Wohnanlage anfahren. Bei einer Abstandfläche von 2m ist dies jedoch nicht mehr ohne weiteres möglich. Zwar sind die Nachbargrundstücke noch nicht bebaut, aber bei der Prüfung der Vereinbarkeit der Abweichung mit den öffentlichen Belangen unter Berücksichtigung des Zwecks der jeweiligen Anforderungen und unter Würdigung der nachbarlichen Interessen muss die Realisierung von späteren Bauvorhaben berücksichtigt werden.

Abgesehen davon wäre auch ein Abstand von 2m für die Belichtung und Belüftung künftiger Nachbarbauten schädlich. Diese müssten ansonsten auf ihrem Grundstück einen größeren Abstand einhalten, was aber nicht den nachbarlichen Interessen gerecht wird.

Die Abweichung war daher auch unter Berücksichtigung des Zwecks von § 6 V 1 BauO NRW und unter Würdigung der nachbarlichen Interessen nicht mit den öffentlichen Belangen vereinbar.

129 c) Zwischenergebnis

Die Voraussetzungen für die bauordnungsrechtliche Zulassung einer Abweichung gemäß § 73 I 1 BauO NRW sind nicht erfüllt. Das trotzdem erteilte Einverständnis der Stadt S war also aus materiellen Gründen rechtswidrig, so dass dem Baudispensvertrag geltendes Recht entgegensteht und er deshalb nicht zulässig ist (§ 54 S. 1 VwVfG).

130 III. Zusammenfassende Beurteilung der Vereinbarung

Während die Folgekostenvereinbarung die gesetzlichen Voraussetzungen erfüllt, trifft dies für einen wesentlichen Teil der Baudispensvereinbarung, nämlich die Abweichung von den seitlichen Abstandflächen, nicht zu. Lediglich die Erteilung der Ausnahme von der bauplanungsrechtlichen Festsetzung der Baulinie ist rechtmäßig.

Die Rechtsfolgen eines rechtswidrigen öffentlich-rechtlichen Vertrags sind im Einzelnen nicht abschließend geklärt.[184] Vorschriften über die *Nichtigkeit eines öffentlich-rechtlichen Vertrags* finden sich in § 59 VwVfG. Während Abs. 1 dieser Vorschrift für

---

[183] *OVG Münster* AS 10, 228; 14, 66.
[184] Vgl. mit Nachweisen SBS/*Bonk*, VwVfG, 7. Aufl. (2008), § 59 Rn. 9 ff.

3. Städtebauliche Verträge

alle öffentlich-rechtlichen Verträge gilt, also den koordinations- und subordinationsrechtlichen Vertrag erfasst, finden die speziellen Nichtigkeitsgründe des Abs. 2 nur auf den subordinationsrechtlichen Vertrag gemäß § 54 S. 2 VwVfG Anwendung. Daher hängt das weitere Vorgehen davon ab, welcher Kategorie die Baudispensvereinbarung zuzuordnen ist.

Vor den Änderungen durch das BauROG 1998 wurden in Bezug auf Baudispensvereinbarungen überwiegend subordinationsrechtliche Verträge angenommen, weil sie im Zusammenhang mit einem staatlichen Hoheitsakt, der Baugenehmigung, gesehen wurden.[185] Seitdem stellt der Gesetzgeber in §§ 11, 12 BauGB auf Zusammenarbeit mit Privaten ab,[186] was für einen koordinationsrechtlichen Vertrag spricht.[187] Letztlich ist auf den Einzelfall abzustellen. Bei der Beurteilung der Baudispensvereinbarung ist allerdings zu berücksichtigen, dass deren Zulässigkeit nicht speziell in § 11 I 2 Nr. 1–5 BauGB geregelt ist. Im Mittelpunkt dieses Vertrags steht die Zulassung einer Abweichung nach § 73 I 1 BauO NRW, die an bestimmte gesetzliche Voraussetzungen gebunden ist. Würde die Stadt S eine Abweichung ohne vertragliche Regelung zulassen, ständen sich die Parteien in einem „Über-/Unterordnungsverhältnis" gegenüber. Die Stadt würde einen Verwaltungsakt erlassen, der eine hoheitliche Maßnahme auf dem Gebiet des öffentlichen Rechts darstellt. Daraus folgt, dass die Baudispensvereinbarung als subordinationsrechtlicher Vertrag angesehen werden muss. Mithin ist die Frage, ob der Baudispensvertrag auf Grund seiner Rechtswidrigkeit auch nichtig ist, zunächst anhand des § 59 II VwVfG und anschließend an § 59 I VwVfG zu untersuchen.[188]

Exkurs: Ist ein Vertrag nicht nichtig, so ist er trotz seiner Unzulässigkeit rechtswirksam.[189] In diesem Fall kann die Behörde den Vertrag gemäß § 60 I 2 VwVfG kündigen, um schwere Nachteile für das Gemeinwohl zu verhüten oder zu beseitigen. Macht sie von dem Kündigungsrecht keinen Gebrauch, ist der Vertrag zu erfüllen. Ergänzend gelten die Vorschriften des BGB entsprechend (§ 62 S. 2 VwVfG).

131

Die Nichtigkeit kann sich aus § 59 II Nr. 1 VwVfG iVm § 44 I VwVfG ergeben. Dann müsste ein Verwaltungsakt mit entsprechendem Inhalt (Abweichung von seitlichen Abstandflächen) wegen schwerer und offenkundiger Rechtswidrigkeit nichtig sein. Die Abweichung von den seitlichen Abstandflächen nach § 73 I 1 BauO NRW leidet an einem besonders schwerwiegenden Fehler, weil der Brand- und Katastrophenschutz gefährdet ist, wenn auf den Nachbargrundstücken Bauvorhaben realisiert werden. Zweifelhaft ist jedoch, ob die schwere Fehlerhaftigkeit auch bei „verständiger Würdigung aller in Betracht kommenden Umstände" offenkundig ist. Der Fehler muss ohne weiteres ersichtlich sein, er muss sich geradezu aufdrängen, wobei es auf den urteilsfähigen, unvoreingenommenen Durchschnittsbetrachter ankommt.[190] Diese Voraussetzung ist hier nicht erfüllt, weil nicht ohne weiteres die Fehlerhaftigkeit erkennbar war. Der Durchschnittsbürger ohne rechtliche Ausbildung kennt nicht den Sinn und Zweck der Abstandflächenregelung nach den Bauordnungen.

132

Daher ist aus § 59 II Nr. 1 VwVfG iVm § 44 I VwVfG keine Nichtigkeit der Baudispensvereinbarung herzuleiten. Gleichwohl kann die Vereinbarung nach § 59 I VwVfG iVm § 134 BGB nichtig sein. Voraussetzung ist, dass die Befreiung von der

---

[185] Vgl. die 4. Auflage dieses Buches, S. 149.
[186] Vgl. oben Rn. 93.
[187] BKL/*Löhr*, § 11 Rn. 3, nimmt bei städtebaulichen Verträgen in der Regel solche koordinationsrechtlicher Art an.
[188] Zu dieser Prüfungsreihenfolge s. SBS/*Bonk*, VwVfG, 7. Aufl. (2008), § 59 Rn. 14 ff.; *Kopp/Ramsauer*, VwVfG, § 59 Rn. 18 ff..
[189] Vgl. SBS/*Bonk*, VwVfG, 7. Aufl. (2008), § 59 Rn. 8.
[190] *BVerwG* NVwZ 1987, 230; *Kopp/Ramsauer*, VwVfG, 13. Aufl. (2012), § 44 Rn. 12.

48 II. Bauplanungsrecht

Abstandregelung (§ 6 V 1 BauO NRW) gegen ein Verbotsgesetz verstößt. Es besteht weitgehende Einigkeit, dass nicht jedwede („einfache") Rechtswidrigkeit eines öffentlich-rechtlichen Vertrags die Voraussetzungen eines gesetzlichen Verbots iSd § 134 BGB erfüllt. Erforderlich ist vielmehr ein „qualifizierter", besonders schwerwiegender Rechtsverstoß.[191] Ausgangspunkt für die Beurteilung, ob ein solcher vorliegt, ist zunächst der Wortlaut der Verbotsnorm. Aber auch aus Sinn, Zweck und Systematik des Gesetzes unter Beachtung der Schutzwürdigkeit öffentlicher Interessen kann sich ein gesetzliches Verbot ergeben.[192] Wie oben dargestellt (Rn. 78), beträgt im vorliegenden Fall die gesetzliche Abstandfläche 8,8m, während sich die Stadt S mit 2m einverstanden erklärt hat. Die Regelung in § 6 V 5 BauO NRW fordert jedoch verbindlich: „In allen Fällen *muss* die Tiefe der Abstandflächen mindestens 3m betragen." Diese Formulierung des Gesetzgebers schließt eine andere Regelung zwingend aus, so dass ein Verbotsgesetz iSd § 134 BGB gegeben ist. Mithin ist die Baudispensvereinbarung bezüglich der Befreiung von den seitlichen Abstandflächen nichtig.

Die Nichtigkeit erstreckt sich auf die ganze Baudispensvereinbarung, auch wenn die Ausnahme von der Baulinie rechtlich zulässig war, weil die Vereinbarung nicht ohne den nichtigen Teil geschlossen worden wäre (§ 59 III VwVfG). Da die Baudispens- und die Folgekostenvereinbarung im Rahmen eines einheitlichen Vertragswerks abgeschlossen wurden, ist gemäß § 59 III VwVfG angesichts der Nichtigkeit der Baudispensvereinbarung auch von der Nichtigkeit der Regelungen über die Folgekosten auszugehen.

133 C. Ergebnis

Da der schriftliche Vertrag zwischen der Stadt S und A keine Wirksamkeit hat, sind die Hinderungsgründe für die Erteilung der Baugenehmigung nicht ausgeräumt. Ein Anspruch auf Erteilung der Baugenehmigung besteht folglich nicht. Die Versagung war rechtmäßig. Die Verpflichtungsklage des A hätte keine Aussicht auf Erfolg.

4. Vorhabenbezogener Bebauungsplan auf der Grundlage eines Vorhaben- und Erschließungsplans

134 Die Zusammenarbeit mit Privaten erfolgt außer beim städtebaulichen Vertrag vor allem bei der Aufstellung eines *vorhabenbezogenen Bebauungsplans nach § 12 BauGB*. Dieser wird von der Gemeinde auf der Grundlage eines von dem Investor erstellten, mit ihr abgestimmten *Vorhaben- und Erschließungsplans (VEP)* beschlossen. Das Vorliegen eines Vorhaben- und Erschließungsplans ist Wirksamkeitsvoraussetzung eines vorhabenbezogenen Bebauungsplans.[193]

§ 12 I 1 BauGB benennt die drei Elemente, welche die Besonderheit des vorhabenbezogenen Bebauungsplans ausmachen:
– den *Vorhaben- und Erschließungsplan*, den der Vorhabenträger erarbeitet,
– den *Durchführungsvertrag zwischen Gemeinde und Vorhabenträger* sowie
– den *vorhabenbezogenen Bebauungsplan* als Satzung.

---

[191] SBS/*Bonk*, VwVfG, 7. Aufl. (2008), § 59 Rn. 50, 52; *Kopp/Ramsauer*, VwVfG, § 59 Rn. 10 f.; jeweils mwN.
[192] SBS/*Bonk*, VwVfG, 7. Aufl. (2008), § 59 Rn. 54.
[193] *OVG NRW* BauR 2006, 1275.

4. Vorhabenbezogener Bebauungsplan

Im Gegensatz zum sonstigen Bebauungsplan, der die bauliche oder anderweitige Nutzung von Grundstücken unabhängig von einem einzelnen Vorhaben festsetzt (§ 9 BauGB), bezieht sich der vorhabenbezogene Bebauungsplan auf ein konkretes Projekt des Vorhabenträgers. Daraus ergibt sich häufig eine Reduzierung des Abwägungsmaterials.[194] Das Initiativrecht hat der Vorhabenträger (§ 12 II BauGB), der auch die planerischen Vorleistungen erbringt und die Kosten für Planung und Erschließung trägt. Die Gemeinde wird dadurch arbeits- und kostenmäßig entlastet.

Zwischen dem vorhabenbezogenen Bebauungsplan und dem sonstigen Bebauungsplan bestehen im Wesentlichen folgende *inhaltliche Unterschiede (vgl. § 12 III 2 BauGB):*

1. Bei den Festsetzungen im vorhabenbezogenen Bebauungsplan ist die Gemeinde nicht an die – für Bebauungspläne im Übrigen abschließenden – Regelungen des § 9 BauGB und auch nicht an die Baunutzungsverordnung gebunden.
2. Die Plansicherungsinstrumente (§§ 14–18, 22–28 BauGB) sowie die Bestimmungen über die Entschädigung, die Umlegung und die Enteignung (§§ 39–79, 85–122 BauGB) kommen nicht zur Anwendung.
3. Ebenso sind die Vorschriften über das Erschließungsbeitragsrecht und die naturschutzrechtliche Kostenerstattungsregelung (§§ 127–135c BauGB) nicht anzuwenden.

Demgegenüber muss die Gemeinde bei der Aufstellung des vorhabenbezogenen Bebauungsplans alle anderen Normen des BauGB einhalten, also ua diejenigen zum Bebauungsplanverfahren (§§ 2 ff. BauGB)[195] sowie die materiellen Regelungen über das Planerfordernis in § 1 III BauGB, die Planungsziele und -grundsätze nach § 1 V, VI BauGB und über das Abwägungsgebot gemäß § 1 VII BauGB.[196]

Die Zulässigkeit einzelner Vorhaben bestimmt sich für den Bereich eines vorhabenbezogenen Bebauungsplans nach § 30 II BauGB. Die Voraussetzungen entsprechen sinngemäß denjenigen, die im Bereich eines qualifizierten Bebauungsplans gelten.[197] Allerdings darf das Vorhaben dem vorhabenbezogenen Bebauungsplan insgesamt („dem Bebauungsplan") nicht widersprechen, und nicht nur – wie bei § 30 I BauGB – seinen Festsetzungen. Dieser Unterschied hat seinen Sinn, weil der vorhabenbezogene Bebauungsplan als Bestandteil auch den Vorhaben- und Erschließungsplan enthält (§ 12 III 1 BauGB). Diesem darf das Vorhaben ebenfalls nicht widersprechen.[198] Und schließlich muss auch der Durchführungsvertrag auf den Vorhaben- und Erschließungsplan und den vorhabenbezogenen Bebauungsplan abgestimmt sein und darf diesem gleichfalls nicht widersprechen.[199]

Fall 5. Errichtung der Anlagen für ein Kur- und Erholungszentrum

Vorhabenbegriff des § 12 BauGB – Rechtsform des Vorhabenträgers – Vorhaben und Erschließungsplan – Durchführungsvertrag – Vorhabenbezogener Bebauungsplan – naturschutzrechtliche Eingriffsregelungen

Im Rahmen einer Krankenhausreform ist vorgesehen, das von der Kirche getragene Krankenhaus in der Stadt *D* (NRW) zu schließen. Der Bürgermeister der Stadt sucht nach

---

[194] Zutreffend *Menke* NVwZ 1998, 577 (581).
[195] BKL/*Krautzberger,* § 12 Rn. 39.
[196] EZBK/*Krautzberger,* § 12 Rn. 68 ff.
[197] EZBK/*Krautzberger,* § 12 Rn. 142.
[198] Zutr. Finkelnburg/Ortloff/*Finkelnburg,* Bd. I, § 10 V 3, S. 208 f. Rn. 35.
[199] *OVG NRW* BauR 2006, 1275.

Alternativen und regt die Gründung eines „Initiativkreises Kur- und Erholungszentrum *D*" an. In einer neuen Kurklinik soll schwerpunktmäßig die Rehabilitation von Operierten der Orthopädie erfolgen. Darüber hinaus ist an eine Erholungseinrichtung auf dem Niveau eines Fünfsterne-Hotels gedacht, in der gestresste Manager unter Aufsicht von Ärzten und Psychologen Kraft für neue Aufgaben schöpfen können. Die Besonderheit besteht darin, dass die Manager das Regenerationsprogramm nur an wenigen Tagen, zB am Wochenende, in Anspruch nehmen können.

Der Bürgermeister führt mehrere Gespräche mit Banken, einflussreichen Wirtschaftsvertretern und vermögenden Privatpersonen. Er erhält Zusagen für die Anerkennung der privaten Kurklinik von den Krankenkassenverbänden. Die Gesamtinvestitionskosten belaufen sich auf 200 Mio. Euro, die zu einem Teil von Sponsoren aufgebracht werden sollen. Voraussetzung ist jedoch, dass die Errichtung des Kur- und Erholungszentrums innerhalb von drei Jahren erfolgt sein muss, weil insbesondere eine Stiftung der kinderlosen Eheleute *A* 50 Mio. Euro in dieser Zeit aus steuerlichen Gründen einbringen will. Die Mitglieder des Initiativkreises empfehlen die Gründung einer Gesellschaft bürgerlichen Rechts. Sie legen Wert darauf, dass die Stadt *D* 30 % der Erschließungskosten trägt.

Der Stadtrat beschließt, unbebaute städtische Grundstücke (20 Hektar) in bester Lage zum Verkehrswert von 15 Mio. Euro an den Träger des Kur- und Erholungszentrums zu verkaufen. Weitere Flächen von 10 Hektar müssen von sonstigen Eigentümern erworben werden. Die Fraktion Bündnis 90/Die Grünen legt Wert darauf, dass umfangreiche Ausgleichsmaßnahmen für die zu erwartenden Eingriffe in Natur und Landschaft getroffen werden. Die Stadt erhält von einem älteren Bürger den Hinweis, dass sich auf dem vorgesehenen Gelände möglicherweise geringfügige Altlasten aus früherer Zeit befinden.

Der Initiativkreis will das Kur- und Erholungszentrum in einem neu anzulegenden Park mit einem See errichten. Die Medizinische Hochschule der benachbarten Großstadt und die Stadt *D* streben eine finanzielle Beteiligung an dem Kur- und Erholungszentrum an, um ein Mitspracherecht zu erhalten. Da das Vorhaben zügig realisiert werden soll, fragt der Bürgermeister bei der Rechtsabteilung an, ob die städtebaulichen Voraussetzungen durch einen vorhabenbezogenen Bebauungsplan auf der Grundlage eines Vorhaben- und Erschließungsplans geschaffen werden können und was dabei zu beachten ist.

Bitte erstellen Sie das Gutachten für den Bürgermeister!

Gliederung

I. Vorhaben und Erschließungsplan
  1. Vorhaben und Erschließung
  2. Vorhabenträger
  3. Vorhaben- und Erschließungsplan
    a) Anforderungen an den Inhalt des Vorhaben- und Erschließungsplans
    b) Form
    c) Abstimmung der Gemeinde
II. Durchführungsvertrag
  1. Inhalt der vertraglichen Verpflichtungen
  2. Formerfordernis
III. Vorhabenbezogner Bebauungsplan
IV. Ergebnis

Lösung:

Das geeignete städtebauliche Instrument zur Schaffung der Voraussetzungen für die Zulässigkeit von Investitionsvorhaben wie das Kur- und Erholungszentrum, das möglichst kurzfristig realisiert werden soll, bildet der vorhabenbezogene Bebauungsplan (vgl. § 30 II BauGB). Die gesetzliche Regelung hierzu enthält § 12 BauGB. Dieser unterscheidet zwischen dem Vorhaben- und Erschließungsplan (I.), dem Durchführungsvertrag (II.) und dem eigentlichen vorhabenbezogenen Bebauungsplan (III.).

138

I. Vorhaben- und Erschließungsplan

139

Der Vorhaben- und Erschließungsplan wird von dem Vorhabenträger in Abstimmung mit der Stadt D erarbeitet (§ 12 I 1 BauGB). Er wird Bestandteil des Bebauungsplans und damit Norminhalt, der die Zulässigkeit baulicher Anlagen mit dem Detailreichtum eines qualifizierten Bebauungsplans nach § 30 II BauGB bestimmt. Bei dem vorgesehenen Kur- und Erholungszentrum muss es sich um ein *Vorhaben* im Sinne des Gesetzes handeln, das *erschlossen* wird, und die Investoren müssen sich zu einem *Vorhabenträger* zusammenschließen.

1. Vorhaben und Erschließung

140

Das Kur- und Erholungszentrum soll aus unterschiedlichen Anlagen bestehen: der eigentlichen Kurklinik, einer Erholungseinrichtung auf dem Niveau eines Fünfsterne-Hotels und einem Park mit See. Notwendig sind ferner die Erschließung mit Straßen, Gehwegen, Kanälen usw.

a) Der Vorhabenbegriff des § 12 BauGB ist umstritten. Ob ihm dasselbe Verständnis zugrunde liegt wie in den §§ 29, 30, 33–35 BauGB, wird unterschiedlich beurteilt. Aus Gründen der Flexibilität der Planung wird der Vorhabenbegriff des § 12 BauGB teilweise weiter verstanden als der in den §§ 29 ff. BauGB. Denn eine solche Flexibilität sei mit dem Begriff des Vorhabens iSd § 29 BauGB, der eine konkrete Beschreibung der baulichen Anlage im Baugenehmigungsverfahren verlangt, nicht zu vereinbaren.[200] Das *OVG Saarland* und das *OVG NRW* wollen vom üblichen Vorhabenbegriff, so wie er in § 29 BauGB verstanden wird, dagegen nicht abweichen.[201] Das *BVerwG* geht ebenfalls davon aus, dass durch den Vorhaben- und Erschließungsplan die Errichtung eines oder mehrerer Vorhaben im Sinne von § 29 BauGB geregelt wird und deshalb die Festsetzung eines Baugebiets allein nicht ausreicht.[202] Da die Voraussetzungen für die planungsrechtliche Zulässigkeit gemäß § 30 II BauGB geschaffen werden sollen, wird hier der Rechtsprechung folgend davon ausgegangen, dass sich der *Begriff des Vorhabens nach § 29 I BauGB* richtet.[203] Dieser unterscheidet zwischen Vorhaben, die die Errichtung, Änderung oder Nutzungsänderung von baulichen Anlagen zum Inhalt haben, und solchen, die sich auf Aufschüttungen und Abgrabungen größeren Umfangs sowie auf Ausschachtungen und Ablagerungen beziehen.

141

Dem Antragsteller obliegt die inhaltliche Umschreibung des Vorhabens, dessen Genehmigung er begehrt.[204]

---

[200] *Kuschnerus* BauR 2004, 946 (947 f.); *Reidt* LKV 2000, 417.
[201] *OVG NRW* ZfBR 2004, 575: s. auch *OVG Saarlouis* BauR 2003, 1845.
[202] *BVerwG* NVwZ 2004, 229 (230).
[203] So auch Schrödter/*Quaas/Kukk*, § 12 Rn. 18 mwN.
[204] *BVerwG* NJW 1981, 776.

Die Kurklinik und die Erholungseinrichtung stellen zwei verschiedene bauliche Anlagen dar. Nach allgM können in einem Vorhaben- und Erschließungsplan *auch mehrere Vorhaben iSd § 29 I BauGB* zusammengefasst werden.[205] Der Plan kann sich also auf einzelne bauliche Anlagen, aber auch auf mehrere Gebäude oder Gebiete mit unterschiedlicher Nutzung beziehen.

Die Anlegung eines Parks mit See setzt in der Regel Ausschachtungen und Aufschüttungen voraus. Diese haben bodenrechtliche Relevanz, so dass sie ebenfalls von § 29 I BauGB erfasst werden und Gegenstand eines Vorhaben- und Erschließungsplans sein können.

142 b) Der *Begriff der Erschließung i.S.d Vorhaben- und Erschließungsplans* geht über den Regelungsgehalt des § 30 II BauGB hinaus: Der Plan kann alle Erschließungsmaßnahmen erfassen, die zur funktionsgerechten Nutzung der Vorhaben auf den Grundstücken erforderlich sind, aber auch solche, die einem außerhalb des Plans liegenden Gebiet dienen.[206]

143 c) Das vorgesehene Projekt kann demnach Inhalt eines Vorhaben- und Erschließungsplans werden.

144 **2. Vorhabenträger**

a) Es fragt sich, ob im vorliegenden Fall eine Gesellschaft bürgerlichen Rechts, wie sie von den Mitgliedern des Initiativkreises empfohlen wurde, als Vorhabenträger sinnvoll ist.

Das Gesetz enthält keine Regelung über die *Rechtsform des Vorhabenträgers*. In § 12 I 1 BauGB wird lediglich verlangt, dass der Vorhabenträger bereit und in der Lage sein muss, die Maßnahme innerhalb einer bestimmten Frist durchzuführen und die Initiative zur Planung und ihrer Realisierung vom Vorhabenträger ausgeht. Deshalb kommt *jede natürliche und juristische Person* in Betracht.[207] Mehrere Personen können sich zB in einer Gesellschaft bürgerlichen Rechts als Vorhabenträger zusammenschließen.[208] Diese ist zwar nach der Rechtsprechung des Bundesgerichtshofs[209] mittlerweile rechtsfähig (ohne juristische Person zu sein), soweit sie durch Teilnahme am Rechtsverkehr eigene Rechte und Pflichten begründet, aber alle Gesellschafter müssen die volle Verpflichtung zur Durchführung des Vorhabens übernehmen.[210]

Für die einzelnen interessierten Beteiligten gilt Folgendes: Wenn sich Privatpersonen, wie die Eheleute *A,* oder Wirtschaftsunternehmen als Sponsoren an dem Kur- und Erholungszentrum beteiligen wollen, sind sie im Allgemeinen nicht bereit, die Haftung für alle Verbindlichkeiten zu übernehmen. Sollte die Stiftung der kinderlosen Eheleute *A* in Form einer juristischen Person organisiert sein, könnte sie allerdings die Verpflichtungen als Vorhabenträger eingehen, wenn der einzubringende Betrag über 50 Mio. Euro das Gesamtvermögen der Stiftung ausmacht. Anderenfalls wäre das Risiko für sie zu hoch.

Eine *juristische Person des öffentlichen Rechts* kann ebenfalls Vorhabenträger sein,[211] so dass grundsätzlich keine Bedenken gegen eine Beteiligung der Medizinischen Hochschule der benachbarten Großstadt bestehen. Besonderheiten können sich aber aus den für sie geltenden Haushaltsvorschriften ergeben, die sie zu beachten hat.

---

[205] *BVerwG* NVwZ 2004, 229.
[206] EZBK/*Krautzberger,* § 12 Rn. 52.
[207] AllgM, vgl. EZBK/*Krautzberger.*
[208] Was in der Praxis auch vorkommt. Die Rechtsprechung bejaht auch die Bauherrenfähigkeit einer GbR, s. *OVG Sachsen* NJW 2002, 1361; vgl. aber auch *OVG Bln* NJW 2002, 1218.
[209] *BGH* NJW 2001, 1056.
[210] Schrödter/*Quaas/Kukk,* § 12 Rn. 12.
[211] EZBK/*Krautzberger,* § 12 Rn. 58.

4. Vorhabenbezogener Bebauungsplan

Demgegenüber scheidet die Stadt *D* aus, weil sie mit sich selbst keinen Durchführungsvertrag abschließen könnte. Es läge ein unzulässiges „Insichgeschäft" vor.[212]
Es empfiehlt sich im vorliegenden Fall eine Gesellschaft mit beschränkter Haftung (GmbH) zu gründen, die als Vorhabenträger tätig wird. Gesellschafter können sowohl private Sponsoren und Wirtschaftsunternehmen als auch die Stiftung der Eheleute *A* und die Medizinische Hochschule werden. Die Stadt *D* darf sich nicht an der GmbH beteiligen.

b) Der Vorhabenträger muss *neben der Bereitschaft auch in der Lage sein, das Vorhaben durchzuführen (§ 12 I 1 BauGB)*. Das bedeutet in erster Linie, dass er über die notwendigen *finanziellen Mittel* verfügen muss, das Vorhaben einschließlich der Erschließungsanlagen zu errichten, um Investitionsruinen und die Verpflichtung zur Aufhebung des nicht umgesetzten Bebauungsplans (§ 12 VI BauGB) zu vermeiden. Die Stadt *D* soll sich hierüber Gewissheit verschaffen.[213] Das bloße Glaubhaftmachen ist nicht ausreichend. Erforderlich ist damit auch die privatrechtliche Verfügungsbefugnis des Vorhabenträgers über die überplanten Flächen. Die Bonität kann sich ua aus Finanzierungszusagen geeigneter Kreditinstitute, aus der Eigenkapitalausstattung der GmbH oder aus Bürgschaften (mindestens für die Erschließungsmaßnahmen) ergeben.

(aa) Im vorliegenden Fall besteht das Problem, dass noch nicht alle Grundstücke für das Kur- und Erholungszentrum zur Verfügung stehen. 10 Hektar müssen noch von fremden Eigentümern erworben werden. Nach § 12 I 1 BauGB muss der Vorhabenträger auch *tatsächlich in der Lage* sein, das Vorhaben durchzuführen. Voraussetzung ist deshalb, dass er entweder Eigentümer der Flächen ist oder über eine anderweitige Absicherung verfügt (zB durch Erbbaurecht oder Zustimmung des Eigentümers), die sicherstellt, dass nach Inkrafttreten des vorhabenbezogenen Bebauungsplans mit der Errichtung des Projekts begonnen werden kann.[214] Der Initiativkreis muss deshalb noch die Verhandlungen mit den Grundstückseigentümern zu Ende führen. Kommt ein positives Ergebnis nicht zustande, sind die Voraussetzungen des § 12 I 1 BauGB nicht erfüllt und der vorhabenbezogene Bebauungsplan kann, anders als ein sonstiger Bebauungsplan, nicht erlassen werden.

(bb) Bezüglich des Hinweises des älteren Bürgers, wonach sich auf dem vorgesehenen Gelände möglicherweise Altlasten befinden, könnten ebenfalls Bedenken gegen die *tatsächliche Durchführbarkeit* des Vorhabens bestehen.[215] Da jedoch nach dem Sachverhalt nur geringfügige Altlasten in Betracht kommen, ist davon auszugehen, dass diese, sollte sich der Verdacht bestätigen, von dem Vorhabenträger beseitigt werden können.

Hinweis: An dieser Stelle handelt es sich bei der Altlastenproblematik lediglich um die Frage, ob der Vorhabenträger auch tatsächlich in der Lage ist, das Vorhaben zügig zu realisieren. Ansonsten sind Altlasten rechtlich im Rahmen der Abwägung nach § 1 VII BauGB bei der Aufstellung des vorhabenbezogenen Bebauungsplans zu behandeln (s. unten III. 1.).[216]

c) Dem Vorhabenträger steht nach § 12 II BauGB ein Antragsrecht auf Einleitung eines Bebauungsplanverfahrens zu. Die Stadt *D* hat über diesen Antrag nach pflichtgemäßem Ermessen zu entscheiden. Es ist anerkannt, dass mit dieser Verpflichtung der Stadt ein Anspruch des Vorhabenträgers auf rechtsfehlerfreie Ermessensentschei-

---

[212] BKL/*Krautzberger*, § 12 Rn. 12; im Ergebnis auch Schrödter/*Quaas/Kukk*, § 12 Rn. 13.
[213] BKL/*Krautzberger*, § 12 Rn. 10.
[214] Vgl. dazu Schrödter/*Quaas/Kukk*, § 12 Rn. 36 f.
[215] Zu dieser Problematik vgl. Schrödter/*Quaas/Kukk*, § 12 Rn. 39 mwN.
[216] EZBK/*Krautzberger*, § 12 Rn. 65.

II. Bauplanungsrecht

dung korrespondiert.[217] Es besteht daher nur ein Anspruch auf eine rechtsverbindliche Entscheidung in Bezug auf die Einleitung des Bebauungsplanverfahrens.

150 d) Als Zwischenergebnis ist festzuhalten, dass den Initiatoren des Kur- und Erholungszentrums vorgeschlagen werden sollte, eine GmbH als Vorhabenträger zu gründen. Die Stadt *D* kann sich an dieser nicht als Gesellschafterin beteiligen. Der Vorhabenträger muss sicherstellen, dass die noch fehlenden Grundstücke rechtzeitig für den Bau des Vorhabens zur Verfügung stehen. Dies kann durch das Instrument des Vorhaben- und Erschließungsplans erreicht werden.

151 **3. Vorhaben- und Erschließungsplan (VEP)**

a) Anforderungen an den Inhalt des Vorhaben- und Erschließungsplans

Über den Inhalt und die Ausgestaltung des Vorhaben- und Erschließungsplans enthält das Gesetz keine unmittelbar bindenden Vorgaben. Die wesentliche Aussage ergibt sich aus § 12 III 1 BauGB: der Vorhaben- und Erschließungsplan wird Bestandteil des vorhabenbezogenen Bebauungsplans, der erst die Rechtswirkungen für die Zulässigkeit des Vorhabens erzeugt (§ 30 II BauGB). Der Vorhaben- und Erschließungsplan kann ausschließlicher Inhalt des vorhabenbezogenen Bebauungsplans sein. Dieser kann allerdings auch über den Vorhaben- und Erschließungsplan hinausgehende Festsetzungen enthalten. Aus der Verknüpfung des Vorhaben- und Erschließungsplans mit dem vorhabenbezogenen Bebauungsplan ergibt sich, dass das Gesetz darauf verzichtet hat, den Vorhaben- und Erschließungsplan näher zu beschreiben. Denn dieser muss die materiell-rechtliche Qualität eines Bebauungsplans haben. Bereits der Vorhaben- und Erschließungsplan muss daher ein abgeschlossenes Ergebnis enthalten, das den rechtlichen Anforderungen des § 1 III–VII BauGB entspricht (s. dazu III).[218]

Für den hier zu untersuchenden Fall ist wesentlich, dass die planerischen Festsetzungen nicht den Regelungen des § 9 BauGB und auch nicht der Baunutzungsverordnung genügen müssen (§ 12 III 2 BauGB). Der Vorhabenträger kann das Projekt daher in zeichnerischen Plänen darstellen und in der Begründung eine genaue Nutzungsbeschreibung vornehmen. Grundsätzlich können auch Festlegungen erfolgen, die über den für sonstige Bebauungspläne abschließenden Katalog des § 9 BauGB hinausgehen, zB „Flächen für Eigentumswohnungen", falls beabsichtigt ist, solche aus Gründen der Finanzierung oder Risikominderung zu schaffen. Da § 12 BauGB zu einer städtebaurechtlichen Regelung ermächtigt, ist damit der mögliche Inhalt auch *kompetenzrechtlich auf städtebauliche Festlegungen beschränkt.* So dürfen zB keine Abweichungen von zwingenden bauordnungsrechtlichen Vorschriften getroffen werden. In dem vorliegenden Fall sind keine Abweichungen von zwingenden Vorschriften ersichtlich.

In dem Vorhaben- und Erschließungsplan muss das Vorhaben so konkret beschrieben sein, dass auf seiner Grundlage die städtebaurechtliche Beurteilung der Zulässigkeit des Vorhabens iSd § 30 II BauGB möglich ist.[219] Mindestens ist die konkrete Darstellung des ins Auge gefassten Vorhabens nach Art und Maß der baulichen Nutzung in Form eines Projektplans zu fordern.[220] Auch diese Mindestvoraussetzungen kön-

---

[217] EZBK/*Krautzberger,* § 12 Rn. 104, 106.
[218] BKL/*Krautzberger,* § 12 Rn. 24. Zu den Sonderregelungen des vorhabenbezogenen Bebauungsplans gegenüber dem sonstigen Bebauungsplan vgl. o. Rn. 134 f.
[219] EZBK/*Krautzberger,* § 12 Rn. 78.
[220] *VGH BW* NVwZ 1997, 699 (700).

nen durch den Vorhaben- und Erschließungsplan, der in diesem Fall noch entwickelt werden muss, erreicht werden.

Da die Behörden allerdings am ehesten mit dem Regelwerk des § 9 BauGB und der Baunutzungsverordnung vertraut sind, empfiehlt es sich, dieses soweit wie möglich anzuwenden. Insbesondere wird es der Baugenehmigungsbehörde auf diese Weise erleichtert, den Antrag zu bearbeiten und eine Baugenehmigung nach der Landesbauordnung zügig zu erteilen.

b) Form 152

Der Vorhaben- und Erschließungsplan ist ein Planwerk, das seiner Form nach einem Bebauungsplan entsprechen kann, aber nicht muss. Eine Begründung ist gem. § 9 VIII 1 iVm § 2a BauGB beizufügen.

c) Abstimmung mit der Gemeinde 153

Gemäß § 12 I 1 BauGB muss der Vorhaben- und Erschließungsplan mit der Gemeinde abgestimmt sein. Der Gesetzgeber stellt dadurch sicher, dass die Gemeinde die Herrschaft über den Inhalt des später zu beschließenden vorhabenbezogenen Bebauungsplans behält. Im Rahmen der Abstimmung muss die Gemeinde darauf achten, dass die mit dem Vorhaben- und Erschließungsplan verfolgten Projekte den städtebaulichen Anforderungen des BauGB (insbesondere § 1 IV, V, VI, VII § 1a, § 2 IV BauGB) entsprechen. Dies gilt vor allem hinsichtlich des Materials, das für die Abwägung nach § 1 VII BauGB zusammengestellt werden muss (vgl. § 2 III BauGB).

Bei wichtigen inhaltlichen Fragen sollte deshalb die Abstimmung durch Beteiligung des Stadtrats erfolgen, zumal letztlich die im Vorhaben- und Erschließungsplan beschriebenen Vorhaben „im Gemeinderat ohne Änderung mehrheitsfähig" sein müssen.[221] Einzelschritte der Abstimmung sind dagegen Angelegenheit der laufenden Verwaltung. Aus der Abstimmung des Plans mit der Gemeinde ergeben sich keine unmittelbaren Rechtswirkungen.[222]

II. Durchführungsvertrag 154

Der Durchführungsvertrag ist ein öffentlich-rechtlicher Vertrag iSd § 54 VwVfG, der zwischen dem Vorhabenträger und der Gemeinde geschlossen wird. Er gehört zu den „anderen städtebaulichen Verträgen" gemäß § 11 IV BauGB.[223] Im Gegensatz zum Vorhaben- und Erschließungsplan (vgl. § 12 III 1 BauGB) wird der Durchführungsvertrag nicht Bestandteil des vorhabenbezogenen Bebauungsplans.[224] Fehlt ein auf den Vorhabenplan bezogener Durchführungsvertrag, so führt dies grundsätzlich zur Nichtigkeit (bzw. nach Neufassung des § 47 V VwGO zur Unwirksamkeit) des vorhabenbezogenen Bebauungsplans.[225] Hinsichtlich des Zeitpunkts des Vertragsabschlusses ist in § 12 I 1 BauGB vorgeschrieben, dass der Durchführungsvertrag vor dem Satzungsbeschluss über den vorhabenbezogenen Bebauungsplan nach § 10 I BauGB abgeschlossen sein muss.

1. Inhalt der vertraglichen Verpflichtungen 155

Der Durchführungsvertrag stellt die rechtliche Verknüpfung zwischen dem Vorhabenträger, der Gemeinde und dem vorhabenbezogenen Bebauungsplan dar. Deshalb dürfen sich Durchführungsvertrag und vorhabenbezogener Bebauungsplan inhaltlich nicht widersprechen.[226] Der Durchführungsvertrag enthält in erster Linie

---

[221] So zutr. Schrödter/*Quaas/Kukk*, § 12 Rn. 21.
[222] EZBK/*Krautzberger*, § 12 Rn. 90.
[223] BKL/*Krautzberger*, § 12 Rn. 13.
[224] EZBK/*Krautzberger*, § 12 Rn. 92.
[225] *VGH BW* DÖV 2003, 342.
[226] BKL/*Krautzberger*, § 12 Rn. 17.

Pflichten des Vorhabenträgers. Das Gesetz normiert in § 12 I 1 BauGB folgende Mindestpflichten:

– Pflicht zur Durchführung des Vorhaben- und Erschließungsplans innerhalb einer bestimmten Frist und
– Pflicht zur Tragung der Planungs- und Erschließungskosten ganz oder teilweise.

156 a) In der Praxis werden im Allgemeinen Vertragsmuster verwendet, in denen die Durchführungspflicht bezüglich des eigentlichen Vorhabens und diejenige hinsichtlich der Erschließung getrennt in einem eigenen Abschnitt geregelt sind. Die Frist zur Fertigstellung des Vorhabens wird häufig nicht mit einem Stichtag angegeben, sondern mit einem Zeitraum nach Bestandskraft der Baugenehmigung, zB „der Vorhabenträger wird spätestens 4 Monate nach Bestandskraft der Baugenehmigung mit dem Vorhaben beginnen und es innerhalb von 18 Monaten fertig stellen." Die Regelungen über die Erschließung entsprechen im Wesentlichen denjenigen, die in einem Erschließungsvertrag nach § 11 I 2 Nr. 1 BauGB BauGB enthalten sind.

Über die vorgenannten Pflichten hinaus können in dem Durchführungsvertrag weitere Vereinbarungen getroffen werden,[227] ua über Anforderungen an das Vorhaben, über die Finanzierung mit Mitteln des sozialen Wohnungsbaus, über ein Belegungsrecht für die Gemeinde, aber auch über Vertragsstrafen oder Vorkaufsrechte. Es besteht auch die Möglichkeit, städtebauliche Zielsetzungen, die nicht im Vorhaben- und Erschließungsplan aufgenommen worden sind, im Durchführungsvertrag zu regeln. Beispiele sind die Zahlung eines Ersatzgeldes bei nicht vollständig kompensierbaren Beeinträchtigungen der Leistungsfähigkeit des Naturhaushalts oder Vorkehrungen gegen unzumutbare Lärmbeeinträchtigungen.[228]

Hier hat der Stadtrat beschlossen, dass die Stadt *D* eigene unbebaute Grundstücke (20 Hektar) an den Vorhabenträger zum Verkehrswert von 15 Mio. Euro verkauft. Diesbezügliche Vereinbarungen, die dem Inhalt eines Grundstückskaufvertrags entsprechen, können in den Durchführungsvertrag mit einer Zweckbestimmungs- und Rücktrittsklausel aufgenommen werden.

157 b) Die zweite Mindestverpflichtung für den Inhalt des Durchführungsvertrags erstreckt sich auf die Übernahme der Planungs- und Erschließungskosten. Im vorliegenden Fall soll die Stadt *D* nach den Vorstellungen der Mitglieder des Initiativkreises 30 % der Erschließungskosten übernehmen. Wird ein Erschließungsbeitrag entsprechend den gesetzlichen Vorschriften erhoben, müssen die Gemeinden nach § 129 I 3 BauGB mindestens 10 % des beitragsfähigen Erschließungsaufwands tragen. Im Bereich des Vorhaben- und Erschließungsplans sind jedoch die §§ 127 bis 135c BauGB nicht anzuwenden (§ 12 III 2 BauGB), so dass die Gemeinden in der Regel keinen Anteil an den Erschließungskosten übernehmen müssen.

Das BauGB räumt jedoch den Vertragsparteien mit der Formulierung in § 12 I 1 BauGB, dass sich der Vorhabenträger zur Tragung der Kosten „ganz oder teilweise" verpflichten muss, einen Verhandlungsspielraum für den Durchführungsvertrag ein. Eine Kostenbeteiligung der Stadt *D* ist somit nicht ausgeschlossen. Sie bedarf aber im Hinblick auf den gemeinderechtlichen Grundsatz der wirtschaftlichen und sparsamen Haushaltsführung einer besonderen Rechtfertigung. Diese läge zB dann vor, wenn durch die Schließung des Krankenhauses eine höhere Arbeitslosigkeit in der Stadt *D* zu befürchten wäre, die sie durch die finanzielle Unterstützung der Errichtung des Kur- und Erholungszentrums vermeiden will (s. auch § 1 VI Nr. 8c BauGB). Ob das

---

[227] BKL/*Krautzberger*, § 12 Rn. 17 f.
[228] Dazu *OVG NRW* NVwZ 1997, 697 (698 f.).

4. Vorhabenbezogener Bebauungsplan

im konkreten Fall gegeben ist, lässt sich nach dem Sachverhalt nicht beantworten und muss noch aufgeklärt werden.

c) Sonstige Regelungen in dem abzuschließenden Durchführungsvertrag sollten insbesondere folgende Punkte betreffen: die Rechtsnachfolge des Vorhabenträgers, die Kostenübernahme für Ausgleichs- und Ersatzmaßnahmen bei Eingriffen in Natur und Landschaft, Sicherheitsleistungen durch Vertragserfüllungs- und Gewährleistungsbürgschaften, den Haftungsausschluss der Gemeinde und das Wirksamwerden des Vertrags. 158

Wegen des Verdachts von Altlasten auf dem Gelände sollte die Übernahme der Kosten für Untersuchungen der Gefahrenpotentiale durch den Vorhabenträger vertraglich festgehalten werden. Entsprechendes gilt für die Kosten eventueller Altlastenbeseitigung oder erforderlicher Sicherungsmaßnahmen.

2. Formerfordernis 159

Als städtebaulicher Vertrag bedarf der Durchführungsvertrag gemäß § 11 III BauGB (vgl. auch § 57 VwVfG) der Schriftform, soweit nicht durch Rechtsvorschriften eine andere Form vorgeschrieben ist. Da im vorliegenden Fall die Verpflichtung der Stadt D zur Übertragung von Grundstücken zusätzlich geregelt wird, ist eine notarielle Beurkundung des gesamten Durchführungsvertrags erforderlich (§ 311b I 1 BGB).[229]

III. Vorhabenbezogener Bebauungsplan 160

Wie oben (unter I. 3. a) dargestellt, haben der vorhabenbezogene Bebauungsplan und der Vorhaben- und Erschließungsplan denselben rechtlichen Anforderungen zu genügen. Zwischen beiden muss somit grundsätzlich materielle Übereinstimmung bestehen.[230] Sollte es ausnahmsweise Widersprüche geben, sind sie im Zweifel zugunsten des vorhabenbezogenen Bebauungsplans aufzulösen.[231]

Da der vorhabenbezogene Bebauungsplan einen Unterfall des sonstigen Bebauungsplans darstellt, gelten die allgemeinen Vorschriften der §§ 1 ff. BauGB, soweit nicht in § 12 BauGB Sonderregelungen getroffen sind (dazu oben Rn. 134 f.). Auch das Planaufstellungsverfahren richtet sich wie bei sonstigen Bebauungsplänen nach §§ 2 ff. BauGB. Bezüglich der Anforderungen an die formelle und materielle Rechtmäßigkeit kann daher auf die Fälle 1 und 2 verwiesen werden.

1. Im Rahmen des Abwägungsgebots (§ 1 VII BauGB) muss die Stadt D zunächst die abwägungserheblichen Belange ermitteln und bewerten (§ 2 III BauGB) und im Hinblick auf die Belange des Umweltschutzes nach § 1 VI Nr. 7 und § 1a BauGB eine Umweltprüfung gem. § 2 IV BauGB durchführen. Hierbei hat sie mögliche *Altlasten* zu untersuchen. Die Abwägungserheblichkeit folgt aus den Planungsleitlinien des § 1 VI Nr. 1 BauGB („gesunde Wohn- und Arbeitsverhältnisse", „Sicherheit der Wohn- und Arbeitsbevölkerung") und des § 1 VI Nr. 7 BauGB („Belange des Umweltschutzes").[232] Da bisher nur ein Verdacht auf Altlasten besteht, sind zur Zusammenstellung des Abwägungsmaterials Bodenanalysen auf dem vorgesehenen Gelände erforderlich. Sollte sich der Verdacht bestätigen, müssen die belasteten Flächen saniert oder sonstige Vorsorgemaßnahmen auf Kosten des Vorhabenträgers[233] 161

---

[229] Vgl. BKL/*Krautzberger*, § 12 Rn. 15; Brohm, § 7 Rn. 26.
[230] EZBK/*Krautzberger*, § 12 Rn. 118.
[231] JDW/*Jäde*, § 12 Rn. 37.
[232] BKL/*Krautzberger*, § 1 Rn. 112.
[233] Die Pflicht zur Übernahme der Kosten ist im Durchführungsvertrag zu regeln, s. oben II. 1. c).

getroffen werden. Erst nach Vorliegen entsprechender Gutachten kann die Abwägung fehlerfrei erfolgen.

162 2. Ferner sind bei der Abwägung gemäß § 1 VI Nr. 7 BauGB *Belange des Naturschutzes und der Landschaftspflege* zu berücksichtigen. Die Fraktion Bündnis 90/Die Grünen legt auf umfangreiche Ausgleichsmaßnahmen für die durch den Bau des Kur- und Erholungszentrums zu erwartenden Eingriffe in Natur und Landschaft Wert.

Rechtsgrundlage ist § 1a III BauGB, der sich auf die *naturschutzrechtliche Eingriffsregelung* bezieht und auch auf den vorhabenbezogenen Bebauungsplan Anwendung findet.

Nach § 1a III BauGB sind die *Vermeidung und der Ausgleich voraussichtlich erheblicher Beeinträchtigungen des Landschaftsbildes sowie der Leistungs- und Funktionsfähigkeit des Naturhaushalts in seinen in § 1 VI Nr. 7 Buchstabe a bezeichneten Bestandteilen in der Abwägung nach § 1 VII zu berücksichtigen*. Mit dieser Vorschrift korrespondiert § 18 BNatSchG, der vorschreibt, dass bei Eingriffen, die ua aufgrund der Aufstellung von Bauleitplänen zu erwarten sind, die Entscheidung über die Vermeidung, den Ausgleich und den Ersatz nach den Normen des BauGB erfolgt.[234]

163 a) Es muss zunächst geprüft werden, ob durch den vorhabenbezogenen Bebauungsplan *Eingriffe in Natur und Landschaft* zu erwarten sind. Dies richtet sich nach § 14 I BNatSchG: Eingriffe sind Veränderungen der Gestalt oder Nutzung von Grundflächen oder Veränderungen des mit der belebten Bodenschicht in Verbindung stehenden Grundwasserspiegels, die die Leistungs- und Funktionsfähigkeit des Naturhaushalts oder das Landschaftsbild erheblich beeinträchtigen können.

Auch wenn der Sachverhalt keine einzelnen Angaben zu Natur und Landschaft enthält, ist davon auszugehen, dass eine erhebliche Umgestaltung des bisherigen Geländes durch die Errichtung des Kur- und Erholungszentrums erfolgen wird. Auch der neu anzulegende Park mit einem See führt zu einer weitgehenden Veränderung des Geländes, zumal die Gesamtflächen 30 Hektar in Anspruch nehmen. Somit sind auf Grund des vorhabenbezogenen Bebauungsplans Eingriffe in Natur und Landschaft zu erwarten.

164 b) Die Stadt *D* muss daher die Belange des Naturschutzes und der Landschaftspflege in der Abwägung gemäß § 1 VII BauGB berücksichtigen. Diese Belange werden durch die in § 1a III BauGB, §§ 14, 15, 18 BNatSchG vorausgesetzten Elemente der naturschutzrechtlichen Eingriffsregelung konkretisiert, und zwar durch das *Vermeidungsgebot und die Ausgleichspflicht*.

Hierzu bedarf es zunächst einer *Bestandsaufnahme von Natur und Landschaft* in dem Bereich, der von dem vorhabenbezogenen Bebauungsplan betroffen ist. Es kann ua auf Landschaftspläne und deren ökologische Grundlagen sowie auf mögliche Biotopkataster zurückgegriffen werden. Der Bestandsaufnahme schließt sich eine *Bewertung* an. Die Stadt *D* ist dabei nicht an ein bestimmtes Bewertungsverfahren gebunden.[235]

Entsprechend den *Forderungen des Vermeidungsgebots* (vgl. § 15 I BNatSchG) hat die Stadt *D* zu untersuchen, in welchem Umfang die beabsichtigten Ausweisungen in dem vorhabenbezogenen Bebauungsplan, die Eingriffe nach sich ziehen können, zur Verwirklichung der gemeindlichen Planungsziele tatsächlich erforderlich sind. Mögli-

---

[234] Ausführlicher zum Verhältnis von Naturschutz und Bauleitplanung s. *Scheidler* ZfBR 2011, 228 ff.
[235] *BVerwG* BauR 1997, 459.

cherweise ist zB durch eine geringfügige Umplanung eine schützenswerte Baumgruppe zu erhalten.

Als nächster Schritt ist die *Ausgleichspflicht* für die Abwägung aufzubereiten. Dabei ist zu prüfen, inwieweit Ausgleichsmaßnahmen zur Verwirklichung der Ziele des Naturschutzes und der Landschaftspflege notwendig und auf welchen Flächen sie möglich sind. Die Stadt *D* muss sich mithin bei der Zusammenstellung des Abwägungsmaterials konkret mit der Problematik auseinandersetzen, in welchem Umfang, auf welchen Flächen und durch welche Maßnahmen die zu erwartenden Eingriffe in Natur und Landschaft vermieden und ausgeglichen werden können.

3. Schließlich erfolgt die Gesamtabwägung aller öffentlichen und privaten Belange nach den Grundsätzen des § 1 VII BauGB. Da das Vermeidungsgebot und die Ausgleichspflicht des § 1a III BauGB keinen abstrakten Vorrang vor anderen Belangen genießen, erhält ein Belang seinen Stellenwert erst aus der konkreten planerischen Situation und aus der planerischen Abwägungsentscheidung, mit der die Gemeinde den einzelnen Belang für die konkrete Situation gewichtet.[236] Im Ergebnis wird das in den meisten Fällen zu Festsetzungen im Bebauungsplan führen, die dem Ausgleich der zu erwartenden Eingriffe dienen. Eine Verpflichtung zur vollen Kompensation besteht im Rahmen der Bauleitplanung nicht, auch wenn sie bei der Abwägung im Interesse von Schutz und Entwicklung der natürlichen Lebensgrundlagen nach Möglichkeit angestrebt werden sollte.[237]

165

4. § 1a III 2 BauGB enthält Regelungen, wie der Ausgleich in der Bauleitplanung zu erfolgen hat (Darstellung von Flächen zum Ausgleich im Flächennutzungsplan, § 5 BauGB, entsprechende Festsetzungen im Bebauungsplan nach § 9 BauGB). Gemäß § 1a III 3 BauGB kann der *Ausgleich auch an anderer Stelle als am Ort des Eingriffs* vorgenommen werden (zur Erstreckung auf Ersatzmaßnahmen nach den Landesnaturschutzgesetzen s. § 200a BauGB). Im Einzelfall ist es möglich, für diese Zwecke Flächen außerhalb des Vorhaben- und Erschließungsplans in den vorhabenbezogenen Bebauungsplan einzubeziehen (vgl. § 12 IV BauGB). Die Gemeinde darf andere Möglichkeiten nutzen, um das Ziel eines Ausgleichs für den vorgesehenen Eingriff zu erreichen, sofern sie hierfür Flächen bereitstellt. § 1a III 4 BauGB umschreibt dies mit der Wendung „sonstige geeignete Maßnahmen". Sie darf zur Verwirklichung von Ausgleichsmaßnahmen auch auf ein bereits beschlossenes, aber noch nicht verwirklichtes Nutzungskonzept zurückgreifen.[238] Der Gesetzgeber hat die Gemeinde nicht auf eine bestimmte Vorgehensweise bei der Festlegung von Ausgleichsmaßnahmen festlegen wollen. Die „geeignete sonstige Maßnahme" steht allerdings gleichwertig neben Festlegungen im Rahmen der Bauleitplanung und der vertraglichen Vereinbarung. Dies deutet darauf hin, dass § 1a III 4 BauGB ein Mindestmaß an rechtlicher Bindung der planenden Gemeinde voraussetzt. Das soll verhindern, dass sich die Gemeinde von einseitigen Erklärungen, die eine bestimmte Kompensation in Aussicht stellen, im Nachhinein wieder lossagt.[239] Anstelle von Darstellungen und Festsetzungen in den Bauleitplänen lässt § 1a III 4 BauGB ferner ausdrücklich vertragliche Vereinbarungen gemäß § 11 BauGB zu. Sollte im vorliegenden Falle die Stadt *D* in dem vorhabenbezogenen Bebauungsplan keine Festsetzungen nach § 9 BauGB aufnehmen, wozu sie nach § 12 III 2 BauGB nicht verpflichtet ist, sind bindende Vereinbarungen mit dem Vorhabenträger in dem Durchführungsvertrag zu treffen. Die §§ 135a–135c BauGB, die sich auf die Durchführung von im Bebauungsplan

166

---

[236] *BVerwG* DVBl. 1997, 1112 (1113); *OVG RhPf* NuR 2000, 339.
[237] *Hess VGH* NVwZ-RR 2005, 769.
[238] *BVerwG* NVwZ 2003, 1515.
[239] *BVerwG* NVwZ 2003, 1515 f.

festgesetzten Maßnahmen beziehen, sind bei dem vorhabenbezogenen Bebauungsplan nicht anzuwenden (§ 12 III 2 BauGB), weil der Ausgleich entweder schon zum Inhalt des vom Vorhabenträger vorgelegten Vorhaben- und Erschließungsplans gehört oder die Kostenübernahme für Ausgleichsmaßnahmen außerhalb des Vorhaben- und Erschließungsplans im Durchführungsvertrag zu regeln ist.[240]

167 **Hinweis:** Bei sonstigen Bebauungsplänen erfolgt die *Vollziehung* der Festsetzungen für Ausgleichsmaßnahmen nach den Vorschriften der §§ 135a–135c BauGB. Entsprechend dem Verursachungsprinzip sind die Maßnahmen vom Vorhabenträger durchzuführen (§ 135a I BauGB). Soweit Maßnahmen zum Ausgleich nicht auf dem Eingriffsgrundstück selbst möglich sind, sondern an anderer Stelle den Grundstücken nach § 9 BauGB zugeordnet werden, soll die Gemeinde diese gemäß § 135a II BauGB anstelle und auf Kosten der Vorhabenträger oder der Eigentümer der Grundstücke durchführen und auch die hierfür erforderlichen Flächen bereitstellen. Die Verteilungsmaßstäbe für die Kosten ergeben sich aus § 135b BauGB.

168 **IV. Ergebnis**

Die städtebaulichen Voraussetzungen für die Errichtung des Kur- und Erholungszentrums können durch einen vorhabenbezogenen Bebauungsplan auf der Grundlage eines Vorhaben- und Erschließungsplans geschaffen werden.

Den Initiatoren des Kur- und Erholungszentrums sollte vorgeschlagen werden, eine GmbH als Vorhabenträger zu gründen. Die Stadt *D* kann sich an dieser nicht als Gesellschafterin beteiligen. Der Vorhabenträger muss sicherstellen, dass die noch fehlenden Grundstücke rechtzeitig für den Bau des Kur- und Erholungszentrums zur Verfügung stehen.

Der Vorhabenträger muss einen Vorhaben- und Erschließungsplan erstellen, der inhaltlich die Anforderungen an den vorhabenbezogenen Bebauungsplan erfüllen muss. Für die Abwägung (§ 1 VII BauGB) und im Rahmen des Ermittlungs- und Bewertungsgebotes des § 2 III BauGB sind die möglicherweise vorhandenen Altlasten gutachterlich zu untersuchen und, falls erforderlich, Vorschläge zur Sanierung oder zu Sicherungsmaßnahmen zu machen. Außerdem müssen bei der Abwägung die Vermeidung und der Ausgleich der zu erwartenden Eingriffe in Natur und Landschaft (naturschutzrechtliche Eingriffsregelung) berücksichtigt werden.

Zwischen der Stadt *D* und dem Vorhabenträger ist ein Durchführungsvertrag notariell zu beurkunden, der im Wesentlichen zum Inhalt hat: die Pflicht zur Durchführung des Vorhaben- und Erschließungsplans innerhalb einer bestimmten Frist, die Pflicht zur ganzen oder teilweisen Tragung der Planungs- und Erschließungskosten, die Kostenübernahme für die Untersuchung auf Altlasten und deren evtl. Sanierung sowie für Ausgleichsmaßnahmen wegen der Eingriffe in Natur und Landschaft, den Verkauf der städtischen Grundstücke und die Sicherheitsleistung durch Vertragserfüllungs- und Gewährleistungsbürgschaften. Die Stadt *D* kann 30 % der Erschließungskosten übernehmen, wenn sie dazu einen rechtfertigenden Grund hat, wie zB die Vermeidung von Arbeitslosigkeit. Insoweit ist noch eine Aufklärung erforderlich.

5. Sicherung der Bauleitplanung

169 Angesichts der Dauer eines Planaufstellungsverfahrens besteht die Gefahr, dass die Planungsabsichten der Gemeinde durch zwischenzeitliche Bauvorhaben unterlaufen werden. Um dies zu verhindern, beinhaltet das BauGB in §§ 14–28 Instrumentarien

---

[240] EZBK/*Krautzberger*, § 12 Rn. 32.

zur Sicherung der Bauleitplanung. Der Sicherung dienen die Vorschriften zum Erlass einer *Veränderungssperre* bzw. *zur Zurückstellung von Baugesuchen* (§§ 14–18 BauGB), zur *Teilung von Grundstücken* (§§ 19, 22 BauGB) sowie zum gesetzlichen *Vorkaufsrecht* der Gemeinden (§§ 24–28 BauGB).

a) Veränderungssperre (§§ 14, 16–18 BauGB)

Für die Zeit der Aufstellung von Bebauungsplänen gibt das Gesetz den Gemeinden das Instrument der Veränderungssperre an die Hand. Mit ihrer Hilfe kann verhindert werden, dass in diesem Zeitraum Umstände geschaffen werden, die den Zielen des künftigen Plans entgegenstehen. Durch eine Veränderungssperre kann die Gemeinde für das Plangebiet bestimmen, dass Vorhaben iSd § 29 BauGB nicht durchgeführt, vorhandene bauliche Anlagen nicht beseitigt und wertsteigernde Veränderungen an Grundstücken oder baulichen Anlagen nicht vorgenommen werden dürfen, § 14 I Nr. 1 und 2 BauGB. Dies hat zur Folge, dass Baugenehmigungsanträge abzulehnen und genehmigungsfreie Vorhaben zu untersagen sind.   170

Nach § 16 I BauGB wird die Veränderungssperre von der Gemeinde als Satzung beschlossen. In *formeller* Hinsicht muss sie also zunächst den Anforderungen genügen, die die Gemeindeordnungen an den Erlass kommunaler Satzungen stellen. Schließlich hat die Gemeinde nach § 16 II BauGB die Veränderungssperre bzw. den Beschluss über die Veränderungssperre ortsüblich bekannt zu machen.

Materiell rechtmäßig ist die Veränderungssperre, wenn die Gemeinde nach § 14 I BauGB einen wirksamen Bebauungsplanaufstellungsbeschluss gefasst hat und sie zur Sicherung des Bebauungsplans erforderlich ist. Letztere Voraussetzung verlangt, dass auf Grund einer konkreten Planungskonzeption ein Mindestmaß an zukünftigem Planungsinhalt erkennbar ist. Darin fehlt es, wenn der Inhalt der Planung noch in keiner Weise absehbar ist.[241]

Von der Veränderungssperre *nicht berührt* werden die in § 14 III BauGB genannten Vorhaben, insbesondere solche, die bereits *vor* Inkrafttreten der Veränderungssperre *genehmigt* worden sind. Auch die durch einen *Vorbescheid* festgestellte Zulässigkeit eines Vorhabens hat insofern bestandsschützende Wirkung.[242]   171

Zudem können nach § 14 II BauGB von der Baugenehmigungsbehörde im Einvernehmen mit der Gemeinde *Ausnahmen* zugelassen werden, wenn überwiegende öffentliche Belange nicht entgegenstehen. Das gilt insbesondere für Vorhaben, die den künftigen Bebauungsplan *nicht beeinträchtigen* und nach § 33 BauGB genehmigungsfähig wären.[243]

Die Veränderungssperre gilt nach § 17 I 1 BauGB zunächst für die Dauer von *zwei Jahren*. Auf diese Frist ist der seit der Zustellung der ersten Zurückstellung eines Baugesuchs (§ 15 I BauGB) abgelaufene Zeitraum *anzurechnen*, § 17 I 2 BauGB. Das kann zu einer individuell unterschiedlichen Geltungsdauer der Veränderungssperre führen. Nach § 17 I 3 BauGB kann die Gemeinde die Geltungsdauer der Veränderungssperre für ein Jahr verlängern. Erfordern es besondere Umstände, ist nach § 17 II BauGB eine nochmalige Fristverlängerung um ein weiteres Jahr möglich.[244] Zudem

---

[241] *BVerwG* NVwZ 2010, 42 (43).
[242] Vgl. BKL/*Krautzberger* § 14 Rn. 21 mwN..
[243] BKL/*Krautzberger* § 14 Rn. 19.
[244] ZB wegen der Erforderlichkeit umfangreicher Begutachtungen, vgl. *OVG NRW* NVwZ 2001, 1423.

kann eine außer Kraft getretene Veränderungssperre neu erlassen werden, wenn die Voraussetzungen für ihren Erlass fortbestehen, § 17 III BauGB.

§ 18 I BauGB normiert eine *Entschädigungspflicht* der Gemeinde gegenüber den Betroffenen bei einer über vier Jahre dauernden Veränderungssperre unter Einrechnung der Zeit seit der ersten Zurückstellung eines Baugesuchs.

172 **Hinweis:** Als Satzung des BauGB fällt die Veränderungssperre in den Anwendungsbereich der Planerhaltungsvorschriften der §§ 214 ff. BauGB. Rechtsschutz gegen eine Veränderungssperre ist im Wege eines Normenkontrollverfahrens nach § 47 I Nr. 1 VwGO[245] oder als Inzidentkontrolle im Rahmen einer Klage auf Erteilung einer Baugenehmigung möglich.

b) Zurückstellung von Baugesuchen (§ 15 BauGB)

173 Wenn eine Veränderungssperre trotz des Vorliegens der Voraussetzungen noch nicht beschlossen wird oder wenn eine Veränderungssperre noch nicht in Kraft getreten ist, kann die Gemeinde nach § 15 I BauGB bei der Baugenehmigungsbehörde die Zurückstellung der Entscheidung über ein Vorhaben nach § 29 BauGB beantragen, falls zu befürchten ist, dass das Vorhaben die Durchführung der Planung unmöglich machen oder wesentlich erschweren würde. Eine weitere Zurückstellungsmöglichkeit enthält § 15 III BauGB.

Im Gegensatz zur Veränderungssperre, die eine Satzung darstellt, handelt es sich bei der Zurückstellung eines Baugesuchs um einen Verwaltungsakt mit verfahrensrechtlicher Wirkung. Sie macht das Vorhaben nicht materiell rechtswidrig, sondern bewirkt nur eine vorläufig befristete Aussetzung der Entscheidung.[246] Die Zurückstellung ist auf eine Höchstdauer von zwölf Monaten beschränkt.

Der Zurückstellung steht die vorläufige Untersagung eines Vorhabens gleich, für das kein Baugenehmigungsverfahren durchzuführen ist, § 15 I 2, 3 BauGB.

174 **Hinweis:** Gegen die Zurückstellung oder Untersagung als belastende Verwaltungsakte kann der Betroffene Widerspruch und Anfechtungsklage erheben sowie vorläufigen Rechtsschutz durch einen Antrag nach § 80 V VwGO verfolgen. Wird der Zurückstellungsantrag der Gemeinde von der Baugenehmigungsbehörde abgelehnt, kann die Gemeinde Verpflichtungsklage erheben. Wird trotz des Zurückstellungsantrags ein Vorhaben genehmigt, kommt eine Anfechtungsklage der Gemeinde gegen die erteilte Baugenehmigung in Betracht.

c) Teilung von Grundstücken (§§ 19, 22 BauGB)

175 Mit dem EAG Bau 2004 ist das Erfordernis einer Teilungsgenehmigung nach §§ 19, 20 BauGB entfallen. In § 19 BauGB nF ist heute nur noch eine materiell-rechtliche Prüfung zu Teilung von Grundstücken zu finden. Danach dürfen durch die Grundstücksteilung, also die gem. § 19 I BauGB gegenüber dem Grundbuchamt abgegebene Erklärung des Eigentümers, dass ein Grundstück selbstständig eingetragen werden soll, nach § 19 II BauGB keine Verhältnisse entstehen, die den Festsetzungen des Bebauungsplans widersprechen.

Eine Unvereinbarkeit mit den Festsetzungen des Bebauungsplans liegt zB vor, wenn eine Teilung von Baugrundstücken durch die textliche Festsetzung im Bebauungsplan ausdrücklich ausgeschlossen wurde und die Festsetzung des Bebauungsplans rechtmäßig bzw. rechtswirksam ist.[247] Ein Verstoß kommt auch in Betracht, wenn die für

---

[245] Vgl. *OVG Weimar* BauR 2002, 917.
[246] *Hellermann*, § 4 Rn. 217.
[247] *VG Osnabrück* NVwZ-RR 2001, 721.

die abzuteilende Grundstücksfläche künftig beabsichtigte Nutzung nicht mit der im Bebauungsplan festgesetzten Nutzungsart vereinbar ist oder wenn durch die beabsichtigte Teilung ein Grundstück entsteht, das den Festsetzungen des Bebauungsplans zB hinsichtlich der bebaubaren Grundstücksflächen (§ 9 I Nr. 2 BauGB) oder der Mindestgröße der Baugrundstücke (§ 9 I Nr. 3 BauGB) widerspricht.[248]

Hinweis: Auch die landesrechtlichen Teilungsgenehmigungen sind in allen Bundesländern mit Ausnahme von Nordrhein-Westfalen grundsätzlich entfallen. In Nordrhein-Westfalen (§ 8 BauO NRW) besteht nach wie vor eine förmliche Teilungsgenehmigungspflicht im Hinblick auf die Einhaltung *bauordnungsrechtlicher* Vorschriften. Regelungen des BauGB werden davon aber nicht erfasst. Zweifelhaft ist, ob auf der Grundlage der landesrechtlichen Ermächtigungsgrundlagen die Bauaufsichtsbehörde bei einem Verstoß gegen § 19 I BauGB die Rückgängigmachung der Grundstücksteilung anordnen kann.[249]

176

d) Vorkaufsrechte der Gemeinde (§§ 24–28 BauGB)

Als weiteres Instrument der Sicherung der Bauleitplanung dienen die *gemeindlichen Vorkaufsrechte*. Bei jedem abgeschlossenen Kaufvertrag steht der Gemeinde nach dem Gesetz ein Vorkaufsrecht zu. Die Gemeinde kann also durch *privatrechtsgestaltenden Verwaltungsakt* zu den Konditionen, die der Grundstückseigentümer mit dem Käufer vereinbart hatte, in den Kaufvertrag einsteigen (vgl. § 28 II BauGB iVm § 462 II BGB) und das Grundstück anstelle des Käufers selbst erwerben. Durch die Ausübung eines Vorkaufsrechts kann eine nicht plangemäße Nutzung verhindert werden. Zugleich kann der Erwerb eines Grundstücks die Vorbereitung einer plangemäßen Nutzung gewährleisten. Die Regelungen über das Vorkaufsrecht haben also *Sicherungs- und Verwirklichungsfunktion*.[250]

177

Neben dem allgemeinen Vorkaufsrecht *kraft Gesetzes* gem. § 24 BauGB kann die Gemeinde unter den Voraussetzungen des § 25 I BauGB ein besonderes Vorkaufsrecht *durch Satzung* begründen. Das Vorkaufsrecht darf nur ausgeübt werden, wenn das *Wohl der Allgemeinheit* dies rechtfertigt (§§ 24 III 2, 25 II 2 BauGB). Der Erwerb des Grundstücks muss also zu den im Gesetz gebilligten städtebaulichen Zwecken erfolgen. Er ist *ausgeschlossen* in den Fällen, die § 26 BauGB normiert. Zudem kann der Käufer unter bestimmten Voraussetzungen die Ausübung des gemeindlichen Vorkaufsrechts *abwenden*, insbesondere wenn er eine planungsgerechte Nutzung gewährleisten kann.

6. Die planungsrechtlichen Voraussetzungen für den Erlass einer Baugenehmigung

Außer den allgemeinen Grundsätzen der Bauleitplanung und den Vorschriften zu ihrer Sicherung sind die Normen über die (planungsrechtliche) Zulässigkeit von Bauvorhaben (§§ 29–38 BauGB) besonders wichtig für das Examen.

178

Hat jemand eine Baugenehmigung für ein Vorhaben beantragt, muss die Behörde diese erteilen, wenn das Vorhaben mit den öffentlich-rechtlichen Vorschriften im Einklang steht (§ 75 I 1 BauO NRW). In diesem Zusammenhang ist häufig die planungsrechtliche Zulässigkeit des Vorhabens nach §§ 29 ff. BauGB zu prüfen.

179

---

[248] HK-BauGB/*Kröninger*, § 19 Rn. 9.
[249] Vgl. hierzu DMS, Rn. 173 a.
[250] *Hellermann*, § 4 Rn. 219.

II. Bauplanungsrecht

180 Die §§ 29 ff. BauGB unterscheiden wie folgt:
(1) Liegt das Vorhaben im Geltungsbereich eines *qualifizierten* Bebauungsplans (Bebauungsplan, der mindestens Festsetzungen über die Art und das Maß der baulichen Nutzung, über die überbaubaren Grundstücksflächen und die örtlichen Verkehrsflächen enthält), ist § 30 I BauGB heranzuziehen.
(2) Besteht kein qualifizierter Bebauungsplan und liegt das Vorhaben innerhalb eines *im Zusammenhang bebauten Ortsteils*, findet § 34 BauGB Anwendung.
(3) Befindet sich das Vorhaben im *Außenbereich*, richtet sich seine planungsrechtliche Zulässigkeit nach § 35 BauGB.

181 Da § 30 BauGB im Fall 1 (oben Rn. 8 ff.) erörtert worden ist, sollen im Folgenden nur Fälle zu §§ 33–35 BauGB gebracht werden.

a) Vorhaben während der Planaufstellung

Fall 6. Verbrauchermarkt im Gewerbegebiet

182 Genehmigungspflichtige Nutzungsänderung – Planreife – Einvernehmen der Gemeinde – großflächige Einzelhandelsbetriebe – Verfassungsmäßigkeit des § 11 III BauNVO – Umweltverträglichkeitsprüfung

Die *M-GmbH* hat aus einer Konkursmasse ein 60 000 qm großes Grundstück mit einem eingeschossigen Hallengebäude erworben. Die Halle hat eine Geschossfläche von 4800 qm. Die seinerzeit erteilte Baugenehmigung lautete auf den „Neubau eines Gebäudes für Autozubehörgroßhandel". Die *M-GmbH* beabsichtigt, die Halle für Zwecke eines Einzelhandels-Verbrauchermarkts mit 4500 qm Verkaufsfläche (2000 qm für Lebensmittel, 2500 qm für Non-food-Artikel) zu nutzen, und beantragt bei der Bauaufsichtsbehörde des Kreises *E* (NRW), die Nutzungsänderung zu genehmigen.

Das Grundstück ist im Flächennutzungsplan der kreisangehörigen Stadt *B* als Gewerbegebiet dargestellt; ein Bebauungsplan besteht nicht. In der näheren Umgebung der Halle befinden sich mehrere große Lagergebäude, so dass ein Bebauungszusammenhang iSd § 34 I BauGB besteht. Die Stadt *B* hat gegen den energischen Protest des örtlichen Einzelhandels die Änderung des Flächennutzungsplans und die Aufstellung eines qualifizierten Bebauungsplans eingeleitet, mit der das Grundstück der *M-GmbH* als „Gebiet für Einkaufszentren und großflächige Handelsbetriebe" ausgewiesen wird; die Öffentlichkeits- und Behördenbeteiligung nach §§ 3 II, 4 II und § 4a II BauGB ist durchgeführt worden. Eine Abwägung der öffentlichen und privaten Belange ist noch nicht erfolgt. – *B* hat 18 000 Einwohner und liegt 15 km von der Großstadt *K* entfernt, wo eine Vielzahl der Bürger den wöchentlichen Großeinkauf tätigt. Durch den Verbrauchermarkt erhofft sich der Gemeinderat, dass nicht nur das Geld der eigenen Bürger in der Stadt bleibt, sondern auch *B* eine erhebliche Anziehungskraft für die 15 000 Bürger der zwei kleineren Nachbargemeinden bekommt.

Die Stadt *B*, die keine Bauaufsichtsbehörde ist, erteilt ihr Einvernehmen im Rahmen der Beteiligung nach § 36 I BauGB und bittet die zuständige Bauaufsichtsbehörde des Kreises *E*, den Antrag auf Nutzungsänderung vor Abschluss des Bebauungsplanverfahrens gem. § 33 BauGB zu genehmigen. Die Bauaufsichtsbehörde lehnt jedoch den Antrag der *M-GmbH* ab, weil einerseits die nach § 33 BauGB notwendige Planreife nicht vorliege, andererseits sie von dem Verbrauchermarkt negative Auswirkungen auf die Raumordnung und Landesplanung sowie auf die städtebauliche Entwicklung nach § 11 III BauNVO befürchte. Gegen den ablehnenden Bescheid erhebt die *M-GmbH* form- und fristgerecht

6. Planungsrechtliche Voraussetzungen für den Erlass einer Baugenehmigung

Klage vor dem zuständigen Verwaltungsgericht und trägt vor: Es bedürfe des konkreten Nachweises, dass die Auswirkungen des § 11 III BauNVO einträten. Die Nutzungsänderung der Halle sei auch ohne Sondergebietsausweisung nach § 34 BauGB zu genehmigen. Im Übrigen stünden der Anwendung des § 11 III BauNVO erhebliche verfassungsrechtliche Bedenken entgegen, weil ua § 11 III 1 Nr. 2 und 2 BauNVO nicht hinreichend bestimmt seien und das Gebot der Gesetzmäßigkeit der Verwaltung verletzt sei.
Wie wird das Verwaltungsgericht entscheiden?

Gliederung

A. Zulässigkeit der Klage   183
   I. Verwaltungsrechtsweg
   II. Statthafte Klageart
   III. Klagebefugnis
   IV. Vorverfahren
   V. Beteiligtenfähigkeit, Prozessfähigkeit
B. Begründetheit der Klage
   I. Rechtmäßigkeitsprüfung
     1. Verstoß gegen Vorschriften des Bauplanungsrechts
       a) Zulässigkeit nach § 33 BauGB
          aa) Voraussetzungen des § 33 BauGB
          bb) Bedeutung des erteilten Einvernehmens der Stadt B gem. § 36 I 1 BauGB
          cc) Zwischenergebnis
       b) Zulässigkeit nach § 34 BauGB
          aa) Voraussetzungen
          bb) Verfassungsmäßigkeit des § 11 III BauNVO
             (1) Art. 14 GG
             (2) Art. 12 I GG
             (3) Art. 2 I GG
             (4) Art. 20 III GG
             (5) Zwischenergebnis
          cc) Subsumtion
          dd) Zwischenergebnis
       c) Verstoß gegen sonstige öffentlich-rechtliche Vorschriften
   II. Ergebnis

Lösung

A. Zulässigkeit der Klage   184

I. Verwaltungsrechtsweg

Der Verwaltungsrechtsweg ist gem. § 40 I VwGO eröffnet, weil zwischen der *M-GmbH* und der Bauaufsichtsbehörde des Kreises *E* eine öffentlich-rechtliche Streitigkeit nichtverfassungsrechtlicher Art über Normen des Baurechts besteht; eine gesetzliche Sonderzuweisung an ein anderes Gericht besteht nicht.

185 **II. Statthafte Klageart**

Statthafte Klageart könnte die Verpflichtungsklage (§ 42 I VwGO) sein, wenn für die beabsichtigte Nutzung der Halle eine Genehmigung der Bauaufsichtsbehörde erforderlich war. Welche Vorhaben genehmigungsbedürftig sind, regelt § 63 I BauO NRW. Danach bedarf nicht nur die Errichtung, sondern auch die Nutzungsänderung baulicher Anlagen einer Baugenehmigung, soweit in den §§ 65 bis 67, 79 und 80 BauO NRW nichts anderes bestimmt ist. In Betracht käme eine Genehmigungsfreiheit der Nutzungsänderung gem. § 65 II Nr. 3 BauO NRW. Dann müsste die Errichtung oder Änderung (gemeint ist eine *bauliche*) der Anlage für die neue Nutzung genehmigungsfrei sein. Die Errichtung eines Einzelhandels-Verbrauchermarktes mit 4800 qm Verkaufsfläche bzw. eine bauliche Änderung ist nicht gem. §§ 65 bis 67 BauO NRW von der Genehmigungsbedürftigkeit freigestellt (vgl. auch § 68 I 3 Nr. 5 BauO NRW, wonach bei Verkaufsstätten mit mehr als 700 qm Verkaufsfläche nicht einmal das *vereinfachte* Genehmigungsverfahren gilt).

Es muss daher geprüft werden, ob der Nutzungswechsel der Halle vom „Autozubehörgroßhandel" zum „Einzelhandels-Verbrauchermarkt" eine Nutzungsänderung iSd § 63 I BauO NRW ist. Der Begriff „Nutzungsänderung" wird ebenfalls in § 29 I BauGB verwendet. Eine Legaldefinition befindet sich aber weder in der BauO NRW noch im BauGB. Die Begriffe in den genannten Vorschriften sind ihrem Inhalt nach auch nicht völlig deckungsgleich, weil § 29 BauGB ausschließlich die *planungsrechtliche* Zulässigkeit von Vorhaben regelt.[251]

186 Exkurs: Für das Bauplanungsrecht, das an dieser Stelle nicht entscheidend ist, hat das *BVerwG*[252] definiert: „Von einer Nutzungsänderung im bebauungsrechtlichen Sinne ist immer dann auszugehen, wenn durch die Verwirklichung eines Vorhabens die jeder Art von Nutzung eigene Variationsbreite verlassen wird und wenn ferner durch die Aufnahme dieser veränderten Nutzung bodenrechtliche Belange neu berührt werden können, so dass sich die Genehmigungsfrage unter bodenrechtlichem Aspekt neu stellt." Beispiele: Gewerbe statt Wohnen, Spielhalle statt Kino, störender Betrieb statt nicht störendem Betrieb, nicht privilegiertes Vorhaben im Außenbereich statt privilegiertem Vorhaben.

187 In Anlehnung an den VGH Kassel ist die Begriffsbestimmung für das *Bauordnungsrecht* wie folgt vorzunehmen: Eine genehmigungspflichtige Nutzungsänderung einer baulichen Anlage liegt vor, wenn sich die neue Nutzung von der bisherigen dergestalt unterscheidet, dass sie anderen oder weitergehenden Anforderungen bauordnungs- und bauplanungsrechtlicher Art unterworfen ist oder unterworfen sein kann.[253] Maßgeblich ist der Text der Baugenehmigung, hilfsweise der Inhalt des Bauantrags und im Vergleich dazu die künftige Nutzung.

Der Wechsel des Warensortiments allein (von „Autozubehör" auf „Verbrauchermarkt") hat keine baurechtlichen Auswirkungen,[254] soweit der Baukörper nicht verändert wird. Allerdings verhält es sich anders mit dem Wechsel vom Großhandel zum Einzelhandel. Der Großhandel ist in einem Gewerbe- oder Industriegebiet gem. § 8 oder § 9 BauNVO zulässig, während für großflächige Einzelhandelsbetriebe die Sonderregelungen des § 11 BauNVO gelten. Mithin hat die BauNVO für beide Handelsarten verschiedene Regelungen bezüglich der Zulässigkeit in den Baugebieten getroffen, so dass im vorliegenden Fall eine genehmigungspflichtige Nutzungsände-

---

[251] Im Einzelnen *Brohm*, § 18 Rn. 19 ff. mwN.
[252] *BVerwG* NVwZ-RR 1989, 340.
[253] *VGH Kassel* BauR 1980, 251; vgl. auch *OVG NRW* BauR 2004, 1765 (1767); GCJPW/ *Heintz*, § 3 Rn. 98.
[254] S. aber *OVG Nds* ZfBR 2005, 584: Die umfangreichen Erweiterungen des Sortiments eines als Holzfachmarkt genehmigten großflächigen Einzelhandels im Industriegebiet kann eine unzulässige Nutzungsänderung darstellen.

rung gegeben ist. Ihre Ablehnung stellt deshalb einen Verwaltungsakt dar. Statthafte Klageart ist demnach die Verpflichtungsklage nach § 42 I Var. 2 VwGO.

III. Klagebefugnis

188

Da die *M-GmbH* durch die Ablehnung des Antrags auf Nutzungsänderung möglicherweise in ihrem Recht auf Erteilung der Baugenehmigung nach § 75 I 1 BauO NRW verletzt ist, liegt die Klagebefugnis vor (§ 42 II VwGO).

IV. Vorverfahren

189

Gemäß § 68 I 2, II VwGO iVm § 110 I JustG NRW ist ein Vorverfahren hier entbehrlich und unstatthaft.

V. Beteiligtenfähigkeit, Prozessfähigkeit

190

Für die GmbH als juristische Person ergibt sich die Beteiligungsfähigkeit aus § 61 Nr. 1 VwGO. Zur Vornahme von Verfahrenshandlungen wird sie gem. § 62 III VwGO von ihrem Geschäftsführer vertreten.

B. Begründetheit der Klage

191

Die Klage der M-GmbH ist begründet, wenn die Ablehnung der Baugenehmigung rechtswidrig war und die M-GmbH dadurch in ihren Rechten verletzt ist (§ 113 V 1 VwGO).

I. Rechtmäßigkeitsprüfung

192

Die Ablehnung des Nutzungsänderungsantrags war rechtswidrig, wenn die *M-GmbH* gem. § 75 I 1 BauO NRW einen Rechtsanspruch auf die Erteilung der Genehmigung hatte. Nach dieser Vorschrift musste die Genehmigung erteilt werden, wenn der Nutzungsänderung nicht öffentlich-rechtliche Vorschriften entgegenstanden.

1. Verstoß gegen Vorschriften des Bauplanungsrechts

193

Zweifelhaft ist, ob das beabsichtigte Vorhaben mit den bauplanungsrechtlichen Normen vereinbar war. Da die Stadt *B* die Aufstellung eines Bebauungsplans beschlossen hat, kommt die Zulässigkeitsprüfung gem. § 33 BauGB in Betracht. Sollte die Nutzungsänderung nach dieser Vorschrift nicht genehmigt werden können, ist § 34 BauGB zu untersuchen, weil sich mehrere große Lagergebäude in der Nähe der Halle befinden, mithin (laut Sachverhalt) ein Bebauungszusammenhang vorliegt.

a) Zulässigkeit nach § 33 BauGB

194

aa) Voraussetzungen des § 33 BauGB

§ 33 BauGB findet für Vorhaben in solchen Gebieten Anwendung, für die – wie hier – ein Beschluss über die Aufstellung eines qualifizierten Bebauungsplans gefasst ist. Die Norm erlaubt sozusagen einen Vorgriff auf künftiges Recht zugunsten des Bauherrn.[255] Sind die in § 33 I Nr. 1–4 BauGB genannten Voraussetzungen erfüllt, ist ein Vorhaben zulässig; Nr. 1 enthält eine verfahrensrechtliche Bedingung, Nr. 2–4 beinhalten *materielle Voraussetzungen für die sog. Planreife*. § 33 II BauGB regelt eine Ausnahme von § 33 I Nr. 1 BauGB, nicht aber von den materiellen Voraussetzungen der Planreife.

Nach dem Sachverhalt sind die Verfahren nach §§ 3 II, 4 II und § 4a II BauGB durchgeführt,[256] so dass gegen das Erfüllen des § 33 I Nr. 1 BauGB keine Bedenken bestehen. Ob die *M-GmbH* die Festsetzungen des Bebauungsplans für sich und ihre Rechtsnachfolger schriftlich anerkannt hat und ob die Erschließung gesichert ist (§ 33

---

[255] So *Koch/Hendler*, § 25 Rn. 101.
[256] Zu den einzelnen Stufen der Aufstellung eines Bebauungsplans s. oben Rn. 11.

I Nr. 3, 4 BauGB), ist im Sachverhalt nicht erwähnt. Es soll hier davon ausgegangen werden, dass diese Merkmale gegeben sind. Fraglich ist, ob anzunehmen ist, dass das Vorhaben den künftigen Festsetzungen des Bebauungsplans nicht entgegensteht (§ 33 I Nr. 2 BauGB). Da das BauGB bezüglich der Planreife keine Änderung gegenüber der früheren Rechtslage und der dazu ergangenen Rechtsprechung enthält,[257] kann die bisher vorherrschende Meinung zur Auslegung herangezogen werden. Danach muss die Planreife *inhaltlich und zeitlich* so weit fortgeschritten sein, dass hinreichend voraussehbar ist, sie werde in dieser Form als Bebauungsplan förmlich festgesetzt werden,[258] so dass der Bebauungsplan also mit den künftigen Festsetzungen in Kraft treten wird.[259] Insbesondere darf es *nicht zweifelhaft* sein, *dass der Bebauungsplan die formellen und materiellen Rechtmäßigkeitsvoraussetzungen erfüllen* wird. Besteht eine Genehmigungs- oder Anzeigepflicht für den Bebauungsplan (§§ 10 II, 246 Ia BauGB), muss im Regelfall die *sichere Erwartung der Genehmigung bzw. des beanstandungsfreien Anzeigeverfahrens anzunehmen sein*, dh der Bebauungsplan muss *inhaltlich genehmigungsfähig*[260] *bzw. beanstandungsfrei* sein. Die erforderliche Planreife liegt daher nicht vor, wenn Zweifel bestehen, ob der Plan in materieller Hinsicht wirksam werden kann.[261]

Im konkreten Fall ist der Stand der Planungsarbeiten zwar bereits fortgeschritten, weil ein Entwurf unter Beachtung der Grundsätze der Bauleitplanung nach § 1 V BauGB ins Verfahren gegeben worden ist; aber es bestehen insofern Bedenken, als laut Sachverhalt noch keine Abwägung der öffentlichen und privaten Belange erfolgt ist. Die Einhaltung des Abwägungsgebots gem. § 1 VII BauGB gehört zu den wesentlichen Voraussetzungen der Planaufstellung.[262] So sind hier die energischen Proteste des örtlichen Einzelhandels zu beachten. Solange die Stadt B die öffentlichen und privaten Belange noch nicht gegeneinander und untereinander gerecht abgewogen hat, ist nicht anzunehmen, dass die Nutzungsänderung der Halle den künftigen Festsetzungen des Bebauungsplans nicht entgegensteht.[263] Folglich ist keine Planreife gegeben; § 33 I Nr. 2 BauGB ist nicht erfüllt.

Die Voraussetzungen für eine Genehmigung nach § 33 BauGB liegen daher nicht vor.

195 bb) Bedeutung des erteilten Einvernehmens der Stadt B gem. § 36 I 1 BauGB

Es fragt sich, ob die Bauaufsichtsbehörde des Kreises *E* an die Zustimmung der Stadt *B* zu der Nutzungsänderung gebunden ist und deshalb die beantragte Genehmigung erteilen muss, obwohl § 33 BauGB nicht erfüllt ist. Die Beantwortung der Frage hängt von der rechtlichen Bedeutung des Mitwirkungserfordernisses nach § 36 I 1 BauGB ab.

§ 36 I BauGB stellt die Beteiligung der Gemeinde im bauaufsichtlichen Verfahren sicher.[264] Danach darf die Baugenehmigungsbehörde über die Zulässigkeit von Vorhaben nach den §§ 31, 33 bis 35 BauGB nur im Einvernehmen mit der Gemeinde entscheiden. Um der Gefahr zu begegnen, dass die bestehende oder eine beabsichtigte Planung der Gemeinde unterlaufen oder erschwert wird, besteht das Einvernehmens-

---

[257] Vgl. BT-Drs. 10/4630, S. 85.
[258] BKL/*Krautzberger*, § 33 Rn. 8.
[259] *OVG NRW* BauR 2001, 1394; *OVG RhPf* BauR 2002, 577 (579).
[260] EZBK/*Bielenberg/Stock*, § 33 Rn. 46.
[261] BKL/*Krautzberger*, § 33 Rn. 8; vgl. auch *OVG Bln* NVwZ-RR 2001, 722 (723).
[262] Vgl. hierzu Fall 2; s. auch *OVG RhPf* BauR 2002, 577: Die Missachtung des interkommunalen Abstimmungsgebotes stellt einen erheblichen Abwägungsmangel dar, der die materielle Planreife verhindert.
[263] Eine Abwägung als Voraussetzung für die Planreife verlangt auch der Gesetzgeber, vgl. BT-Drs. 10/4630, S. 86.
[264] BKL/*Krautzberger* § 36 Rn. 1.

erfordernis also immer dann, wenn ein Vorhaben nicht im Geltungsbereich eines qualifizierten oder vorhabenbezogenen Bebauungsplans verwirklich werden soll oder von ihm abweicht. Das Beteiligungsrecht der Gemeinden beruht nach allgM auf deren Planungshoheit, die sich aus dem Selbstverwaltungsrecht der Gemeinden ergibt (Art. 28 II GG).[265] Die Beteiligung erstreckt sich deshalb auf alle Vorhaben, die die Planungsfreiheit der Gemeinden berühren oder sich auf den örtlichen Bereich auswirken.[266]

Exkurs: Wie bei der Zustimmung der höheren Verwaltungsbehörde nach § 36 I 4 BauGB, vorausgesetzt die Landesregierung hat von der Ermächtigung Gebrauch gemacht, handelt es sich bei dem Einvernehmen der Gemeinde um ein *Mitwirkungserfordernis einer anderen Behörde*. Die rechtlichen Folgerungen, die sich aus dem Erlass eines Verwaltungsakts ergeben, an dem mehrere Behörden mitwirken (sog. mehrstufiger Verwaltungsakt), haben in Rechtsprechung und Schrifttum viele Streitfragen aufgeworfen, die zunehmend geklärt worden sind. Dabei geht es weniger um die Fälle, in denen eine Behörde erst *nach Anhörung* bzw. *im Benehmen* mit einer anderen Behörde entscheidet. Insoweit ist es unstreitig, dass die Äußerung der anderen Behörde keinen Verwaltungsakt darstellt. 196

Die Erklärung des Einvernehmens durch die Gemeinde oder ihre Verweigerung ist kein Verwaltungsakt, sondern ein *Verwaltungsinternum*.[267] Mit dem Mitwirkungserfordernis werden daher keine Beziehungen zwischen dem Bauherrn und der Gemeinde bzw. der höheren Verwaltungsbehörde geschaffen. Es dient lediglich der Vorbereitung der Entscheidung über den Bauantrag, wobei der Anspruch des Bauherrn immer nur gegenüber der Bauaufsichtsbehörde geltend zu machen ist. Solange diese nichts entscheidet, fehlt es an der Außenwirkung der Maßnahme. Der Bauwillige kann deswegen gegen die Versagung des Einvernehmens nicht selbständig mit Rechtsmitteln vorgehen. 197

Exkurs: Allerdings ist die Bauaufsichtsbehörde gehindert, eine Baugenehmigung auszusprechen, wenn die Gemeinde oder die höhere Verwaltungsbehörde ihre Mitwirkung noch nicht erklärt hat und die Fiktion nach § 36 II 2 BauGB nicht eingreift. Die Bauaufsichtsbehörde ist auch grundsätzlich an die Versagung des Einvernehmens gebunden,[268] dh sie muss einen Bauantrag auch dann ablehnen, wenn die Verweigerung der Gemeinde rechtswidrig ist. In § 36 II 3 BauGB ist allerdings vorgesehen, dass die nach Landesrecht zuständige Behörde ein *rechtswidrig* versagtes Einvernehmen der Gemeinde ersetzen kann.[269] 198

Handelt es sich bei der Rechtsnatur des Einvernehmens lediglich um eine verwaltungsinterne Mitwirkung der Gemeinde, so ist damit noch nicht gesagt, ob die Bauaufsichtsbehörde an das erteilte Einvernehmen strikt gebunden ist oder nicht. Gegen eine Bindungswirkung spricht, dass die Bauaufsichtsbehörde nach den Bauordnungen der Länder *in eigener Verantwortung* über die Baugenehmigung zu entscheiden hat.[270] Ihre gesetzliche Prüfungsbefugnis darf nicht durch das Beteiligungsrecht der Gemeinde eingeschränkt werden. Sie kann insbesondere die Versagung auch auf Gründe stützen, die sich aus der Anwendung der §§ 31, 33 bis 35 BauGB ergeben. Die Erteilung des Einvernehmens durch die Gemeinde bindet also die Bauaufsichtsbehörde nicht.[271] 199

Demnach war der Landkreis *E* nicht im Hinblick auf das erteilte Einvernehmen der Stadt *B* verpflichtet, die von der *M-GmbH* beauftragte Nutzungsänderung zu genehmigen.

---

[265] Vertiefend *Hellermann*, § 4 Rn. 27, 197 ff. mwN.
[266] BKL/*Krautzberger*, § 36 Rn. 1.
[267] BKL/*Krautzberger* § 36 Rn. 5, EZBK/*Söfker* § 36 Rn. 23 mwN.
[268] Vgl. *BVerwG* NVwZ 2006, 117.
[269] Vgl. hierzu und der damit zusammenhängenden Frage des Rechtsschutzes der Gemeinde *Horn* NVwZ 2002, 406 und die Falllösung von *Sikora* JA 2005, 40.
[270] Vgl. EZBK/*Söfker*, § 36 Rn. 27.
[271] StRspr vgl. ua *BayVGH* Beschl. v. 11.5.2010 – 14 ZB 09.2060 mwN; *Konrad* JA 2001, 588 (589): Es besteht für die Gemeinde also eine *negative*, aber *keine positive* Bindungswirkung.

200 Exkurs: Umstritten ist, ob das Einvernehmenserfordernis entbehrlich ist, wenn die planende Gemeinde selbst Trägerin der Genehmigungsbehörde ist. Die Rechtsprechung bejaht dies, weil die Gemeinde in diesem Fall nicht des Schutzes des § 36 BauGB bedürfe.[272] Die Gegenauffassung[273] geht auch bei einer Identität von Gemeinde und Baugenehmigungsbehörde vom Einvernehmenserfordernis aus. Als Begründung führt sie an, dass die Bauaufsicht eine übertragene staatliche Aufgabe bzw. eine Pflichtaufgabe zur Erfüllung nach Weisung ist (vgl. §§ 60 II BauO NRW, 9 OBG NRW), während das Einvernehmen nach § 36 BauGB eine weisungsfreie Selbstverwaltungsaufgabe darstellt. Daran knüpft eine unterschiedliche gemeindeinterne Zuständigkeitskompetenz an, die überspielt werde, verzichtete man auf das Einvernehmenserfordernis. Zudem hätte das zur Konsequenz, dass die Widerspruchsbehörde nach der Versagung der Baugenehmigung im Widerspruchsverfahren die Baugenehmigung erteilen könnte,[274] woran sie dagegen gehindert ist, wenn Gemeinde und Baugenehmigungsbehörde nicht identisch sind und das erforderliche Einvernehmen fehlt. Diese Überlegung überzeugt aber wegen § 36 II 3 BauGB nur eingeschränkt. Auch mutet die Unterscheidung gemeindeinterner Zuständigkeiten gekünstelt an. Es ist deshalb der Rechtsprechung zu folgen: Wenn die Gemeinde Trägerin der Baugenehmigungsbehörde ist, bedarf es keines Einvernehmens nach § 36 I BauGB.

201 **cc) Zwischenergebnis**

Es bleibt festzuhalten, dass die Genehmigung des Nutzungsänderungsantrags der *M-GmbH* nicht nach § 33 BauGB erfolgen kann.

202 **b) Zulässigkeit nach § 34 BauGB**

Nach dem Sachverhalt findet § 34 I BauGB Anwendung, weil ein Bebauungszusammenhang besteht. Bei der Prüfung, ob sich die beantragte Hallennutzung *ihrer Art nach* in die Eigenart der näheren Umgebung einfügt, ist zunächst § 34 II BauGB wegen seines konkreten Norminhalts heranzuziehen: Entspricht die Eigenart der näheren Umgebung einem Baugebiet der BauNVO, beurteilt sich die Zulässigkeit eines Vorhabens *nach seiner Art* (für das Maß der Bebauung gilt § 34 I BauGB!) allein danach, ob es nach der BauNVO in dem Baugebiet allgemein zulässig wäre; *insoweit* verdrängt Abs. 2 die Zulässigkeitsbestimmung gem. Abs. 1 und ergänzt sie nicht nur.[275] Da sich in der Nähe der Halle mehrere große Lagergebäude befinden, ist die Eigenart der näheren Umgebung mit einem *Gewerbegebiet* iSd § 8 BauNVO zu vergleichen. In einem solchen könnte ein Einzelhandels-Verbrauchermarkt genehmigt werden, wenn für ihn keine spezielle Gebietsvorschrift der BauNVO iS einer lex specialis eingreift.

203 Als Sonderregelung kommt *§ 11 III BauNVO* in Betracht.

aa) Voraussetzungen

Nach § 11 III 1 Nr. 2 BauNVO sind *großflächige Einzelhandelsbetriebe*, die sich nach Art, Lage oder Umfang auf die Verwirklichung der Ziele der Raumordnung und Landesplanung oder auf die städtebauliche Entwicklung und Ordnung nicht nur unwesentlich auswirken können, außer in Kerngebieten nur in für sie festgesetzten Sondergebieten zulässig.[276] Als derartige Auswirkungen erwähnt § 11 III 2 BauNVO

---

[272] *BVerwG* NVwZ 2005, 83 mwN.
[273] *Hellermann*, Jura 2002, 589 (590) mwN; s. auch *VGH BW* VBlBW 2004, 56.
[274] Insoweit unter Aufgabe der früheren Rechtsprechung *BVerwG* NVwZ 2005, 83 (84).
[275] BKL/*Krautzberger*, § 34 Rn. 46 mwN.
[276] Der Bundesrat hatte in seiner Stellungnahme zum Entwurf des Gesetzes zur Stärkung und Innenentwicklung in den Städten und Gemeinden und weiteren Fortentwicklung des Städtebaurechts vorgeschlagen, auch „Ansammlungen von mehreren Einzelhandelsbetrieben in räumlich-funktionalem Zusammenhang" in § 11 II 1 Nr. 2 BauNVO mit aufzunehmen, da diese in vielen Fällen dieselben städtebaulichen und raumordnerischen Wirkungen wie Einzelhandelsgroßbetriebe haben würden. Der Vorschlag wurde jedoch von der Bundesregierung unter Hinweis auf die Ergebnisse der „Berliner Gespräche zum Städtebaurecht" abgelehnt. Vgl. BT-Drs 17/11468.

beispielhaft schädliche Umwelteinwirkungen iSd § 3 BImSchG, Auswirkungen auf die infrastrukturelle Ausstattung, auf den Verkehr, auf die Versorgung der Bevölkerung im Einzugsbereich des Unternehmens, auf die Entwicklung zentraler Versorgungsbereiche in der Gemeinde oder in anderen Gemeinden usw. § 11 III 3 BauNVO enthält eine *gesetzliche Vermutung*, nach der die Auswirkungen in der Regel anzunehmen sind, wenn die Geschossfläche 1200 qm übersteigt. Die Anwendung des § 11 III BauNVO setzt allerdings voraus, dass er verfassungsgemäß ist. Die *M-GmbH* hat insoweit Bedenken geäußert.

bb) Verfassungsmäßigkeit des § 11 III BauNVO

(1) Art. 14 GG

In Betracht könnte eine Verletzung des Art. 14 I GG kommen. § 11 III BauNVO müsste dann einen verfassungswidrigen Eingriff in die Eigentumsfreiheit enthalten. Zwar wird durch die Einschränkung der Baufreiheit (hier bezüglich der Nutzungsänderung der Halle) ein vermögenswertes Recht der *M-GmbH* betroffen; aber es ist zu untersuchen, ob eine zulässige Inhalts- und Schrankenbestimmung iSd Art. 14 I 2 GG vorliegt. Unter diesem Begriff ist „die generelle und abstrakte Festlegung von Rechten und Pflichten durch den Gesetzgeber" zu verstehen.[277] Es bestehen keine Bedenken, dass § 11 III BauNVO, ähnlich wie viele Normen des Baurechts, nur eine Inhaltsbestimmung des Eigentums und keine Enteignung darstellt.

Allerdings muss der *Bestimmtheitsgrundsatz* eingehalten sein, der aus dem Rechtsstaatsprinzip des Art. 20 GG hergeleitet wird.[278] Danach müssen gesetzliche Vorschriften klar und hinreichend bestimmt sein; der Bürger muss den Inhalt mit ausreichender Sicherheit feststellen können, und es muss die Möglichkeit richterlicher Überprüfung der Rechtsbegriffe oder der Einhaltung von Ermessensgrenzen gegeben sein. Unter diesen Voraussetzungen sind sowohl die Einräumung von Ermessensspielräumen[279] an die Verwaltung als auch die Verwendung von Generalklauseln[280] zulässig.

Der Wortlaut des § 11 III BauNVO ist umständlich gefasst und bedarf der Erläuterung: Einkaufszentren und die genannten Handelsbetriebe sind ohne Rücksicht auf ihre Größe und Auswirkungen in *Kerngebieten* (§ 7 BauNVO) und in für sie festgesetzten *Sondergebieten* planungsrechtlich zulässig. Großflächige Handelsbetriebe, die die in § 11 III 1 Nr. 2 und 2 BauNVO beschriebenen Auswirkungen haben, dürfen in anderen Baugebieten (zB in Gewerbe- und Industriegebieten) nicht genehmigt werden. Es ist zu prüfen, ob der *Kreis der betroffenen Handelsbetriebe* ausreichend bestimmt festgelegt ist. Soweit der Gesetzgeber das Adjektiv „großflächig" verwendet, wäre dieses aus sich heraus ohne jegliche Größenangabe zu ungenau. Eine Präzisierung ist jedoch durch den Nebensatz der Nr. 2 sowie durch S. 2 und S. 3 erfolgt. Die dort verwendeten Begriffe „Ziele der Raumordnung und Landesplanung", „städtebauliche Entwicklung und Ordnung", „nicht nur unwesentlich auswirken" sind entweder in anderen Vorschriften (zB Landesplanungsgesetze usw.) näher bestimmt oder durch Auslegung hinreichend bestimmbar. Darüber hinaus sind die Auswirkungen in S. 2 beispielhaft näher erläutert. Wesentliche Bedeutung kommt der gesetzlichen Vermutung in S. 3 zu, nach der die bezeichneten Auswirkungen in der Regel anzunehmen sind, wenn die Geschossfläche 1200 qm überschreitet. Der

---

[277] BVerfGE 52, 1 (27 mwN).
[278] S. etwa BVerfGE 120, 274 (315 f. mwN).
[279] BVerfGE 8, 274 (326).
[280] BVerfGE 13, 153 (161).

Verordnungsgeber hat hiermit eine konkrete Vorgabe gemacht, die auch zur Folge hat, dass Handelsbetriebe unter 1200 qm Geschossfläche in anderen Baugebieten zulässig sind, falls deren Voraussetzungen erfüllt sind. Abweichungen von der gesetzlichen Vermutung bedürfen der besonderen Begründung. Hierauf weist der durch ÄnderungsVO v. 19.12.1986 (BGBl. I, 2665) neu eingefügte § 11 III 4 BauNVO ausdrücklich hin. Als Beurteilungskriterien nennt diese Vorschrift insbesondere die Gliederung und Größe der Gemeinde, die *Sicherung der verbrauchernahen Versorgung der Bevölkerung* (s. dazu auch § 1 VI Nr. 8a BauGB) und das Warenangebot des Betriebs.

Mithin sind die Tatbestandsvoraussetzungen des § 11 III BauNVO hinreichend bestimmt.

205 Die Regelung muss ferner *geeignet, erforderlich und verhältnismäßig* sein (Übermaßverbot). § 11 III BauNVO will großflächige Handelsbetriebe aus Gewerbe- und Industriegebieten fernhalten.[281] Die Verfolgung dieses Ziels ist verfassungsrechtlich zulässig: Städtebauliche Nutzungen wie der Einzelhandel, Schank- und Speisewirtschaften oder Vergnügungsstätten stehen in einer gewissen funktionalen Beziehung zum Wohnen und sollen – soweit sie nicht stören – den Wohnstandorten möglichst räumlich und verkehrlich zugeordnet sein. Dagegen sind Gewerbe- und Industriegebiete eher von den Wohnbereichen zu trennen (vgl. auch § 50 BImSchG). Die durch § 11 III 1 a.E BauGB normierte Verweisung der großflächigen Einzelhandelsbetriebe in Kerngebiete oder für sie festgesetzte Sondergebiete ist geeignet und erforderlich, um das genannte städtebauliche Ziel zu erreichen. Da § 11 III BauNVO Ausnahmen ausdrücklich zulässt, falls im Einzelfall Besonderheiten bestehen, verletzt die Norm auch nicht den Grundsatz der Verhältnismäßigkeit im engeren Sinne.

Demnach ist § 11 III BauNVO mit Art. 14 I GG vereinbar.

206 **(2) Art. 12 I GG**

Ein Verstoß gegen die Berufsfreiheit des Art. 12 I GG liegt ebenfalls nicht vor, weil es bereits an einem Eingriff in den Schutzbereich fehlt: Als Rechtsvorschrift über Baugebiete berührt § 11 III BauNVO allenfalls *mittelbar* die Berufsausübung. Mittelbare Regelungen sind nur an Art. 12 I GG zu messen, wenn sie deutlich eine „berufsregelnde Tendenz" erkennen lassen.[282] Dies ist hier nicht der Fall.

207 **(3) Art. 2 I GG**

Schließlich scheidet eine Prüfung des Art. 2 I GG wegen Subsidiarität zu Art. 14 GG aus.

208 **(4) Gesetzmäßigkeit der Verwaltung (Art. 20 III GG)**

Eine Verletzung des Gebots der Gesetzmäßigkeit der Verwaltung, die die *M-GmbH* rügt, würde voraussetzen, dass bei der Anwendung des § 11 III BauNVO durch die Stadt B das *Prinzip des Gesetzesvorrangs oder des Gesetzesvorbehalts* nicht beachtet worden wäre.[283] Die ablehnende Entscheidung der Bauaufsichtsbehörde beruht auf Vorschriften des BauGB iVm der BauNVO. Letztere ist als Rechtsverordnung erlassen und hat ihre gesetzliche Ermächtigungsgrundlage in § 9 IV BauGB. Dass der Gemeinde bei der räumlichen Ordnung der Nutzung durch Baugebiete ein Ermessen iS einer planerischen Gestaltungsfreiheit eingeräumt worden ist, lässt sich verfassungsrechtlich nicht beanstanden. Bei großflächigen Einzelhandelsbetrieben wird allerdings besonders deutlich, dass die Baufreiheit gerade in Bezug auf einen solchen

---

[281] Vgl. *BVerwG* NJW 1984, 1768 (1770).
[282] StRspr vgl. etwa BVerfGE 128, 1 (82 mwN)
[283] Zu diesen beiden Komponenten des Grundsatzes der Gesetzmäßigkeit der Verwaltung v. Münch/Kunig/*Schnapp*, GG-Kommentar, Bd. I, 6. Aufl. (2012), Art. 20 Rn. 65 ff.

Betrieb von der im Rahmen des Planungsermessens liegenden Entscheidung der Gemeinde abhängt, ein entsprechendes Baugebiet auszuweisen oder nicht; Ähnliches gilt aber auch bei der Festsetzung eines Industriegebiets für emissionsstarke Vorhaben. Da die Grundsätze für die Bauleitplanung vom Gesetzgeber selbst in § 1 V BauGB festgelegt worden sind, ist der Grundsatz der Gesetzmäßigkeit der Verwaltung beachtet.

(5) Zwischenergebnis

Als Zwischenergebnis ist daher festzuhalten, dass der Anwendung des § 11 III BauNVO keine Verfassungsnormen entgegenstehen.[284]

cc) Subsumtion

Im Rahmen der Subsumtion ist zunächst festzustellen, ob der Einzelhandels-Verbrauchermarkt, den die *M-GmbH* in der Halle betreiben will, großflächig i. S. d. § 11 III 1 Nr. 2 BauNVO ist. Die Großflächigkeit ist ein von der Vermutungsregel des § 11 III 3 BauNVO *unabhängiges* Tatbestandsmerkmal. Auf die Vermutungsregel des § 11 III 3 BauNVO kommt es also nicht an, wenn der zu beurteilende Einzelhandelsbetrieb bereits nicht großflächig ist.[285] Die Großflächigkeit bestimmt sich maßgeblich nach der *Verkaufsfläche,* nicht nach der Geschossfläche eines Vorhabens.[286] Nach der Rechtsprechung des Bundesverwaltungsgerichts ist ein Einzelhandelsbetrieb großflächig, wenn er eine *Verkaufsfläche* von 800 qm überschreitet.[287] Hiernach erfüllt der beabsichtigte Verbrauchermarkt der *M-GmbH* mit einer Verkaufsfläche von 4500 qm zweifellos das Merkmal der Großflächigkeit.

Ferner müsste sich nach § 11 III 1 Nr. 2 BauNVO der Verbrauchermarkt auf Grund seiner Art, Lage oder seines Umfangs nicht nur unwesentlich auf die Verwirklichung der Ziele der Raumordnung und Landesplanung oder auf die städtebauliche Entwicklung und Ordnung auswirken. Das wird nach § 11 III 3 BauNVO gesetzlich vermutet, wenn die Geschossfläche 1200 qm überschreitet. Da die *M-GmbH* einen Einzelhandels-Verbrauchermarkt mit 4800 qm Geschossfläche betreiben will, greift die gesetzliche Vermutung für die in § 11 III 2 Nr. 2 BauBVO genannten nachteiligen Wirkungen ein.

Es fragt sich, ob hier diese Vermutung widerlegt werden kann.[288] Dann müssten nach § 11 III 4 BauNVO *Besonderheiten des Vorhabens* oder der *konkreten städtebaulichen Situation* bestehen. Diese sind nach einem Urteil des *BVerwG* aus dem Jahre 1984 anzunehmen, wenn der beabsichtigte Betrieb nicht zu der Art von Betrieben gehört, die mit der Regelung des § 11 III BauNVO erfasst werden sollen, oder wenn die konkrete städtebauliche Situation von derjenigen abweicht, in der § 11 III BauNVO das Entstehen großflächiger Einzelhandelsbetriebe wegen deren Auswirkungen verhindert wissen will.[289] Solche Abweichungen können nach dieser Entscheidung des *BVerwG* auf der betrieblichen Seite darin bestehen, dass zB die *Verkaufs*fläche bei mehr als 1500 qm *Geschoss*fläche[290] (beachte: bis zum 31.12.1986 galt nach § 11 III 3 BauNVO 1977 die Regelvermutung bei einer Geschossfläche von über 1500 qm)

---

[284] So im Ergebnis auch *BVerwG* NJW 1984, 1768 (1769 f.).
[285] *Hess VGH* BauR 2006, 805.
[286] *BVerwG* NVwZ-RR 2004, 815 (816).
[287] *BVerwG* NVwZ 2006, 452; zuvor ist die Rechtsprechung davon ausgegangen, dass die Schwelle zur Großflächigkeit wesentlich unter, aber auch nicht wesentlich über 700 m2 Verkaufsfläche liegt.
[288] Zur Tragweite der Regelvermutung bei Einzelhandelsprojekten vgl. *BVerwG* BauR 2002, 1825.
[289] *BVerwG* NJW 1984, 1768 (1769).
[290] S. dazu die Definition in § 20 II BauNVO.

doch erheblich unter 1000 qm liegt oder dass der Betrieb beschränkt ist auf ein schmales Warensortiment (zB Gartenbedarf), auf Artikel, die üblicherweise in Verbindung mit handwerklichen Dienstleistungen (zB Kfz-Handel mit Werkstatt) angeboten werden, oder auf solche, die in einer gewissen Beziehung zu gewerblichen Nutzungen stehen (Baustoffhandel, Büromöbelhandel). Auf der Seite des Städtebaus können Besonderheiten darin liegen, dass der Einzugsbereich des Betriebs[291] im Warenangebot bisher unterversorgt ist, dass zentrale Versorgungsbereiche an einem anderen Standort des Einzugsgebiets (zB in der Nachbargemeinde) nicht geplant sind oder dass der Betrieb in zentraler und für die Wohnbevölkerung allgemein gut erreichbarer Lage errichtet werden soll.[292]

211 Im Hinblick auf das geplante Sortiment des Verbrauchermarkts, 2000 qm für Lebensmittel, 2500 qm für Non-food-Artikel (Verkaufsflächen), weicht der Betrieb nicht von der dem § 11 III BauNVO zugrunde liegenden typischen Fallgestaltung ab. Das Warenangebot ist breit gefächert und kann große Bereiche des privaten Bedarfs der Bürger decken. Die Geschossfläche überschreitet die in § 11 III 3 BauNVO genannte Fläche um ein Mehrfaches; die Verkaufsfläche ist auch nicht entscheidend geringer als die Geschossfläche. Bei Prüfung der städtebaulichen Abweichungen ist zu beachten, dass eine Vielzahl der Bürger ihren wöchentlichen Bedarf in der 15 km entfernt liegenden Großstadt *K* deckt. Diese Tatsache spricht dafür, dass ein Verbrauchermarkt fehlt. Die Stadt *B* hat 18 000 Einwohner, so dass eine nicht geringe Kaufkraft vorhanden ist. Andererseits besteht bei Gemeinden dieser Größenordnung die Gefahr, dass mit einer Verdrängung kleinerer Geschäfte gerechnet werden muss, weil sie von dem ihnen verbleibenden Umsatz nicht mehr existieren können. In diesem Fall ist die verbrauchernahe Versorgung der Bevölkerung gefährdet (vgl. § 11 III 4 BauNVO). Nach dem Sachverhalt erhofft sich der Rat der Stadt *B* sogar, dass sich der Einzugsbereich des Verbrauchermarkts noch auf die zwei Nachbargemeinden mit 15 000 Einwohnern erstreckt, also über den Nahbereich hinauswirkt. Deshalb hat die Bauaufsichtsbehörde des Landkreises *E* auch Bedenken, dass Ziele der Raumordnung und Landesplanung entgegenstehen. Bei einem derart großen Verbrauchermarkt ist mithin eine erhebliche Beeinträchtigung der für die bedarfsgerechte und flächendeckende Warenversorgung der Bevölkerung im Nahbereich notwendigen Anzahl von Einzelhandelsgeschäften in der Stadt *B* und in den Nachbargemeinden nicht auszuschließen. Eine Abweichung auf der städtebaulichen Seite kann also auch nicht angenommen werden.

Hilfsweise lässt sich weiterhin anführen, dass das Vorhaben der *M-GmbH* auch nach § 34 III BauGB unzulässig ist, da von ihm schädliche Auswirkungen auf zentrale Versorgungsbereiche in der Gemeinde und in benachbarten Gemeinden zu erwarten sind.

Die Möglichkeit der *Ausnahme* nach § 34 IIIa 1 BauGB kommt nicht in Betracht, da diese nur *Abweichungen* vom Merkmal des *Einfügens* iSd § 34 I 1 BauGB zulässt, nicht jedoch die unzulässige Art eines Vorhabens überwinden kann, das – wie vorliegend – in den Regelungsbereich des § 34 II BauGB fällt.

212 **dd) Zwischenergebnis**

Für das Vorhaben greift § 11 BauNVO als Spezialvorschrift zu § 8 BauNVO ein. Da der Verbrauchermarkt nur in einem Sondergebiet bzw. Kerngebiet zulässig gewesen

---

[291] Dieser ist nicht gleichzusetzen mit der „näheren Umgebung" iSd § 34 I BauGB, vgl. *BVerwG* NJW 1984, 1771 (1773).
[292] Zu den maßgeblichen Kriterien für die Widerlegbarkeit der Regelvermutung vgl. *BVerwG* NVwZ-RR 2004, 815 (816 f.).

wäre (vgl. § 11 III 1 BauNVO), entspricht er nicht der Eigenart der gewerblichen Umgebungsbebauung. Die Nutzungsänderung der Halle ist mithin ihrer Art nach nicht gem. § 34 II BauGB iVm § 8 II BauNVO zulässig, so dass die weiteren Voraussetzungen des § 34 I BauGB (Einfügen bezüglich Maß der baulichen Nutzung, Bauweise, überbaubare Grundstücksfläche und die Sicherung der Erschließung sowie die in § 34 I 2 BauGB genannten Merkmale) nicht zu prüfen sind.

2. Verstoß gegen sonstige öffentlich-rechtliche Vorschriften 213

Dem Vorhaben der *M-GmbH* könnten ferner Vorschriften des Gesetzes über die Umweltverträglichkeitsprüfung (UVPG) entgegenstehen. Nach § 3b I UVPG besteht eine Verpflichtung zur Durchführung einer Umweltverträglichkeitsprüfung für die in Anlage 1 zum UVPG (Liste „UVP-pflichtige Vorhaben") aufgeführten Vorhaben, wenn die zur Bestimmung ihrer Art genannten Merkmale vorliegen. Gem. Nr. 18.6.1 der Anlage 1 unterliegen großflächige Einzelhandelsbetriebe einer zwingenden Pflicht zur Umweltverträglichkeitsprüfung ab einer Geschossfläche von 5000 qm. Da die Halle nur eine Geschossfläche von 4800 qm hat, ist eine Umweltverträglichkeitsprüfung nach dem UVPG nicht zwingend vorgeschrieben.

Bei einer Geschossfläche von 1200 qm bis weniger als 5000 qm ist jedoch gem. 18.6.2 der Anlage 1 eine allgemeine Vorprüfung des Einzelfalls entsprechend der Vorschrift des § 3c 1 UVPG durchzuführen. Danach ist eine Umweltverträglichkeitsprüfung vorzunehmen, wenn das Vorhaben nach Einschätzung der Gemeinde auf Grund überschlägiger Prüfung unter Berücksichtigung der in der Anlage 2 zum UVPG aufgeführten Kriterien erhebliche nachteilige Umweltauswirkungen haben kann, die nach § 12 UVPG zu berücksichtigen wären.

Zwar steht das Vorhaben der M-GmbH hinsichtlich seiner Größe an der Schwelle zu einer zwingenden Umweltverträglichkeitsprüfungspflicht, ansonsten bietet der Sachverhalt aber keine Anhaltspunkte dafür, dass Kriterien der Anlage 2 zum UVPG eine Umweltverträglichkeitsprüfung angezeigt erscheinen lassen. Eine allgemeine Vorprüfung dieses Einzelfalls dürfte die Gemeinde daher zu dem Ergebnis kommen lassen, dass das Vorhaben der M-GmbH nicht einer Umweltverträglichkeitsprüfung unterzogen werden müsste.

II. Ergebnis 214

Die beantragte Nutzungsänderung ist weder nach § 33 BauGB noch nach § 34 BauGB zulässig. Der *M-GmbH* steht daher kein Anspruch auf Genehmigung gem. § 75 I 1 BauO NRW zu. Das Gericht wird daher die Klage als unbegründet abweisen.

b) Vorhaben innerhalb eines im Zusammenhang bebauten Ortsteils

Fall 7. Verkaufszelt für Gebrauchtwagen

Bauliche Anlage iSv § 29 I BauGB – Bebauungszusammenhang – Eigenart der näheren 215
Umgebung – Sich-Einfügen

Der in der Stadt *M* (NRW) gelegene Ortsteil „Rheinblick" besteht ganz überwiegend aus Wohnhäusern. Aus früherer Zeit befinden sich hier noch einzelne kleine Handwerksbetriebe und Baracken, in denen Büros untergebracht sind. Der Gebrauchtwagenhändler *H* beantragt eine Baugenehmigung für die Errichtung eines 40 × 80m großen Zeltes, in dem er seine Wagen zum Verkauf ausstellen will. Die Bauaufsichtsbehörde lehnt den Antrag mit folgender Begründung ab: Für den Ortsteil „Rheinblick" gebe es keinen Bebauungsplan; es seien überwiegend Wohnhäuser vorhanden, so dass das Zelt nicht in diese

II. Bauplanungsrecht

Gegend „passe". Auch stehe der Flächennutzungsplan dem Vorhaben entgegen, weil dieser das Gebiet als allgemeines Wohngebiet ausweise. Hätte eine Klage Aussicht auf Erfolg?

Zusatz:

1. Die Stadt M hat keine Satzung nach § 34 IV BauGB erlassen, die die Grenzen für die im Zusammenhang bebauten Ortsteile festlegt.

2. Die jetzige Bebauung des Ortsteils „Rheinblick" lässt sich nicht in eines der in der Baunutzungsverordnung genannten Baugebiete einordnen.

Gliederung

216

I. Zulässigkeit der Klage
II. Begründetheit der Klage
   1. Errichten einer baulichen Anlage iSv § 29 I BauGB
   2. Anwendbarkeit des § 34 BauGB
   3. Zulässigkeit des Vorhabens
      a) Voraussetzungen des § 34 I, II BauGB
      b) Subsumtion
   4. Ergebnis

Lösung

217 **I. Zulässigkeit der Klage**

Gegen die Zulässigkeit einer Verpflichtungsklage (§§ 40 I, 42 I, II, 68 ff., 74 VwGO) bestehen keine Bedenken.

218 **II. Begründetheit der Klage**

Die Klage des H ist begründet, wenn die Ablehnung der Baugenehmigung rechtswidrig war und H dadurch in seinen Rechten verletzt ist (§ 113 V 1 VwGO).

H hätte nach § 75 I 1 BauO NRW einen Anspruch auf Genehmigung des Verkaufszeltes, wenn dem Vorhaben öffentlich-rechtliche Vorschriften nicht entgegen stünden. Die hier zu prüfende planungsrechtliche Zulässigkeit des Vorhabens richtet sich nach §§ 29 ff. BauGB. Da es für den Ortsteil „Rheinblick" keinen Bebauungsplan gibt, ist § 30 BauGB nicht anwendbar; zu untersuchen ist § 34 BauGB.

219 **1. Errichten einer baulichen Anlage iSv § 29 I BauGB**

Die Anwendbarkeit des § 34 BauGB setzt jedoch voraus, dass das von M geplante Vorhaben die Errichtung einer baulichen Anlage iSv § 29 I BauGB darstellt. Es muss sich also um ein Vorhaben handeln, das unabhängig davon, ob die Voraussetzungen des § 2 BauO NRW erfüllt sind, eine gewisse „bodenrechtliche" bzw. „städtebauliche" Relevanz aufweist, also die in § 1 VI BauGB genannten Belange in einer Weise berühren kann, die geeignet ist, das Bedürfnis nach einer seine Zulässigkeit regelnden verbindlichen Bauleitplanung hervorzurufen.[293] Dies ist bei der Einrichtung eines Zeltes dieser Größe (40 × 80m) zu bejahen.

---

[293] Vgl. *BVerwG* NVwZ 2001, 1046 (1047 mwN).

6. Planungsrechtliche Voraussetzungen für den Erlass einer Baugenehmigung

Exkurs: Der Begriff der baulichen Anlage wird im BauGB nicht definiert. Der bauordnungsrechtliche Anlagenbegriff (vgl. zB die Legaldefinition des § 2 I BauO NRW) ist zwar regelmäßig, aber nicht zwingend inhaltsgleich. Denn Bauplanungs- und Bauordnungsrecht verfolgen unterschiedliche Regelungsziele. Im Mittelpunkt des Bauordnungsrechts steht die Gefahrenabwehr. Dagegen stellt das Bauplanungsrecht auf die bodenrechtliche bzw. städtebauliche Relevanz ab.[294] So stellt zB eine „klassische" Litfaßsäule keine bauliche Anlage iSd § 29 BauGB, wohl aber iSd Bauordnungsrechts dar.[295]

2. Anwendbarkeit des § 34 BauGB

§ 34 BauGB findet Anwendung, wenn es sich um einen im Zusammenhang bebauten Ortsteil handelt. Es muss also ein *Bebauungszusammenhang* gegeben sein, der in einem *Ortsteil* liegt. Die Stadt *M* hat nicht von der Möglichkeit des § 34 IV 1 Nr. 1 BauGB Gebrauch gemacht, die Grenzen für die im Zusammenhang bebauten Ortsteile durch eine Satzung festzulegen (sog. *Klarstellungssatzung*), so dass die Frage, ob ein Bebauungszusammenhang besteht, nach allgemeinen Kriterien beantwortet werden muss. Nach einhelliger Meinung ist ein *Bebauungszusammenhang* iSd § 34 I BauGB gegeben, soweit „die aufeinander folgende Bebauung trotz vorhandener Baulücken den Eindruck der *Geschlossenheit* (Zusammengehörigkeit) vermittelt".[296] Bei Baulücken, die nicht so groß sind, dass sie ein Gebiet zerschneiden, ist daher § 34 BauGB anzuwenden, nicht jedoch bei größeren Freiflächen.[297]

Aufgrund des Sachverhalts kann davon ausgegangen werden, dass die Bebauung im Ortsteil „Rheinblick" trotz vorhandener Baulücken geschlossen ist.

Im vorliegenden Fall bestehen keine Zweifel, dass das Merkmal „Ortsteil" erfüllt ist, so dass § 34 BauGB zur Anwendung kommt.

Exkurs: Kein Ortsteil ist gegeben, wenn eine *Splitter- oder Streusiedlung* besteht. Ein Ortsteil ist jeder Bebauungskomplex im Gebiet einer Gemeinde, der nach der Zahl der vorhandenen Bauten ein gewisses Gewicht besitzt und Ausdruck einer organischen Siedlungsstruktur ist.[298] Nach § 34 IV 1 Nr. 2 BauGB können die Gemeinden bebaute Bereiche im Außenbereich (zB Splittersiedlungen) durch eine sog. *Entwicklungssatzung* konstitutiv als im Zusammenhang bebaute Ortsteile festlegen. Voraussetzung ist lediglich, dass die Grundstücke im Flächennutzungsplan als Baufläche dargestellt sind.
Die sog. *Ergänzungssatzung* (§ 34 IV 1 Nr. 3 BauGB) erlaubt, einzelne Außenbereichsgrundstücke städtebaulich angemessen in die im Zusammenhang bebauten Ortsteile gem. § 34 BauGB einzubeziehen. Sie müssen allerdings nach dem Gesetzeswortlaut durch die bauliche Nutzung des angrenzenden Bereichs entsprechend geprägt sein. Die städtebauliche Situation muss deshalb so sein, dass sich aus der vorhandenen Bebauung des Innenbereichs die Prägung der bisherigen Außenbereichsflächen nach Art und Maß ergibt.
Da die Gemeinden nicht selten über Grenzfälle entscheiden müssen, hat es der Gesetzgeber zugelassen, dass die verschiedenen Satzungstypen miteinander verbunden werden können (§ 34 IV 2 BauGB).

3. Zulässigkeit des Vorhabens

a) Voraussetzungen des § 34 I, II BauGB

Nach § 34 I BauGB ist ein Bauvorhaben, das innerhalb eines im Zusammenhang bebauten Ortsteils liegt, zulässig, wenn

---

[294] Siehe dazu bereits oben Rn. 7.
[295] *OVG Hmb* NVwZ-RR 1998, 616.
[296] StRspr vgl. ua *BVerwG* NVwZ 2011, 436 mwN; *BKL/Krautzberger*, § 34 Rn. 2. Im Streitfalle nimmt das VG in der Regel eine Ortsbesichtigung vor.
[297] Einzelheiten bei DMS, Rn. 114.
[298] *BKL/Krautzberger*, § 34 Rn. 7 mwN.

aa) es sich nach Art und Maß der baulichen Nutzung, der Bauweise und der Grundstücksfläche, die überbaut werden soll, in die Eigenart der näheren Umgebung einfügt,

bb) die Erschließung gesichert ist,

cc) die Anforderungen an gesunde Wohn- und Arbeitsverhältnisse gewahrt bleiben und

dd) das Ortsbild nicht beeinträchtigt wird.

Aus dem Sachverhalt ergeben sich keine Hinweise, dass die Einrichtung eines 40 × 80m großen Zeltes aus den unter bb) und cc) genannten Gesichtspunkten unzulässig wäre.

Es fragt sich jedoch, ob sich das Bauvorhaben in die *Eigenart der näheren Umgebung einfügt* (aa).

Soweit die Zulässigkeit des Vorhabens *seiner Art nach* in Frage steht, ist zunächst § 34 II BauGB wegen seines konkreten Norminhalts heranzuziehen. Entspricht die Eigenart der näheren Umgebung nach der vorhandenen Bebauung einem Baugebiet der Baunutzungsverordnung, beurteilt sich die Zulässigkeit eines Vorhabens *nach seiner Art* (für das Maß der Bebauung gilt § 34 I BauGB) allein danach, ob es nach der Baunutzungsverordnung in dem Gebiet *allgemein* zulässig wäre. *Insoweit* verdrängt Abs. 2 die Zulässigkeitsbestimmung gem. Abs. 1 und ergänzt sie nicht nur.[299] Die Zulässigkeitsprüfung richtet sich in diesem Fall also nach den Sondervorschriften der Baunutzungsverordnung (zB §§ 2 II, 3 II, 4 II BauNVO). Da sich nach dem Sachverhalt die jetzige Bebauung des Ortsteils „Rheinblick" nicht in eines der in der Baunutzungsverordnung genannten Baugebiete einordnen lässt, findet § 34 II BauGB keine Anwendung.

Folglich ist das Einfügen in die Eigenart der näheren Umgebung ausschließlich nach § 34 I BauGB zu beurteilen. Der Bezugspunkt *„nähere Umgebung"* zeigt, dass es nicht allein auf das Bauvorhaben ankommt, sondern dass zum einen die Einwirkungen des Vorhabens auf die vorhandene Bebauung und zum anderen umgekehrt die Einwirkungen der Umgebung auf den bodenrechtlichen Charakter des Baugrundstücks berücksichtigt werden müssen.[300]

224 Bei der „*Eigenart*" der näheren Umgebung „muss zwar die Betrachtung auf das Wesentliche zurückgeführt werden, und es muss alles außer acht gelassen werden, was die ‚vorhandene Bebauung' (jetzt Umgebung) nicht prägt oder in ihr gar als Fremdkörper erscheint; aber es darf doch nicht nur diejenige Bebauung als erheblich angesehen werden, die gerade in der unmittelbaren Nachbarschaft des Baugrundstücks überwiegt, sondern es muss auch die Bebauung der weiteren Umgebung des Grundstücks insoweit berücksichtigt werden, als auch sie noch ‚prägend' auf dasselbe einwirkt".[301]

Der Begriff *„einfügen"* hat einen positiven Gehalt, mit dem sich das *BVerwG* in seiner Entscheidung v. 26.5.1978[302] ausführlich befasst hat. Die insoweit maßgebenden Leitsätze 8 und 9 lauten:

„8. Ein Vorhaben, das sich – in jeder Hinsicht – innerhalb des aus seiner Umgebung hervorgehenden Rahmens hält, fügt sich in der Regel seiner Umgebung ein.

---

[299] BKL/*Krautzberger*, § 34 Rn. 46 mwN.
[300] HBG/*Bönker*, § 8 Rn. 132 mwN.
[301] BKL/*Krautzberger*, § 34 Rn. 13 f.
[302] *BVerwG* BauR 1978, 276; vgl. auch *Koch/Hendler* § 25 Rn. 58 ff. mit weiteren Beispielen aus der Rechtsprechung.

6. Planungsrechtliche Voraussetzungen für den Erlass einer Baugenehmigung

9. Auch ein Vorhaben, das sich nicht in jeder Hinsicht innerhalb des aus seiner Umgebung hervorgehenden Rahmens hält, kann sich der Umgebung einfügen. Das ist der Fall, wenn es weder selbst noch infolge einer nicht auszuschließenden Vorbildwirkung geeignet ist, bodenrechtlich beachtliche Spannungen zu begründen oder vorhandene Spannungen zu erhöhen."

Der zweite Leitsatz bezieht sich auf Vorhaben, die in ihrer Umgebung bisher ohne Vorbild sind, aber gleichwohl nicht zu einem Spannungsverhältnis führen.

Exkurs: Ob die oben angeführte Definition von „Sich-Einfügen" wirklich abschließend gemeint ist, erscheint nicht völlig klar.[303] Bisweilen wird das Gebot der Rücksichtnahme im Anschluss an die Frage des Einfügens gesondert angesprochen und problematisiert. Das *BVerwG*[304] hat jedoch klargestellt, dass das Rücksichtnahmegebot keine allgemeine Härteklausel darstellt, die über den speziellen Vorschriften des gesamten öffentlichen Baurechts steht. Im Anwendungsbereich von § 34 I BauGB geht das Gebot der Rücksichtnahme vielmehr in dem Kriterium des Einfügens auf. Soweit sich also das Vorhaben nach seiner Art und seinem Maß der baulichen Nutzung, nach seiner Bauweise und nach seiner überbauten Grundstücksfläche in die Eigenart der näheren Umgebung einfügt, ist eine Verletzung des Rücksichtnahmegebots ausgeschlossen. Es ist deshalb nicht gesondert zu prüfen.

225

b) Subsumtion

226

Da in dem Ortsteil „Rheinblick" ganz überwiegend Wohnhäuser vorhanden sind, bestehen bereits wegen der Art der baulichen Nutzung Bedenken gegen die Errichtung eines Zeltes für den Verkauf von Gebrauchtwagen. In eine Wohnhausgegend passt sich ein Verkaufszelt nicht ein. Dem könnte *H* jedoch entgegenhalten, dass auch noch einzelne Handwerksbetriebe und Büroräume bestehen. Das Verwaltungsgericht muss aber weiter berücksichtigen, dass es sich um ein sehr großes Zelt von 40 × 80m Größe handelt. Sowohl das Maß als auch die Art der baulichen Nutzung passen sich nicht an die vorhandene Bebauung an. Aus dem Sachverhalt geht hervor, dass es nur einzelne kleine Handwerksbetriebe und Baracken aus früherer Zeit sind, die zwischen den Wohnhäusern liegen. Diese sind nicht vergleichbar mit einem Verkaufszelt der von *H* beantragten Größe. Allerdings gehen von den vorhandenen Baracken in einem überwiegend mit Wohnhäusern bebauten Ortsteil bodenrechtlich beachtliche Spannungen aus; diese würden jedoch durch das Verkaufszelt noch erhöht. Um die städtebauliche Situation genau beurteilen zu können, müsste das Verwaltungsgericht eine Ortsbesichtigung vornehmen. Die Sachverhaltsangaben lassen aber den Schluss zu, dass sich das Verkaufszelt nicht in die nähere Umgebung des Ortsteils „Rheinblick" einfügt. Somit ist diese Voraussetzung des § 34 I BauGB nicht erfüllt.

Ob das Vorhaben des *H* das Ortsbild nicht beeinträchtigt (oben unter dd) aufgeführte Voraussetzung), hängt ebenfalls von einer tatsächlichen Feststellung ab.

Darüber hinaus hat die Bauaufsichtsbehörde gegen die Genehmigung des Bauvorhabens des *H* deshalb Bedenken, weil der Flächennutzungsplan den Ortsteil „Rheinblick" als allgemeines Wohngebiet ausweist. In einem allgemeinen Wohngebiet können nach § 4 III Nr. 2 BauNVO nicht störende Gewerbebetriebe nur ausnahmsweise zugelassen werden. Ein Verkaufszelt mit einer Größe von 40 × 80m hat keine Aussicht auf Genehmigung. Es ist jedoch fraglich, ob die Darstellungen des Flächennutzungsplans überhaupt bei der Entscheidung nach § 34 I BauGB zu beachten sind. Gegen ihre Berücksichtigung spricht, dass ein Grundstück, das innerhalb eines im Zusammenhang bebauten Ortsteils liegt, grundsätzlich Baulandqualität

---

[303] Vgl. *Koch/Hendler* § 25 Rn. 60.
[304] *BVerwG* NVwZ 1999, 879. Zum Gebot der Rücksichtnahme allgemein vgl. unten Rn. 285, 293 f.

80 II. Bauplanungsrecht

hat.[305] Die Einzelregelungen in § 34 BauGB wollen und können aus Gründen des Eigentumsschutzes nach Art. 14 I GG nicht generell die Bebaubarkeit eines Grundstücks ausschließen, sondern sie sollen vor allem die Anpassung an die Umgebung erreichen. Müssten die Darstellungen des Flächennutzungsplans berücksichtigt werden, wäre dadurch die Bebaubarkeit eines Grundstücks gänzlich ausgeschlossen. Hat eine Gemeinde diese Absicht, müsste sie einen Bebauungsplan als Satzung erlassen mit der Folge, dass dem Eigentümer ein Entschädigungsanspruch aus § 42 BauGB zusteht.[306]

227 **4. Ergebnis**

Da die Errichtung des Verkaufszeltes nach § 34 BauGB planungsrechtlich unzulässig ist, hat H keinen Anspruch auf die Baugenehmigung. Die Ablehnung war also rechtmäßig. Das Verwaltungsgericht wird die Klage als unbegründet abweisen.

c) Vorhaben im Außenbereich

228 § 35 BauGB regelt die Zulässigkeit von Vorhaben im sog. Außenbereich. Eine Begriffsbestimmung ist in dieser Norm nicht enthalten. Nach allgM sind Außenbereich diejenigen Gebiete, die weder innerhalb des räumlichen Geltungsbereichs eines Bebauungsplans iSd § 30 I, II BauGB noch innerhalb der im Zusammenhang bebauten Ortsteile (§ 34 BauGB) liegen.[307] Ein einfacher Bebauungsplan reicht nicht aus (vgl. § 30 III BauGB). Bei der Abgrenzung kommt es nicht auf die Vorstellungen des Durchschnittsbürgers an, der mit dem Wort „außen" Vorstellungsbilder wie „freie Natur", „Stadtferne" oä verbindet. Der Außenbereich braucht nicht notwendig außerhalb der gemeindlichen Bebauung zu liegen, sondern kann sich auch im bebauten Gebiet befinden, für das kein Bebauungsplan existiert und das nicht im Zusammenhang bebaut ist.

§ 35 BauGB geht von dem Grundsatz aus, dass im Außenbereich nicht gebaut werden soll, weil er die natürliche Lebensgrundlage der Menschen darstellt. Bauvorhaben sind daher nur ausnahmsweise zulässig. Bei der *Prüfung der Zulässigkeit* ist zu unterscheiden zwischen *privilegierten Vorhaben nach § 35 I BauGB*, die im Außenbereich grundsätzlich zulässig und in Abs. 1 abschließend aufgezählt sind, und *sonstigen Vorhaben gem. § 35 II BauGB*, für die ein grundsätzliches Bauverbot mit Ausnahmevorbehalt besteht. Zu den sonstigen Vorhaben gehören[308] auch die sog. *begünstigten Vorhaben nach § 35 IV BauGB*, bei denen der Gesetzgeber den Ausnahmevorbehalt ua zugunsten bestimmter Nutzungsänderungen, Ersatzbauten, Wiederaufbauten oder maßvoller Erweiterungen modifiziert hat. Den begünstigten Vorhaben können bestimmte öffentliche Belange nicht entgegengehalten werden. Dadurch wollte der Gesetzgeber vor allem den Strukturwandel in der Landwirtschaft erleichtern.

Fall 8. Wochenendhäuser im Außenbereich

229 Privilegierte und sonstige Vorhaben im Außenbereich – Öffentliche Belange – Rechtsanspruch aus § 35 II BauGB

A beantragt die Genehmigung für die Bebauung eines etwa 3200 qm großen Grundstücks mit Wochenendhäusern. Das Gelände liegt im Außenbereich. Es ist nach dem Flächennut-

---

[305] Für Vorhaben im Außenbereich dagegen stellen die Darstellungen im Flächennutzungsplan einen öffentlichen Belang dar, der dem Vorhaben entgegengehalten werden kann, vgl. § 35 III 1 Nr. 1 BauGB, siehe dazu Fall 8.
[306] Vgl. EZBK/*Söfker*, § 34 Rn. 73 mwN
[307] Vgl. nur BKL/*Krautzberger*, § 35 Rn. 2.
[308] Zur Einordnung von § 35 IV BauGB in die Gesamtsystematik von § 35 BauGB vgl. *BVerwG* NVwZ 2011, 884 = JA 2011, 957 f. mwN.

zungsplan nicht für die Bebauung vorgesehen, obwohl sonst für die nähere Umgebung Baugebiete ausgewiesen sind. Die Bauaufsichtsbehörde lehnt den Antrag des A ab, weil sie eine Zersiedlung der Landschaft befürchtet. A erhebt form- und fristgerecht Klage beim zuständigen Verwaltungsgericht und trägt vor, die Errichtung von Wochenendhäusern sei zur Erholung der Großstadtbevölkerung dringend notwendig. Wie wird das Gericht entscheiden?

Fallabwandlung:
Der Flächennutzungsplan lässt im Außenbereich Wohnbebauung zu. Kann die Bauaufsichtsbehörde dennoch den Antrag des A ablehnen, auch wenn sonstige öffentliche Belange nicht beeinträchtigt werden und die Erschließung gesichert ist?

Gliederung

I. Zulässigkeit der Klage
II. Begründetheit der Klage
   1. Rechtmäßigkeitsprüfung
      a) Privilegierte Vorhaben
      b) Sonstige Vorhaben
   2. Ergebnis

Fallabwandlung: Rechtsanspruch – Ermessensentscheidung

230

Lösung

I. Zulässigkeit der Klage

231

Bedenken gegen die Zulässigkeit der hier statthaften Verpflichtungsklage bestehen nicht.

II. Begründetheit der Klage

232

1. Rechtmäßigkeitsüberprüfung

Die Baugenehmigung darf nicht abgelehnt werden, wenn A einen Anspruch auf ihre Erteilung hat, wenn also sein Vorgehen mit den öffentlich-rechtlichen Vorschriften im Einklang steht (§ 75 I 1 BauO NRW). Bedenken bestehen ausschließlich aus Gründen des Bauplanungsrechts. Da A außerhalb des räumlichen Geltungsbereichs eines Bebauungsplans iSd § 30 I, II BauGB und außerhalb der im Zusammenhang bebauten Ortsteile (§ 34 BauGB) bauen will, richtet sich die Zulässigkeit seines Vorhabens nach § 35 BauGB.

a) Privilegierte Vorhaben

233

Die geplanten Wochenendhäuser könnten zu den privilegierten Vorhaben des § 35 I Nr. 1–6 BauGB gehören. Privilegierte Vorhaben sind danach solche,
(1) die einem landwirtschaftlichen (s. dazu § 201 BauGB) oder forstwirtschaftlichen Betrieb dienen und nur einen untergeordneten Teil der Betriebsfläche einnehmen (zB Forsthaus, Fischerhütte, wenn die Betriebe hinreichend groß sind),[309] vgl. § 35 I Nr. 1 BauGB.

---

[309] Vgl. hierzu ausführl. EZBK/*Söfker*, § 35 Rn. 22 ff.

(2) die einem Betrieb der gartenbaulichen Erzeugung dienen, § 35 I Nr. 2 BauGB.

(3) die der öffentlichen Ver- und Entsorgung (Elektrizität, Gas, Telekommunikationsdienstleistungen wie Sendemasten für den Mobilfunk,[310] Wasser, Abwasser usw.) oder einem ortsgebundenen Betrieb (zB Bergwerke, Steinbrüche, Ziegeleien) dienen, § 35 I Nr. 3 BauGB.

(4) die wegen ihrer besonderen Anforderungen an die Umgebung, wegen ihrer nachteiligen Wirkung auf die Umgebung oder wegen ihrer besonderen Zweckbestimmung nur im Außenbereich ausgeführt werden sollen, § 35 I Nr. 4 BauGB, ua Lungensanatorium, Sternwarte, Autokino, Sprengstofffabrik, ausschließlich für die Jagd genutzte Jagdhütten, Berg- oder Skihütten für die Allgemeinheit.[311]

(5) die der Erforschung, Entwicklung oder Nutzung der Wind- oder Wasserenergie dienen, § 35 I Nr. 5 BauGB.

(6) die energetische Nutzung von Biomasse in bestimmten Betrieben und unter bestimmten Voraussetzungen betreiben, § 35 I Nr. 6 BauGB.

(7) die der Erforschung, Entwicklung oder Nutzung der Kernenergie zu friedlichen Zwecken oder der Entsorgung radioaktiver Abfälle dienen (ua Kernkraftwerke, Wiederaufbereitungsanlagen, Zwischen- und Endlager), § 35 I Nr. 7 BauGB.

(8) die der Nutzung solarer Strahlungsenergie in, an und auf Dach- und Außenwandflächen von zulässigerweise genutzter Gebäuden dient, wenn die Anlage dem Gebäude baulich untergeordnet ist, § 35 I Nr. 8 BauGB.

234 Für Wochenendhäuser kommt allein § 35 I Nr. 4 BauGB in Betracht. Der Begriff des Wochenendhauses ist gesetzlich nicht bestimmt, ergibt sich aber aus dem Zweck eines solchen Hauses. Es dient dem zeitlich begrenzten Erholungsaufenthalt, vor allem am Wochenende und im Urlaub. Das Wochenendhaus braucht weder wegen der besonderen Anforderungen an die Umgebung noch wegen seiner besonderen Zweckbestimmung im Außenbereich gebaut zu werden. Die sich aus dem Erholungszweck ergebenden Anforderungen an die Umgebung lassen sich auch innerhalb eines besonders ausgewiesenen Wochenendhausgebiets (vgl. § 10 BauNVO) und damit nicht nur im Außenbereich erfüllen. Seine Nutzungsart unterscheidet sich nicht grundsätzlich von der Bebauung mit Wohngebäuden allgemeiner Art. Wochenendhäuser gehören daher nicht zu den privilegierten Vorhaben nach § 35 I Nr. 4 BauGB.[312] Bei dieser Beurteilung braucht auf die in § 35 I BauGB genannten Zulässigkeitsvoraussetzungen (keine entgegenstehenden öffentlichen Belange und gesicherte Erschließung) nicht eingegangen zu werden (s. dazu Fall 9).

235 **b) Sonstige Vorhaben**

Die geplanten Wochenendhäuser des *A* sind mithin sonstige Vorhaben iSd § 35 II BauGB. Im Gegensatz zur Zulässigkeit privilegierter Vorhaben nach § 35 I BauGB (es dürfen *öffentliche Belange nicht entgegenstehen*), können sonstige Vorhaben nur zugelassen werden, wenn ihre Ausführung oder Benutzung *öffentliche Belange nicht beeinträchtigt* und die Erschließung gesichert ist. Damit hat der Gesetzgeber *qualitativ* unterschiedliche Reaktionsschwellen vorgegeben, die bei der Abwägung zu be-

---

[310] BKL/*Krautzberger*, § 35 Rn. 29.
[311] Unter § 34 I Nr. 4 BauGB fallen grundsätzlich auch nicht landwirtschaftlich, sondern gewerblich bzw. industriell betriebene Tierhaltungsbetriebe. Da die Anzahl der errichteten und beantragten Betriebe in den letzten Jahren stark zugenommen hat, wurde die Privilegierung solcher Betriebe durch das Gesetz zur Stärkung der Innenentwicklung in den Städten und Gemeinden und weiteren Fortentwicklung des Städtebaurechts begrenzt. § 35 Abs. 1 BauGB nF sieht daher nunmehr vor, dass nur noch solche Tierhaltungsbetriebe erfasst werden, die keiner Pflicht zur Durchführung einer Umweltverträglichkeitsprüfung nach dem UVPG unterliegen.
[312] StRspr vgl. ua *BVerwG* NVwZ 2000, 1048 (1050 mwN).

6. Planungsrechtliche Voraussetzungen für den Erlass einer Baugenehmigung

achten sind: Vorhaben nach Abs. 1 sind in „planähnlicher Weise" dem Außenbereich zugewiesen, so dass ihnen eine Vorzugsstellung eingeräumt ist;[313] demgegenüber dürfen nichtprivilegierte Vorhaben nur ausnahmsweise im Außenbereich zugelassen werden. Sie gehören grundsätzlich nicht in den Außenbereich. Deshalb haben bei der Abwägung die privaten Bauinteressen im Falle des Abs. 1 ein höheres Gewicht gegenüber den öffentlichen Belangen als bei Abs. 2.[314] Während für eine *Beeinträchtigung* nach § 35 II BauGB schon ausreicht, dass ein öffentlicher Belang (für den Fall der Verwirklichung des Vorhabens) „*konkret und mit nicht nur unerheblichen Auswirkungen tangiert*" wird, ist der Begriff „*entgegenstehen*" in § 35 I BauGB erst bei einer *Verletzung* der öffentlichen Belange erfüllt. Wichtig ist ferner, dass der Gesetzgeber in § 35 III BauGB bei einigen Belangen durch besondere Prädikate („widerspricht", „gefährdet", „verunstaltet") eine Verschärfung vorgenommen hat.

aa) Zunächst ist zu klären, wann eine *Beeinträchtigung öffentlicher Belange* iSd § 35 II BauGB vorliegt. § 35 III BauGB enthält eine Konkretisierung des unbestimmten Rechtsbegriffs „öffentliche Belange". Die Aufzählung ist nicht abschließend.[315] Andere Belange müsse jedoch ein ähnliches Gewicht haben wie die gesetzlichen Beispielsfälle.[316] Sie müssen also in einer konkreten Beziehung zur städtebaulichen Ordnung stehen und damit von dem in § 1 BauGB vorgegebenen Leitgedanken unter Berücksichtigung der konkreten örtlichen Verhältnisse mit umfasst sein.[317] Wie dargestellt, reicht es aus, dass der öffentliche Belang „konkret und mit nicht nur unerheblichen Auswirkungen tangiert" wird. 236

bb) Bei der Prüfung der Frage, ob durch die geplanten Wochenendhäuser des A öffentliche Belange beeinträchtigt werden, ist zu beachten, dass das 3200 qm große Gelände nach dem Flächennutzungsplan nicht für die Bebauung vorgesehen ist. In § 35 III 1 Nr. 1 und § 35 III 3 BauGB sind die Darstellungen des Flächennutzungsplans ausdrücklich als öffentliche Belange erwähnt. 237

Exkurs: Das *BVerwG* hebt zutreffend hervor, dass der Flächennutzungsplan mehr als nur eine unverbindliche Äußerung ist.[318] Wenn er auch keinen Normcharakter wie der rechtsverbindliche Bebauungsplan hat, so kann sein rechtlicher Aussagewert aus diesem Grunde doch nicht bezweifelt werden. Durch den Flächennutzungsplan konkretisiert die Gemeinde in einem gesetzlich geregelten Verfahren ihre planerischen Vorstellungen. Sie kann damit bei hinreichender Konkretisierung zugleich ihren negativen Planungswillen dahin äußern, in welcher Richtung die städtebauliche Entwicklung voraussichtlich nicht erfolgen soll. Der Gesetzgeber hat eine dahingehende Vorschrift ausdrücklich in § 35 III 3 BauGB aufgenommen. 238

Die unterschiedliche Bedeutung des Flächennutzungsplans bei § 34 BauGB und § 35 BauGB ist dadurch zu erklären, dass die Regelung in § 34 BauGB dem Grundstück Baulandqualität verleiht, so dass in diese Position nur durch eine Rechtsnorm eingegriffen werden kann, während ein Grundstück im Außenbereich keine Baulandqualität hat.

Widerspricht ein Vorhaben dem Inhalt des Flächennutzungsplans, so liegt nach § 35 III 1 Nr. 1 BauGB eine Beeinträchtigung öffentlicher Belange vor; das Vorhaben ist dann nach § 35 II BauGB nicht zulässig. Die Flächennutzungsplanung muss allerdings eine Aussage enthalten, an der das Einzelvorhaben gemessen werden kann. Das ist nicht selbstverständlich, weil sich der Flächennutzungsplan für den Außenbereich ganz oder teilweise jeder Aussage enthalten kann („weiße Flä- 239

---

[313] Vgl. BKL/*Krautzberger*, § 35 Rn. 1.
[314] BKL/*Krautzberger*, § 35 Rn. 6; GBR/*Bracher*, Rn. 2104.
[315] AllgM, vgl. BVerwGE 25, 161 (163); EZBK/*Söfker*, § 35 Rn. 75; KK/*Dürr*, § 35 Rn. 76.
[316] Schrödter/*Rieger*, § 35 Rn. 60.
[317] BKL/*Krautzberger*, § 35 Rn. 49 mwN.
[318] Vgl. hierzu bereits oben Rn. 59 ff.

chen").³¹⁹ Da das 3200 qm große Gelände des *A* im Flächennutzungsplan nicht für die Bebauung vorgesehen ist, obwohl sonst die nähere Umgebung verplant ist, hat die Gemeinde ihre Planungsabsichten hinreichend konkret zum Ausdruck gebracht. Danach soll das Gelände des *A* frei bleiben. Diese Vorstellungen der Gemeinde hat die Bauaufsichtsbehörde bei der Prüfung der öffentlichen Belange iSd § 35 II BauGB zutreffend berücksichtigt und deshalb die bauplanerische Zulässigkeit des Vorhabens des *A* verneint.

Die weitere Voraussetzung in § 35 II BauGB, dass die *Erschließung gesichert* sein muss, braucht somit nicht geprüft zu werden.

240 **Exkurs:** Wann die Erschließung bei Vorhaben im Außenbereich gesichert ist, hängt von dem jeweiligen Bauvorhaben ab. Bei privilegierten Vorhaben des § 35 I BauGB spricht der Gesetzgeber von einer *ausreichenden* Erschließung, während dieses Adjektiv in § 35 II BauGB fehlt. Daraus ist die Folgerung zu ziehen, dass die Gemeinde bei sonstigen Vorhaben höhere Anforderungen an die Erschließung stellen kann als bei privilegierten Vorhaben.³²⁰ Zu den Mindestforderungen gehören insbesondere die Art der Abwasserbeseitigung, die im Einklang mit den wasserrechtlichen Vorschriften stehen muss, die Versorgung mit Trinkwasser und eine angemessene Zufahrtsmöglichkeit.³²¹

241 **2. Ergebnis**

Da öffentliche Belange der Bebauung des Grundstücks mit Wochenendhäusern entgegenstehen, ist für eine eventuelle Ermessensentscheidung der Behörde kein Raum gewesen (§ 35 II BauGB). Der Antrag des *A* musste abgelehnt werden. Die Klage des *A* wird daher als unbegründet zurückgewiesen werden.

242 **Fallabwandlung: Rechtsanspruch – Ermessensentscheidung**

Die Ablehnung des Baugenehmigungsantrags des *A* wäre möglich, wenn der Behörde bei der Entscheidung gem. § 35 II BauGB Ermessen eingeräumt ist. Die von § 35 II BauGB gebrauchte Formulierung, dass sonstige Vorhaben zugelassen werden „können", deutet auf die Einräumung eines Ermessens hin. Demgegenüber hat das *BVerwG*, dem sich die Literatur zum großen Teil angeschlossen hat, in seinem Grundsatzurteil vom 29.4.1964 entschieden, dass ein *Rechtsanspruch* auf die Zulassung eines nicht bevorrechtigten Vorhabens besteht, wenn es keine öffentlichen Belange beeinträchtigt.³²² Es hat dabei auf folgende Erwägungen abgestellt:

243 Hätte § 35 II BauGB (wortgleich mit dem früheren § 35 II BBauG) den Inhalt, dass ein Vorhaben, das öffentliche Belange nicht beeinträchtigt, nicht zugelassen zu werden braucht, sondern aus Ermessensgründen abgelehnt werden dürfte, so wäre § 35 II BauGB nicht mit Art. 14 GG vereinbar. „Art. 14 Abs. 1 Satz 2 GG überläßt die Bestimmung des Inhalts und der Schranken des Eigentums den Gesetzen. Welche Einzelbefugnisse und -pflichten den Inbegriff des Eigentums ausmachen, ergebe somit nur die Gesetze. Art. 14 Abs. 1 Satz 2 GG will damit zugleich verhindern, dass der Gesetzgeber sich der ihm obliegenden Regelung enthält und stattdessen die Bestimmung des Eigentumsinhalts dem Ermessen der Verwaltung anheimgibt.... Dürfte die Verwaltung nach ihrem Ermessen darüber entscheiden, ob sie ein nach dem Tatbestand des § 35 Abs. 2 BBauG rechtlich unbedenkliches Vorhaben – ein Vorhaben also, dessen Zulassung gesetzmäßig wäre – zuläßt oder nicht, so wäre im Einzelfall die Zulassung ebenso rechtmäßig wie ihre Versagung. Der Inhalt des Eigentums ergäbe sich mithin in Wirklichkeit nicht aus dem Gesetz, sondern würde vom Rechtsanwendungsorgan nach seinem Ermessen bestimmt werden ... Zur richtigen Beantwortung gehört, dass alle Besonderheiten des Einzelfalles berücksichtigt werden; denn über die Entscheidung darüber, ob die Ausführung oder Benutzung des betreffenden Vorhabens

---

³¹⁹ Vgl. Schrödter/*Rieger*, § 35 Rn. 66 f. mwN Bei privilegierten Vorhaben nach § 35 I BauGB sind an die sachliche und räumliche Konkretisierung der Darstellungen im Flächennutzungsplan höhere Anforderungen zu stellen als bei nichtprivilegierten Vorhaben.
³²⁰ BKL/*Krautzberger*, § 35 Rn. 41.
³²¹ BKL/*Krautzberger*, § 35 Rn. 7 f.
³²² BVerwGE 18, 247; EZBK/*Söfker*, § 35 Rn. 73; Schrödter/*Rieger*, § 35 Rn. 55; BKL/ *Krautzberger*, § 35 Rn. 43.

öffentliche Belange beeinträchtigt, hängt von den konkreten Verhältnissen ab. Dabei sind auch die in Frage stehenden öffentlichen und privaten Interessen gegeneinander abzuwägen. Beeinträchtigt das Vorhaben keine öffentlichen Belange, so wäre es mit dem verfassungsmäßig gewährleisteten Eigentum unvereinbar, wenn das Vorhaben dennoch nicht zugelassen würde."[323]

Folgt man dieser zutreffenden Auffassung des *BVerwG*, so durfte die Bauaufsichtsbehörde den Antrag des *A* nicht ablehnen, weil durch sein Vorhaben öffentliche Belange nicht beeinträchtigt wurden und die Erschließung gesichert war.

7. Sonderfragen zum Problemkreis Planung und Immissionsschutz

Der Immissionsschutz ist zwar in § 1 VI Nr. 7e BauGB als Planungsgrundsatz erfasst. Seine grundlegende Regelung hat er aber im Bundes-Immissionsschutzgesetz (BImSchG) gefunden. Nach der Legaldefinition in § 3 II BImSchG sind *Immissionen* „auf Menschen, Tiere und Pflanzen, den Boden, das Wasser, die Atmosphäre sowie Kultur- und sonstige Sachgüter einwirkende Luftverunreinigungen, Geräusche, Erschütterungen, Licht, Wärme, Strahlen und ähnliche Umwelteinwirkungen". Für Planungen, mithin auch für die Bauleitplanung, hat § 50 BImSchG das Gebot zur Berücksichtigung der Belange des Immissionsschutzes wie folgt konkretisiert: „Bei raumbedeutsamen Planungen und Maßnahmen sind die für eine bestimmte Nutzung vorgesehenen Flächen einander so zuzuordnen, dass schädliche Umwelteinwirkungen und von schweren Unfällen i. S. des Art. 3 Nr. 5 der Richtlinie 96/82/EG in Betriebsbereichen hervorgerufene Auswirkungen auf die ausschließlich oder überwiegend dem Wohnen dienenden Gebiete sowie auf sonstige schutzbedürftige Gebiete, insbesondere öffentlich genutzte Gebiete, wichtige Verkehrswege, Freizeitgebiete und unter dem Gesichtspunkt des Naturschutzes besonders wertvolle oder besonders empfindliche Gebiete und öffentlich genutzte Gebäude, so weit wie möglich vermieden werden." § 50 BImSchG enthält damit einen *speziellen Planungsgrundsatz in Form eines Optimierungsgebotes*,[324] der die Belange des Immissionsschutzes bei der Bauleitplanung mit besonderem Gewicht versieht und entsprechend bei der Abwägung gemäß § 1 VII BauGB zu beachten ist. Die Vorschrift des § 50 BImSchG stellt eine Grundsatznorm der räumlichen Gesamtplanung und Fachplanung dar.[325] Aus ihr wird der Planungsgrundsatz abgeleitet, unverträgliche Nutzungen grundsätzlich zu trennen.[326] Das *BVerwG* hat bereits in seiner Grundsatzentscheidung vom 5.7.1974 dargelegt, dass es ein wesentliches Element geordneter städtebaulicher Entwicklung darstellt, dass gewerbliche Nutzungen und Wohnnutzungen wegen ihrer prinzipiellen Konfliktanfälligkeit nicht unmittelbar nebeneinander liegen sollen.[327] Das Nebeneinander von Wohn- und Industriegebieten soll aber nur planungsrechtlich und nicht etwa gewerbe- oder immissionsrechtlich vermieden werden. § 50 BImSchG hat als abstrakter Planungsleitsatz nach Ansicht des *BVerwG* keine drittschützende Wirkung.[328]

Fall 9. Heizkraftwerk für Fernwärmeversorgung

Genehmigungsbedürftige Anlagen nach dem BImSchG – Umweltverträglichkeitsprüfung – Konzentrationswirkung der Genehmigung nach dem BImSchG – privilegierte Vorhaben

---

[323] BVerwGE 18, 247 (250 f.).
[324] *BVerwG* ZfBR 2005, 71 mwN.
[325] Vgl. auch *Jarass*, BImSchG, § 50 Rn. 1.
[326] Vgl. OVG Nds BauR 2001, 1862; OVG Nds NVwZ-RR 2002, 172 (173).
[327] *BVerwG* BauR 1974, 311.
[328] Vgl. *BVerwG* NVwZ 2005, 813 (816 mwN).

II. Bauplanungsrecht

im Außenbereich – Hervorrufung schädlicher Umwelteinwirkungen und das Planerfordernis als entgegenstehende öffentliche Belange – Umfang der Klärung immissionsschutzrechtlicher Fragen im Bebauungsplan

In einem energiepolitischen Abstimmungspapier zwischen der C-Partei und der G-Partei ist vereinbart worden, das Fernwärmenetz der Großstadt B weiter auszubauen. Zu diesem Zweck soll ua ein Kraftwerk mit Kraft-Wärme-Koppelung und einer Leistung von 150 Megawatt errichtet werden; als Brennstoff will man Steinkohle verwenden. In der Nähe des vorgesehenen Standorts liegen bereits ein kleineres Heizwerk, eine zentrale Müllverbrennungsanlage und ein Klärwerk; in der weiteren Umgebung schließen sich Wohngebiete an. Diese vorhandenen Bauwerke entsprechen den Ausweisungen des gültigen Bebauungsplans Nr. 114; der Standort des geplanten Heizkraftwerks befindet sich im Außenbereich.

Die Fraktionen der C- und G-Partei tragen in einer Sitzung des Stadtrats ihr Fernwärmekonzept vor. Mehrheitlich fasst der Rat einen Beschluss, in dem die Verwaltung beauftragt wird zu prüfen,

1. ob wegen der Eilbedürftigkeit das Heizkraftwerk von der zuständigen Behörde ohne Bebauungsplan genehmigt werden könne;

2. welche Voraussetzungen und Inhalte ein Bebauungsplan bezüglich der Probleme des Immissionsschutzes haben müsse, wenn ein solcher aufgestellt würde.

Um zu einem schnellen Baubeginn zu kommen, solle eine Verlagerung der immissionsschutzrechtlichen Fragen in das Genehmigungsverfahren nach dem Bundes-Immissionsschutzgesetz – BImSchG – angestrebt werden.

Es ist das Gutachten der Stadtverwaltung zu entwerfen.

Bearbeitungshinweise:

1. Frage 2 ist unabhängig von dem Ergebnis zu Frage 1 zu beantworten, gegebenenfalls also in einem Hilfsgutachten.

2. Es ist davon auszugehen, durch Auflagen sei sicherzustellen, dass die Immissionen nicht das nach dem Bundes-Immissionsschutzgesetz zulässige Maß überschreiten.

Gliederung

I. Zu Frage 1
  1. Privilegierung nach § 35 I Nr. 3, 4 BauGB
  2. Entgegenstehende öffentliche Belange
    a) Hervorrufung schädlicher Umwelteinwirkungen als öffentlicher Belang (§ 35 III 1 Nr. 3 BauGB)
    b) Planungserfordernis als öffentlicher Belang
    c) Subsumtion
  3. Ergebnis
II. Zu Frage 2
  1. § 1 IV BauNVO
  2. § 9 I Nr. 24 BauGB
  3. Verlagerung in das BImSchG-Verfahren
III. Ergebnis

Lösung

I. Zu Frage 1

Die Rechtsgrundlage für die Errichtung von Anlagen, die nach dem Bundes-Immissionsschutzgesetz (BImSchG) genehmigungsbedürftig sind, ergibt sich aus § 6 BImSchG.

Voraussetzung ist zunächst, dass das Heizkraftwerk mit einer Leistung von 150 Megawatt zu den *genehmigungsbedürftigen Anlagen* gehört. Gemäß § 4 I 3 BImSchG bestimmt die Bundesregierung nach Anhörung der beteiligten Kreise (§ 51 BImSchG) durch Rechtsverordnung mit Zustimmung des Bundesrats die Anlagen, die einer Genehmigung bedürfen. Dies ist mit Erlass der 4. Verordnung zur Durchführung des BImSchG v. 24.7.1985 (BGBl. I, 1586) in der Fassung der Bekanntmachung v. 14.3.1997 (BGBl. I, 504)[329] geschehen. Nach § 1 I 1 iVm Spalte 1, Punkt 1.1 des Anhangs der Verordnung sind ua Heizkraftwerke für feste und flüssige Brennstoffe mit einer Feuerungswärmeleistung von mehr als 50 Megawatt genehmigungsbedürftig, soweit den Umständen nach zu erwarten ist, dass sie länger als zwölf Monate nach Inbetriebnahme an demselben Ort betrieben werden. Da in dem Heizkraftwerk mit 150 Megawatt Leistung Steinkohle eingesetzt werden soll und von einer längeren als zwölfmonatigen Betriebszeit auszugehen ist, erfordern seine Errichtung und sein Betrieb die Genehmigung nach den §§ 4 ff. BImSchG.

Gemäß § 6 I BImSchG ist die Genehmigung zu erteilen, wenn die speziellen Anforderungen des BImSchG erfüllt sind *und* andere öffentlich-rechtliche Vorschriften sowie Belange des Arbeitsschutzes nicht entgegenstehen. Aufgrund des Hinweises in dem Bearbeitervermerk kann davon ausgegangen werden, dass die immissionsrechtlichen Vorschriften eingehalten werden; es soll ferner die Beachtung der Belange des Arbeitsschutzes unterstellt werden. Fraglich ist jedoch, ob andere öffentlich-rechtliche Vorschriften der Errichtung des Heizkraftwerks entgegenstehen.

Zunächst ist zu prüfen, ob eine Umweltverträglichkeitsprüfung (UVP) iSd § 2 I des Gesetzes über die Umweltverträglichkeitsprüfung (UVPG)[330] durchzuführen ist (vgl. hierzu bereits Fall 6). Gemäß § 3b I UVPG unterliegen der UVP alle Vorhaben, die in der Anlage 1 (Liste „UVP-pflichtige Vorhaben") aufgeführt sind. In Nr. 1 dieses Anhangs sind zwar Kraftwerke, Heizkraftwerke, Heizwerke usw. erwähnt. Einer UVP unterliegen zwingend aber nur solche, bei denen die Feuerungswärmeleistung 200 Megawatt übersteigt (s. Nr. 1.1.1). Im vorliegenden Fall soll das Heizkraftwerk nur mit einer Leistung von 150 Megawatt betrieben werden, so dass nicht zwingend eine UVP durchzuführen ist. Gem. § 3c Abs. 1 UVPG iVm Spalte 2 Nr. 1.1.2 der Anlage 1 unterliegen Vorhaben mit einer Feuerungswärmeleistung von 50 Megawatt bis 200 Megawatt jedoch einer allgemeinen Vorprüfungspflicht. Durch die Vorprüfung im Einzelfall gem. § 3c UVPG soll geklärt werden, ob es für das beantragte Vorhaben der Durchführung einer Umweltverträglichkeitsprüfung bedarf oder nicht. Wird dies bejaht, müssen wie bei der generellen UVP-Pflicht die dann notwendigen Verfahrensschritte durchgeführt werden. Andernfalls ist die Durchführung einer UVP entbehrlich. Dies entbindet aber nicht davon, dass das Vorhaben die Genehmigungsvoraussetzungen des § 6 I BImSchG erfüllen muss. Die Vorprüfung des Einzelfalles hat nach den in Anlage 2 des UVPG genannten Kriterien zu erfolgen. § 3c unterscheidet dabei zwischen Vorhaben, die einer allgemeinen Vorprüfung und sol-

---

[329] Abgedruckt auch in *Sartorius I*, Verfassungs- und Verwaltungsgesetze der Bundesrepublik Deutschland, Nr. 296a.
[330] *Sartorius I*, Nr. 295.

chen die einer lediglich standortbezogenen Vorprüfung des Einzelfalles bedürfen. Die Unterscheidung ergibt sich aus der jeweiligen Kennzeichnung in Spalte 2 der Anlage 1 zum UVPG. Bei der standortbezogenen Vorprüfung sind nur die unter Ziffer 2 der Anlage 2 genannten Kriterien maßgeblich. Hier ist eine allgemeine Vorprüfung erforderlich. Diese hat auch gem. § 3c I 1 UVPG nur überschlägig zu erfolgen. Ein Detaillierungsgrad wie bei der Umweltverträglichkeitsprüfung selbst ist also nicht erforderlich.[331] Die Genehmigungsbehörde hat bei ihrer Entscheidung, ob sie eine UVP im Einzelfall für erforderlich hält oder nicht ein weites *Verfahrensermessen*. Ungeachtet dessen, ob die Behörde zu dem Ergebnis kommt, dass eine UVP-Pflicht besteht oder nicht, müssen die Voraussetzungen des § 6 I BImSchG erfüllt sein.[332]

Daher ist zu prüfen, ob der Errichtung des Heizkraftwerkes andere öffentlich-rechtliche Vorschriften entgegenstehen.

Da die *Genehmigung nach dem BImSchG* gem. § 13 S. 1 BImSchG *auch die Baugenehmigung einschließt* (sog. Konzentrationswirkung), sind insbesondere die Normen des Bauplanungs- und Bauordnungsrechts zu beachten.[333]

Die planungsrechtliche Zulässigkeit des Heizkraftwerks als Bauvorhaben richtet sich nach §§ 29 ff. BauGB. Ohne entsprechende Ausweisung in einem Bebauungsplan[334] kann das Kraftwerk nur unter den in § 35 BauGB genannten Voraussetzungen zulässig sein, weil der vorgesehene Standort im Außenbereich liegt. Es ist umstritten, ob ein Heizkraftwerk nach § 35 I Nr. 3, 4 BauGB privilegiert ist oder zu den sonstigen Vorhaben gemäß § 35 II BauGB zählt (*Kern*kraftwerke hat das BauGB ausdrücklich den privilegierten Vorhaben zugeordnet, § 35 I Nr. 5 BauGB).

250   **1. Privilegierung nach § 35 I Nr. 3, 4 BauGB**

Gemäß § 35 I Nr. 3 BauGB ist im Außenbereich ein Vorhaben privilegiert, wenn es „der öffentlichen Versorgung mit Elektrizität, Gas, Telekommunikationsdienstleistungen, Wärme und Wasser ... dient". Ein Heizkraftwerk erzeugt Strom und Wärme, so dass eine Subsumtion unter § 35 I Nr. 3 BauGB vertretbar ist.[335] Da jedoch das Gebot der größtmöglichen Schonung des Außenbereichs gilt, wird zu Recht die Prüfung gefordert, ob es notwendig ist, das Vorhaben zB aus technischen Gründen (wie eine Umspannanlage, Leitungsmaste, Talsperren, Kläranlagen usw.) im Außenbereich zu errichten.[336] Bei einem Wasserkraftwerk wird man diese Notwendigkeit ohne weiteres bejahen können. Ein Heizkraftwerk mit einer Leistung von 150 Megawatt lässt sich dagegen auch in einem ausgewiesenen Industriegebiet bauen. Da das geplante Kraftwerk gerade der Fernwärmeversorgung dienen soll, darf es von der Wohnbebauung ohnehin nicht weit entfernt liegen, weil sonst die Baukosten für die Hauptleitungen und damit die Energiekosten der Abnehmer zu hoch würden. Ungeachtet des Wortlauts muss außerdem für alle in § 35 I Nr. 3 BauGB genannten Nutzungen das Kriterium der Ortsgebundenheit erfüllt sein. Energieversorgungsunternehmen können etwa dann ortsgebunden sein, wenn sie auf bestimmte Standortkriterien im Außenbereich angewiesen sind, etwa auf die Nähe von Gewässern für Antrieb oder Kühlung. Eine solche Ortsgebundenheit ist für das Heizkraftwerk nicht

---

[331] Hoppe/*Dienes*, UVPG, 4. Aufl. 2012, 3c Rn. 11 f.
[332] Kommt die Genehmigungsbehörde zu der Auffassung, dass eine UVP-Pflicht besteht und führt die Durchführung der UVP nach dem UVPG zu dem Ergebnis, dass das Vorhaben unzulässig ist, dann ist die Prüfung hier zu Ende.
[333] *Jarass*, BImSchG, § 13 Rn. 5.
[334] Die Ausweisung müsste als Industriegebiet nach § 9 BauNVO erfolgen.
[335] So BKL/*Krautzberger*, § 35 Rn. 44 sub „Kraftwerke".
[336] BKL/*Krautzberger*, § 35 Rn. 28 mwN.

7. Sonderfragen zum Problemkreis Planung und Immissionsschutz

ersichtlich. Eine Privilegierung nach § 35 I Nr. 3 BauGB kann daher nicht angenommen werden.
Kraftwerke auf Steinkohlebasis – wie im vorliegenden Fall – sind jedoch wegen ihrer nachteiligen Auswirkungen auf die Umgebung nach § 35 I Nr. 4 BauGB privilegiert. Sie haben nicht nur erhebliche Luftverunreinigungen zur Folge, sondern auch Geräuschemissionen.

2. Entgegenstehende öffentliche Belange 251

Ein privilegiertes Vorhaben kann im Außenbereich nur genehmigt werden, wenn „öffentliche Belange nicht entgegenstehen" und die ausreichende Erschließung gesichert ist, § 35 I BauGB. Eine Aufzählung öffentlicher Belange befindet sich in § 35 III 1 BauGB; sie bezieht sich dem Grundsatz nach sowohl auf Abs. 2 als auch auf Abs. 1 des § 35 BauGB, allerdings mit unterschiedlicher Gewichtung.[337] Ob öffentliche Belange entgegenstehen, ist auf der Grundlage einer *Abwägung* zwischen dem beabsichtigten Vorhaben und den von ihm berührten öffentlichen Belangen zu beurteilen. Es ist die Wertungsentscheidung des Gesetzgebers zu berücksichtigen, dass privilegierte Vorhaben im Außenbereich grundsätzlich zulässig sind. Die vorzunehmende Abwägung hat keinen gestaltenden Charakter, wie sie für Planungsentscheidungen charakteristisch ist. Ebenso wenig steht der Genehmigungsbehörde ein Beurteilungsspielraum oder ein Ermessen zu.[338] Die Entscheidung ist in vollem Umfang gerichtlich nachprüfbar.

a) Hervorrufung schädlicher Umwelteinwirkungen als öffentlicher Belang (§ 35 III 1 Nr. 3 BauGB) 252

Da das Heizkraftwerk mit Steinkohle betrieben werden soll, ist mit negativen Umwelteinwirkungen zu rechnen. Die Bedeutung schädlicher Umwelteinwirkungen für das Vorliegen eines öffentlichen Belangs ist nach der Rechtsprechung des *BVerwG* nichts anderes als die gesetzliche Ausformung des allgemeinen baurechtlichen *Gebots der Rücksichtnahme* für die besondere Konfliktsituation, die durch Immissionen hervorgerufen wird. Soweit es sich um die Beurteilung von Immissionen nach dem BImSchG handelt, können diese dann nicht der Zulässigkeit eines Vorhabens entgegengehalten werden, wenn sie das nach dem BImSchG zulässige Maß nicht überschreiten.[339] Der Gesichtspunkt der schädlichen Umwelteinwirkungen in § 35 III 1 Nr. 3 BauGB gewährt *insoweit* keinen über das BImSchG (vgl. § 3 I) hinausgehenden Schutz.
Da die Immissionen laut Bearbeiterhinweis nicht das nach dem BImSchG zulässige Maß überschreiten, ist die Genehmigung des Heizkraftwerks nicht wegen des Hervorrufens schädlicher Umwelteinwirkungen zu versagen.
Sonstige in § 35 III BauGB ausdrücklich genannte öffentliche Belange kommen nicht näher in Betracht. Ein weiterer entgegenstehender öffentlicher Belang kann jedoch dadurch gegeben sein, dass es möglicherweise erforderlich ist, einen Bebauungsplan für den Standort des Heizkraftwerks aufzustellen (Planungserfordernis).

b) Planungserfordernis als öffentlicher Belang 253

Die – nicht abschließende – Aufzählung der öffentlichen Belange in § 35 III BauGB enthält keinen besonderen Hinweis auf diesen Belang. In Rechtsprechung und Literatur ist das *Planungserfordernis, nicht aber die Planungshoheit als solche als öffentlicher Belang* anerkannt worden;[340] hierdurch soll die *gemeindliche Planungshoheit* ge-

---

[337] BKL/*Krautzberger*, § 35 Rn. 6.
[338] *BVerwG* NVwZ 2002, 1112.
[339] BKL/*Krautzberger*, § 35 Rn. 55 mwN; Schrödter/*Rieger*, § 35 Rn. 74 ff.
[340] *BVerwG* ZfBR 1983, 196 mwN; BKL/*Krautzberger*, § 35 Rn. 69 ff.

schützt werden. Ein Vorhaben im Außenbereich ist danach unzulässig, wenn der Umfang des Vorhabens eine spezifisch planerische und für das Ergebnis „auch gleichsam amtlich einstehende Planung" erfordert. Es muss die Koordinierung der in seinem Gebiet potenziell betroffenen Interessen durch Planung notwendig sein.[341] Dagegen kommt es auf die Größe des Grundstücks, auf dem das Vorhaben verwirklicht werden soll, nicht entscheidend an.[342] Bejaht wurde in der Rechtsprechung die Notwendigkeit einer förmlichen Bauleitplanung zB, wenn auf einer 6670 qm großen Fläche mehr als 24 Reihenhauseinheiten vorgesehen sind[343] oder wenn auf der Freifläche 10 Wohnhochhäuser[344] oder 25 Freizeitgebäude[345] errichtet werden sollen. Auch ein größerer privilegierter Industriebetrieb[346] oder ein Campingplatz[347] könnte im Einzelfall eine vorhergehende Planung erfordern.

Das Planungserfordernis als entgegenstehender öffentlicher Belang iSd § 35 III BauGB darf nicht gleichgestellt werden mit der Erforderlichkeit der Bauleitplanung nach § 1 III BauGB. Der Ausgangspunkt ist unterschiedlich: § 1 III BauGB geht von der *Planungshoheit der Gemeinde* aus und stellt die Frage, ob ein Bauleitplan *nach der planerischen Konzeption der Gemeinde zeitlich und räumlich* erforderlich ist;[348] demgegenüber ist bei § 35 BauGB – ebenso wie bei § 34 BauGB – zu prüfen, ob *ausgehend vom Privateigentum* ein Einzelvorhaben gerade *ohne Bebauungsplanung* zulässig ist. Gelangt man zu dem Ergebnis, das Vorhaben sei wegen des Planungserfordernisses im Außenbereich unzulässig, so bedeutet das nicht gleichzeitig, dass nunmehr ein Bebauungsplan aufgestellt werden muss, also erforderlich iSd § 1 III BauGB ist. Diese Frage beurteilt sich vielmehr nach der Planungskonzeption der Gemeinde (vgl. dazu Fall 1). Möglicherweise sieht diese für das betreffende Gelände gerade keine Flächenbeanspruchung, sondern eine Sicherung des Freiraums für den Umweltschutz vor.

254 Bei der Bestimmung des Planungserfordernisses als öffentlicher Belang gemäß § 35 III BauGB wird zwischen der sog. Außenkoordination und der Binnenkoordination unterschieden. Unter *Außenkoordination* ist die Einbettung des Vorhabens in die Umgebung zu verstehen (entsprechend dem „Sich-Einfügen" bei § 34 BauGB), während von erforderlicher *Binnenkoordination* gesprochen wird, wenn der Ausgleich der im Gebiet des Vorhabens („im Innern" des Vorhabens) potenziell betroffenen Interessen zur Diskussion steht.[349] Im Einzelnen ist umstritten, unter welchen Voraussetzungen ein Planungserfordernis als entgegenstehender öffentlicher Belang nach § 35 III BauGB anzuerkennen ist.[350] Das *BVerwG* hat unter Aufgabe seiner früheren Rechtsprechung entschieden, dass ein Planungsbedürfnis nicht nur für den Fall der Notwendigkeit einer Binnenkoordination besteht, sondern auch bei einer durch das interkommunale Abstimmungsgebot nach § 2 II BauGB erforderlichen Außenkoordination bestehen kann. Von einem qualifizierten Abstimmungsbedarf und damit von einem Planungserfordernis im Außenbereich ist bei Vorhaben iSd § 11

---

[341] BVerwGE 41, 227; *BVerwG* NJW 1977, 1978.
[342] *BVerwG* NJW 1977, 1979.
[343] *BVerwG* NJW 1977, 1978.
[344] *BVerwG* BRS 25 Nr. 36.
[345] *Hess VGH* BRS 32 Nr. 76.
[346] BVerwGE 45, 309.
[347] BVerwGE 45, 309.
[348] Vgl. Fall 1, Rn. 14 f. mwN.
[349] BKL/*Krautzberger*, § 35 Rn. 69 f.
[350] Vgl. hierzu die übersichtliche Darstellung bei BKL/*Krautzberger*, aaO und zum entsprechenden Problem bei § 34 BauGB die Kommentierung zu § 34 BauGB, Rn. 37 iVm 20.

III BauNVO auszugehen.³⁵¹ Im Verhältnis der Gemeinden zueinander ist § 35 BauGB insofern nicht uneingeschränkt als Zulässigkeitsmaßstab tauglich.

Für das Bedürfnis einer planerischen Außenkoordinierung wegen einer Betroffenheit benachbarter Gemeinden gibt der Sachverhalt jedoch keine Anhaltspunkte. Daher ist davon auszugehen, dass ein Planungserfordernis wegen notwendiger Außenkoordination als öffentlicher Belang dem Vorhaben nicht entgegengehalten werden kann.

Ein *Planungserfordernis als öffentlicher Belang* iSd § 35 III BauGB kann jedoch *in einer erforderlichen Koordinierung „nach innen" (Binnenkoordination)* liegen, wenn nämlich zur Abstimmung der im Gebiet des Vorhabens potenziell betroffenen Interessen eine Bauleitplanung (Aufstellung eines „Standortbebauungsplans") erforderlich ist.³⁵² Das ist insbesondere gegeben, *wenn zahlreiche, in ihrem Verhältnis zueinander komplexe Interessen koordiniert werden müssen.*

c) Subsumtion

255

Es stellt sich die Frage, ob zur Binnenkoordination die Aufstellung eines Bebauungsplans notwendig ist. Letztlich ist die Beantwortung vom konkreten Einzelfall abhängig. Hier lässt sich gegen die Notwendigkeit einer förmlichen Planung anführen, dass die Flächeninanspruchnahme nicht allzu groß sein wird. Die Grundstücksfläche liegt zudem idR in der Hand eines Eigentümers. Die Zuordnung der einzelnen Anlagenteile zueinander wird durch den einheitlichen Zweck der Gesamtanlage, den Betrieb eines Kraftwerks, und ihre sicherheitstechnischen Anforderungen bestimmt. Die genaue Lokalisierung der Standorte der Anlagenteile hängt von dem Anlagentyp und der firmenspezifischen Technik ab. Diese sind Gegenstand des Fachgenehmigungsverfahrens nach dem BImSchG.

Demgegenüber sprechen für eine Koordinierung der verschiedenen Interessen durch einen Bebauungsplan folgende Gründe: Bei dem heutigen Stand der Technik gibt es durchaus eine gewisse Variationsbreite bei der Anordnung der Bauteile. Gegebenenfalls kann die Abwägung im Planverfahren sogar zu dem Ergebnis führen, dass zB, wie bei der Entschwefelung der Kraftwerke, ein bestimmtes – *gleichwertiges* – technisches Verfahren bevorzugt eingesetzt werden muss, wenn anderenfalls notwendige Schutzflächen nicht freigehalten werden können. Auch die Höhe der Baukörper ist zT von dem jeweiligen technischen Verfahren abhängig. Schließlich lassen sich die Auswirkungen auf die Eigentümerpositionen benachbarter Grundstücke sowie auf die Verkehrsverhältnisse für ein Planungserfordernis anführen. Im vorliegenden Fall besteht die Besonderheit, dass in der Nähe des vorgesehenen Standorts bereits ein kleineres Heizwerk, eine zentrale Müllverbrennungsanlage und ein Klärwerk liegen. Wenn auch die Immissionen laut Bearbeiterhinweis nicht das nach dem BImSchG zulässige Maß überschreiten, sind Vorkehrungen zugunsten des Umweltschutzes in eine Abwägung einzubeziehen. Dies gilt insbesondere auch deshalb, weil sich in der weiteren Umgebung Wohngebiete anschließen. Es sind zB Schutzstreifen in die Planung aufzunehmen, die bepflanzt werden können.

Hier wird davon ausgegangen, dass die Gründe für eine förmliche Planung zur Binnenkoordination überwiegen; allerdings ist es vertretbar, auch eine andere Entscheidung zu treffen, wenn sie eingehend begründet ist.

---

³⁵¹ *BVerwG* NVwZ 2003, 86. Es gibt damit die frühere Rechtsprechung ausdrücklich auf, wonach ein Planungsbedürfnis nur für den Fall der Notwendigkeit einer Binnenkoordination bestehe.
³⁵² BKL/*Krautzberger*, § 35 Rn. 70.

256 **3. Ergebnis**

Ohne Aufstellung eines Bebauungsplans ist die Errichtung eines Heizkraftwerks planungsrechtlich nicht zulässig. Die Voraussetzungen des § 35 I BauGB sind nicht erfüllt. Mithin stehen öffentlich-rechtliche Vorschriften dem Vorhaben entgegen, so dass die Genehmigung nach § 6 I BImSchG nicht erteilt werden darf.

257 **II. Zu Frage 2**

Neben der Einhaltung weiterer verfahrensrechtlicher Voraussetzungen[353] müsste die Gemeinde *B* bei der Aufstellung eines Bebauungsplans zunächst nach § 2 III BauGB die abwägungserheblichen Belange ermitteln und bewerten. Hierzu hat sie bzgl. der Belange des Umweltschutzes nach § 2 IV BauGB eine gesonderte Umweltprüfung durchzuführen, in die sie die nach § 3c UVPG vorgeschriebene allgemeine Prüfung des Einzelfalls (s. o.) integrieren kann (vgl. § 17 I UVPG).

Im Rahmen der danach gebotenen Abwägung der öffentlichen und privaten Belange (§ 1 VII BauGB) hat die Gemeinde die Abwägungsleitlinien des § 1 VI BauGB zu beachten. Zu den dort in Nr. 7 (unter Bezugnahme von § 1a BauGB) aufgeführten Belangen des Umweltschutzes gehört insbesondere der Immissionsschutz.[354] Bei der Abwägung ist deshalb der Immissionsschutz entsprechend den Erfordernissen des Einzelfalls zu beachten.

Die Gemeinde als Planungsträger hat nach *§ 50 BImSchG* die für eine bestimmte Nutzung vorgesehenen Flächen einander so zuzuordnen, dass schädliche Umwelteinwirkungen ua auf Wohngebiete soweit wie möglich vermieden werden. Dieser sog. Trennungsgrundsatz ist ein Teilaspekt der Abwägungsentscheidung nach § 1 VII BauGB. Ausgangspunkt für die Aufstellung des Bebauungsplans ist deshalb die Forderung, das Gebiet für das Heizkraftwerk möglichst weit entfernt von der vorhandenen Wohnbebauung auszuweisen. Dem kann jedoch entgegengehalten werden, dass auf Grund des gültigen Bebauungsplans Nr. 114 ein kleineres Heizwerk, eine zentrale Müllverbrennungsanlage und ein Klärwerk bereits vorhanden sind und aus Gründen des Naturschutzes und der Landschaftspflege (§ 1 VI Nr. 7, § 1a BauGB) keine weiteren Freiflächen für emissionsstarke Betriebe geopfert werden sollten. Außerdem wäre die Energieversorgung der Bevölkerung bei einem weit entfernt liegenden Standort des Heizkraftwerks wegen der kostspieligen Zuleitungen wesentlich teurer.

Bei Abwägung aller Belange ist eine großflächige Trennung planerisch nicht sinnvoll, vielmehr sollte entweder der vorhandene Bebauungsplan Nr. 114 geändert oder ein neuer Bebauungsplan unmittelbar im Anschluss an den vorhandenen aufgestellt werden. Gemäß § 1 VIII BauGB gelten für die Änderung dieselben Vorschriften wie für die Aufstellung eines Bebauungsplans. Gleichzeitig müsste auch der Flächennutzungsplan geändert werden (§ 8 II, III BauGB).

Voraussetzung einer solchen planerischen Lösung ist es, dass auch die Anforderungen des Immissionsschutzes erfüllt werden. Wenn – wie hier – eine hinreichende Trennung der Baugebiete entsprechend § 50 BImSchG nicht erfolgt, bestehen folgende Möglichkeiten, den erforderlichen Immissionsschutz sicherzustellen:

– im Bebauungsplanverfahren durch Festsetzungen nach § 1 IV BauNVO oder § 9 I Nr. 24 BauGB;
– im Verfahren nach dem BImSchG ua durch Nebenbestimmungen gemäß § 12 BImSchG.

---

[353] Zu den im Aufstellungsverfahren zu beachtenden Voraussetzungen s.o. Rn. 11.
[354] S. oben Rn. 33 und BKL/*Krautzberger*, § 1 Rn. 66.

1. § 1 IV BauNVO

§ 1 IV BauNVO lässt im Bebauungsplan Festsetzungen für das jeweilige Baugebiet zu, die es

– nach der Art der zulässigen Nutzung,
– nach der Art der Betriebe und Anlagen und deren besonderen Bedürfnissen und Eigenschaften

gliedern. Die Festsetzungen können auch für mehrere Gewerbe- oder Industriegebiete einer Gemeinde im Verhältnis zueinander getroffen werden. Im Hinblick auf die vorhandenen emittierenden Anlagen des Bebauungsplans Nr. 114 ist eine *Gliederung in dem neuen Bebauungsplanverfahren* angebracht. Die Einzelheiten müssen nach der konkreten Situation festgelegt werden.

2. § 9 I Nr. 24 BauGB

Es fragt sich, in welchem Umfang immissionsschutzrechtliche Festsetzungen nach § 9 I Nr. 24 BauGB im Bebauungsplan zulässig sind und wie die Abgrenzung zum Genehmigungsverfahren nach dem BImSchG zu erfolgen hat. § 9 I Nr. 24 BauGB lässt folgende Festsetzungen zu:

(1) Von der Bebauung freizuhaltende Schutzflächen und ihre Nutzung (zB im Einwirkungsbereich von gefährlichen Einrichtungen oder Anlagen wie chemische Fabriken, Munitionslager, Steinbrüche, Schießstände oä),
(2) Flächen für besondere Anlagen zum Schutz vor schädlichen Umwelteinwirkungen und sonstigen Gefahren iSd BImSchG[355] (ua für Lärmschutzanlagen wie etwa Lärmschutzwälle oder -wände),
(3) Flächen für Vorkehrungen zum Schutz vor schädlichen Umwelteinwirkungen und sonstigen Gefahren (zB für Anpflanzungen),
(4) bauliche und sonstige technische Vorkehrungen zum Schutz vor schädlichen Umwelteinwirkungen und sonstigen Gefahren oder zur Vermeidung oder Minderung solcher Einwirkungen (erfasst werden Maßnahmen des aktiven und passiven Schutzes).

Es besteht Einmütigkeit, dass unter „Vorkehrungen" iSd 4. Fallgruppe von § 9 I Nr. 24 BauGB sowohl emissionshemmende Maßnahmen bei den störenden als auch immissionshemmende Maßnahmen bei den zu schützenden Anlagen zu verstehen sind.[356] Vor Inkrafttreten des BauGB waren Inhalt und Reichweite des Begriffs „Vorkehrungen" in § 9 I Nr. 24 4. Fallgruppe BBauG heftig umstritten. Das BauGB hat jedoch nunmehr klargestellt, dass der Bebauungsplan nur *bauliche und sonstige technische Vorkehrungen* festsetzen kann. Diese erfolgen an den emittierenden Anlagen selbst oder an den von Immissionen betroffenen Anlagen. So ist eine bestimmte Anordnung der Grundrissgestaltung beim Wohnungsbau (z. zur lärmintensiven Autobahn dürfen nur Laubengänge, Badezimmer und Küchen liegen) oder die Festsetzung von lärmisolierenden Außenwänden und Doppelfenstern zulässig.[357]

Die Großstadt *B* kann mithin derartige bauliche Immissionsschutzvorkehrungen nach § 9 I Nr. 24 BauGB in dem Bebauungsplan treffen.

3. Verlagerung in das BImSchG-Verfahren

Weiterhin ist zur Beantwortung der Frage 2 zu untersuchen, inwieweit die immissionsschutzrechtlichen Probleme in das Genehmigungsverfahren nach dem BImSchG verlagert werden können, um einen schnellen Baubeginn zu gewährleisten.

---

[355] Zum Begriff der schädlichen Umwelteinwirkungen vgl. § 3 I BImSchG.
[356] BKL/*Löhr*, § 9 Rn. 89 mwN.
[357] BKL/*Löhr*, § 9 Rn. 89; s. auch die Begründung in BT-Drs. 10/4630, S. 72.

Gemäß § 9 I Nr. 24 4. Fallgruppe BauGB ist es rechtlich zulässig, dass eine Gemeinde im Bebauungsplan auch sonstige *technische* Schutzvorkehrungen festsetzt. Es besteht ein Meinungsstreit über die *Abgrenzung des Bebauungsplanverfahrens zum Genehmigungsverfahren nach dem BImSchG*. Das *OVG Berlin*[358] hat einen Bebauungsplan wegen Verletzung des im Zusammenhang mit dem Abwägungsgebot stehenden *Grundsatzes der Konfliktbewältigung*[359] für nichtig erklärt, weil der Plangeber die Frage der Umweltbelastung in vollem Umfang in das immissionsrechtliche Genehmigungsverfahren verlagert hat, statt sie bei der Aufstellung des Bebauungsplans zu behandeln. Demgegenüber wird vor allem in der *Literatur*[360] die Ansicht vertreten, *produktions*technische Schutzvorkehrungen seien im Gegensatz zu *bau*technischen dem Verfahren nach dem BImSchG vorbehalten, falls ein solches – wie hier – durchzuführen ist. Das *BVerwG*[361] hat in einem Beschluss über die Nichtbeachtung der Vorlagepflicht nach § 47 V VwGO durch das *OVG Berlin*[362] die Tendenz erkennen lassen, dass es auch bei einem Standortbebauungsplan nicht Aufgabe der Bauleitplanung sei, Entscheidungen zu treffen, die nach den Bestimmungen des BImSchG (oder auch des AtG) dem jeweiligen Genehmigungs-, Vorbescheids- oder Anordnungsverfahren vorbehalten seien. Eine endgültige Festlegung der Rechtsprechung des *BVerwG* erfolgte in dem Beschluss allerdings nicht.

Mangels eindeutiger Gesetzesformulierung hat eine Stellungnahme zu dem Meinungsstreit von folgenden Grundsatzüberlegungen auszugehen: Die Bauleitplanung ist *gebiets-* bzw. *standortbezogen*.[363] Demgegenüber ist das Verfahren nach dem BImSchG *produktions-* bzw. *anlagenbezogen* und erfasst ein *konkretes Vorhaben*.[364] Daher wird man nach § 9 I Nr. 24 BauGB solche Maßnahmen der planenden Gemeinde für zulässig erachten können, die gebiets- bzw. standortbezogen und *bau*technischer Art sind. Diese Aussage muss auch dann gelten, wenn nach dem Bebauungsplan de facto nur eine konkrete Anlage realisiert werden kann (Standortbebauungsplan). Für den Vorrang des Verfahrens nach dem BImSchG sprechen auch die Gesetzesmaterialien. Dort heißt es: „Soweit technische Vorkehrungen zum Schutz vor schädlichen Umwelteinwirkungen für die nach § 4 Bundes-Immissionsschutzgesetz der Genehmigung unterliegenden Anlagen angeordnet werden können, sind sie regelmäßig als Festsetzungen in Bebauungsplänen nicht erforderlich. Unberührt bleiben die Möglichkeiten, Anpflanzungen von Bäumen, Sträuchern und sonstigen Bepflanzungen aus Immissionsschutzgründen nach Nummern 10 und 25 festzusetzen."[365] Produktions- bzw. anlagenbezogen und damit dem BImSchG-Verfahren zugeordnet wären zB die Festsetzung von Emissionsgrenzwerten für das Heizkraftwerk, weil diese von der technischen Ausstattung der Anlage abhängen, Auflagen für den Betriebs- oder Produktionsablauf und für die Verwendung bestimmter Materialien für die Produktion oder den Betrieb. Entsprechendes gilt erst recht für Reduzierungs- oder Stilllegungsanordnungen (Nutzungsbeschränkungen) bei dem vorhande-

---

[358] *OVG Bln* DVBl. 1984, 147 mAnm *Gierke*.
[359] Wegen dieses Grundsatzes muss von jedem Bebauungsplan verlangt werden, dass er *die ihm zuzurechnenden Konflikte bewältigt*, also die betroffenen Belange untereinander zu einem gerechten Ausgleich bringt. Er darf insoweit der *Plandurchführung* nur überlassen, was diese an zusätzlichem Interessenausgleich – etwa mit Hilfe des § 15 BauNVO – tatsächlich zu leisten vermag (vgl. dazu BKL/*Löhr*, § 9 Rn. 4b mwN).
[360] BKL/*Löhr*, § 9 Rn. 89 mwN.
[361] BVerwGE 69, 30 (34 ff.).
[362] *OVG Bln* DVBl. 1984, 147.
[363] Vgl. BKL/*Löhr*, § 9 Rn. 91.
[364] *Jarass*, BImSchG, § 3 Rn. 66, § 13 Rn. 15, § 22 Rn. 6 („anlagenbezogenes Immissionsschutzrecht").
[365] BT-Drs. 10/4630, S. 72.

nen kleineren Heizkraftwerk, der Müllverbrennungsanlage und der Kläranlage, falls die gesamten Emissionen des Gebiets zu hoch sind.

4. Ergebnis

Zusammenfassend ist zu Frage 2 festzustellen, dass außer den geschilderten Festsetzungen gemäß § 1 IV BauNVO und § 9 I Nr. 24 BauGB die immissionsschutzrechtlichen Fragen im Genehmigungsverfahren nach dem BImSchG zu behandeln sind. Die konkreten Einzelheiten der jeweiligen Festsetzungen im Bebauungsplan hängen von den örtlichen Gegebenheiten ab und sind vom Planungsamt der Großstadt *B* auszuarbeiten.

8. Das Entschädigungsrecht des BauGB

Da das BauGB Entschädigungen in einer Vielzahl von Einzelfällen gewährt, soll hier lediglich ein Überblick über das Grundsystem gegeben werden. Das Entschädigungsrecht des BauGB lässt sich in zwei Bereiche einteilen: a) Regelungen für Maßnahmen der Planung und ihrer Sicherung (Planungsentschädigung, §§ 18, 28 und 39–44 BauGB und b) Regelungen für erfolgte Enteignung (Enteignungsentschädigung, §§ 85–122 BauGB).

Zwischen beiden Bereichen besteht häufig ein zeitlicher Zusammenhang: Zunächst wird zB ein unbebautes Grundstück in einem Bebauungsplan als Verkehrsfläche ausgewiesen. Wird dadurch die bauliche Nutzbarkeit aufgehoben, erleidet der Eigentümer einen sog. Planungsschaden. Benötigt die Gemeinde später das Grundstück für den Bau einer Straße und macht der Eigentümer Schwierigkeiten, kann sie es enteignen und muss den Eigentümer entschädigen (Fall der sog. klassischen Enteignung, §§ 85 ff. BauGB).

Das Entschädigungsrecht des BauGB muss in Verbindung mit *Art. 14 III GG* gesehen werden. In einer Vielzahl der Fälle hat der Gesetzgeber die Grenze zwischen Inhaltsbestimmung des Eigentums und Enteignung konkretisiert, so dass immer die Frage der Verfassungsmäßigkeit eine Rolle spielt.[366] Da es sich bei Art. 14 GG um höherrangiges Recht handelt, sind die Regelungen im BauGB nicht enumerativ.

Die §§ 18, 28, 39–44 und 85–122 BauGB können nicht als Rechtsgrundlage für Entschädigungen herangezogen werden, wenn die Behörden *rechtswidrig* gehandelt haben. In diesem Fall hatte der *BGH* früher Ansprüche aus enteignungsgleichem Eingriff (analog Art. 14 III GG) geprüft. Diese Rechtsprechung wurde vom *BVerfG* in der berühmt gewordenen „Nassauskiesungsentscheidung"[367] beanstandet. Danach sei der Bürger mangels einer gesetzlichen Anspruchsgrundlage (Art. 14 III GG gelte nur für die Enteignung) auf die Anfechtung des Eingriffsaktes zu verweisen. Er könne nicht eine ihm vom Gesetz nicht zugebilligte Entschädigung beanspruchen.[368] Der *BGH* hat jedoch seine Rechtsprechung zum enteignungsgleichen (und enteignenden) Eingriff aufrechterhalten. Er beruft sich allerdings nicht mehr auf Art. 14 III GG als Anspruchsgrundlage, sondern zieht den gewohnheitsrechtlich anerkannten Aufopferungsgedanken aus §§ 74, 75 Einl. Pr. ALR zur Anspruchsbegründung heran.[369] Im Ergebnis können bei rechtswidrigem Handeln der Gemeinde danach weiterhin Ansprüche aus enteignungsgleichem Eingriff geprüft werden.[370]

---

[366] Vgl. etwa *BVerfG* JA 2012, 314 ff.
[367] BVerfGE 58, 300.
[368] BVerfGE 58, 300 (324).
[369] BGHZ 90, 12 (31); 91, 20 (26); näher zum Ganzen *Maurer*, AllgVerwR, § 27 Rn. 87 ff.
[370] Es kommt jedoch auf den konkreten Einzelfall an. Ein Anspruch aus enteignungsgleichem Eingriff ist zB im Falle des § 18 BauGB bei einer rechtswidrigen faktischen Bausperre möglich (BKL/*Battis*, § 18 Rn. 3; krit. Schrödter/*Breuer*, § 18 Rn. 61; jeweils mwN). Anders verhält es

a) Planungsentschädigung

265 Es ist zu unterscheiden zwischen Entschädigungen für vorübergehende Einschränkungen (§ 18 BauGB) und dauernde Einschränkungen (§§ 39–44 BauGB).

aa) Entschädigung für vorübergehende Einschränkungen (§ 18 BauGB)

266 Da die Bauleitplanung in der Praxis oft lange Zeit in Anspruch nimmt, kann die Gemeinde durch eine *Veränderungssperre* Bauvorhaben und Nutzungsänderungen schon vor Inkrafttreten des Bebauungsplans verhindern (§§ 14 ff. BauGB). Dauert die Veränderungssperre länger als vier Jahre, müssen die Betroffenen für dadurch entstandene Vermögensnachteile entschädigt werden (§ 18 I 1 BauGB). Der Gesetzgeber geht also davon aus, dass eine Einschränkung bis zu vier Jahren als Inhaltsbestimmung des Eigentums (Art. 14 I 2 GG) entschädigungslos hinzunehmen ist, während mit vier Jahren die Grenze zur Enteignung überschritten wird.[371]

Es ist eine angemessene *Entschädigung in Geld* zu leisten. Die Einzelheiten richten sich nach den §§ 93–103 und 121 BauGB (§ 18 I 2 BauGB). Zur Entschädigung ist nach § 18 II 1 BauGB die Gemeinde verpflichtet, die die Veränderungssperre beschlossen hat.

bb) Entschädigung für dauernde Einschränkungen (§§ 39–44 BauGB)

267 Nach § 39 BauGB wird eine Entschädigung für Vertrauensschäden gewährt. Hat der Eigentümer im berechtigten Vertrauen auf den Bestand eines rechtsverbindlichen Bebauungsplans Vorbereitungen für die Verwirklichung von Nutzungsmöglichkeiten getroffen, so kann er eine angemessene Geldentschädigung verlangen, soweit die Aufwendungen durch die Änderung, Ergänzung oder Aufhebung des Bebauungsplans an Wert verlieren. § 39 BauGB erfasst sämtliche Tatbestände der §§ 40 ff. BauGB und erstreckt sich nicht nur auf den Eigentümer, sondern auch auf den Nutzungsberechtigten.

Nach § 40 I BauGB ist der Eigentümer für Nachteile zu entschädigen, die ihm dadurch entstehen, dass die vorhandene Nutzung des Grundstücks durch Festsetzungen im Bebauungsplan zu bestimmten Zwecken (insbesondere Baugrundstücke für den Gemeinbedarf, Verkehrs- und Versorgungsflächen, Grünflächen, Flächen zum Schutz von Natur und Landschaft)[372] aufgehoben oder beschränkt wird. Sie betrifft nicht nur erstmalige Festsetzungen eines Bebauungsplans, sondern auch solche, die an die Stelle einer bisherigen Festsetzung treten.[373] Im Gegensatz zur Entschädigung bei der Veränderungssperre ist die *Entschädigung* im Falle des § 40 BauGB in der Regel *durch die Übernahme der beanspruchten Flächen* gegen entsprechende Bezahlung zu erfüllen, weil es dem Eigentümer häufig mit Rücksicht auf die Festsetzung oder Durchführung des Bebauungsplans wirtschaftlich nicht mehr zuzumuten ist, das Grundstück zu behalten oder es in der bisherigen Art zu nutzen (§ 40 II Nr. 1 BauGB; vgl. ergänzend § 40 II Nr. 2 BauGB). Der Eigentümer erhält also *keine Nutzungsentschädigung für die Zeit der Herabzonung*. Diese Regelung ist mit Art. 14 GG vereinbar.[374]

Hätte der Gesetzgeber eine Entschädigung in Geld vorgesehen, so müsste der Entschädigungsverpflichtete praktisch den Grundstückswert bezahlen, ohne dass er das von ihm später einmal

---

sich bei einem rechtswidrigen Bebauungsplan. Ein Entschädigungsanspruch aus enteignungsgleichem Eingriff ist abzulehnen, vgl. *BVerfG* JA 2012, 314; BKL/*Battis*, § 39 Rn. 6.

[371] Zur Rspr. und verfassungsrechtlichen Problematik vgl. EZBK/*Bielenberg*, § 18 Rn. 2 ff.; Schrödter/*Breuer*, § 18 Rn. 10 ff.

[372] Die in § 40 I BauGB genannten Festsetzungen sind aus § 9 I BauGB übernommen.

[373] Schrödter/*Breuer*, § 40 Rn. 2 mwN.

[374] *BVerfG* JA 2012, 314; BKL/*Battis*, § 40 Rn. 3; Schrödter/*Breuer*, § 40 Rn. 8, jeweils mwN.

8. Das Entschädigungsrecht des BauGB

benötigte Grundstückseigentum erhält. In einem späteren Enteignungsverfahren nach §§ 85 ff. BauGB wäre das Grundstück nur noch mit einem Anerkennungspreis zu bewerten, um eine doppelte Entschädigung zu vermeiden. Der Gesetzgeber hat sich deshalb in verfassungsrechtlich zulässiger Weise[375] dafür entschieden, dass der Eigentümer bei wirtschaftlicher Unzumutbarkeit nur einen Übernahmeanspruch (als Entschädigung) hat, die Gemeinde oder der sonstige Entschädigungsverpflichtete also sofort das Grundstück erwirbt und nicht erst später über ein Enteignungsverfahren, § 40 II BauGB.

Eine Ausnahme gilt nur dann, wenn der Eigentümer eines bebauten Grundstücks nach § 32 BauGB wertsteigernde Änderungen der baulichen Anlagen nicht durchführen darf und dadurch die bisherige Nutzung seines Grundstücks wirtschaftlich erschwert wird; in diesem Fall ist eine angemessene Entschädigung in Geld zu zahlen, § 40 III BauGB. Diese Regelung erscheint gerecht, weil der Eigentümer seine vorhandenen baulichen Anlagen noch weiter nutzen kann, wobei lediglich die wirtschaftliche Nutzung erschwert ist.[376] Zur Entschädigung ist der Begünstigte verpflichtet, wenn er mit der Festsetzung zu seinen Gunsten einverstanden ist, ansonsten die Gemeinde, die den Bebauungsplan aufgestellt hat, § 44 I BauGB.

268

§ 42 BauGB stellt den eigentlichen Grundtatbestand des Planungsschadensrechts dar, ist jedoch gegenüber den Sondertatbeständen der §§ 40, 41 BauGB subsidiär (s. § 43 III 1 BauGB). Die Abs. 2 bis 8 und 10 des § 42 BauGB gelten jedoch allgemein auch für die §§ 40, 41 BauGB, soweit dort der Grundstückswert bzw. der Eingriff in den Grundstückswert zu entschädigen ist. § 42 II–VIII BauGB betreffen allein den Bodenwert von Grundstücken. Zwar wird auch die baurechtliche Zulässigkeit von Vorhaben als Wertbestandteil und Inhalt des Eigentums anerkannt (Art. 14 I GG). Die Anerkennung der baurechtlichen Zulässigkeit erfolgt aber von vornherein unter einer siebenjährigen Gewährleistungszeit (vgl. § 42 II, III BauGB). Nach Ablauf von sieben Jahren ist die baurechtliche Zulässigkeit nicht mehr geschützter Inhalt und Wertbestandteil des Eigentums am Grundstück. Der Schutz bezieht sich dann nur noch auf die ausgeübte Nutzung des Grundstücks gegen planungsrechtliche Eingriffe (vgl. § 42 III BauGB). Zur Vermeidung von Härten, die aus der starren Anwendung der Siebenjahresfrist entstehen können, sind in § 42 V–VII BauGB ergänzende Entschädigungstatbestände geregelt.

Voraussetzung des Entschädigungsanspruchs nach § 42 BauGB ist es, dass die zulässige Nutzung eines Grundstücks aufgehoben oder geändert wird. Die Zulässigkeit der bisherigen Nutzung kann auf Grund der §§ 30, 34 oder 35 BauGB gegeben sein. Weiterhin muss eine nicht nur unwesentliche Wertminderung des Grundstücks eingetreten sein (vgl. § 42 I BauGB). Grundlage für die Höhe der Entschädigung ist die Differenz der Grundstückswerte: Wert der zulässigen Nutzung abzüglich des Wertes der nach der Beschränkung noch verbleibenden Nutzung. Von § 42 BauGB werden vor allem die Herabzonung und die Umstufung von Grundstücken erfasst. Dies ist zB der Fall, wenn für ein Gebiet die vorgesehene viergeschossige Bebauung auf zweigeschossige herabgezont oder ein Wohngebiet in ein Gewerbegebiet umgestuft wird.

Die Entschädigung ist in Geld zu gewähren. Entschädigungsverpflichtet ist der Begünstigte, wenn er mit der Festsetzung zu seinen Gunsten einverstanden ist (§ 44 I 1 BauGB). In allen anderen Fällen ist die Gemeinde zur Entschädigung verpflichtet (§ 44 I 2 BauGB), kann sich aber uU bei dem Begünstigten schadlos halten (§ 44 I 3 BauGB). Die §§ 43, 44 BauGB fassen für alle Tatbestände des Planungsschadensrechts die Regelungen über den Entschädigungspflichtigen, über die Bemessung und

---

[375] *BVerfG* JA 2012, 314.
[376] Zum Verhältnis von § 40 II Nr. 2 zu § 40 III BauGB vgl. EZBK/*Bielenberg/Runkel*, § 40 Rn. 30 f. mwN; BKL/*Battis*, § 40 Rn. 12; *Schrödter/Breuer*, § 40 Rn. 31.

das Verfahren der Entschädigung sowie über die Fälligkeit und das Erlöschen der Entschädigungsansprüche zusammen.

b) Enteignungsentschädigung

aa) Zulässigkeit der Enteignung

269 §§ 85 ff. BauGB regeln die klassische Enteignung iSd Art. 14 III GG: Liegen ihre Voraussetzungen vor, kann die Behörde durch Verwaltungsakt in die Eigentumsposition des Bürgers eingreifen. Mit den §§ 85 ff. BauGB hat der Gesetzgeber die Enteignung – entsprechend der Forderung des Art. 14 III GG – nach Zweck, Inhalt und Umfang bestimmt.

§ 85 I BauGB bestimmt abschließend die *Enteignungszwecke*, für die nach den Vorschriften des BauGB enteignet werden darf: (1) Zum Vollzug eines Bebauungsplans; (2) zur Schließung der Bebauung (insbesondere von Baulücken) im unbeplanten Innenbereich (§ 34 BauGB); (3) zur Beschaffung von Grundstücken für eine anderweitige Entschädigung in Land (vgl. §§ 90, 100 BauGB); (4) zum Ersetzen anderweitig entzogener Rechte durch neue Rechte (vgl. § 91 BauGB); (5) zur Durchsetzung eines Baugebots nach § 176 I, II BauGB; (6) zur Sicherung erhaltenswerter Anlagen aus den in § 172 III–V BauGB genannten Gründen; (7) zu Zwecken des Stadtumbaus.

Der *Gegenstand der Enteignung* ist in § 86 BauGB normiert: (1) Entziehung und Belastung von Eigentum an Grundstücken; (2) Entziehung und Belastung dinglicher und obligatorischer Rechte an Grundstücken; (3) Entziehung von Rechten, die zum Erwerb, zum Besitz oder zur Nutzung von Grundstücken berechtigen oder die den Verpflichteten in der Benutzung des Grundstücks beschränken; (4) Begründung von Rechtsverhältnissen.

Die weiteren Zulässigkeitsvoraussetzungen für die Enteignung sind im Einzelnen in §§ 87, 88 und 90–92 BauGB enthalten.[377]

bb) Entschädigung

270 Entsprechend der Junktimklausel in Art. 14 III 2 GG regelt § 93 I BauGB, dass für die Enteignung eine Entschädigung zu leisten ist. Diese hat grundsätzlich in Geld (§ 99 BauGB), in besonderen Fällen aber auch in Land (§ 100 BauGB) oder durch Gewährung anderer Rechte (§ 101 BauGB) zu erfolgen. Für die Höhe der Entschädigung ist im Allgemeinen der Verkehrswert zu dem Zeitpunkt maßgebend, in dem die Enteignungsbehörde (höhere Verwaltungsbehörde, § 104 BauGB) über den Enteignungsantrag entscheidet (§§ 93 IV 1, 95 I 2 BauGB). Zur Leistung der Entschädigung ist nach § 94 II 1 BauGB der Enteignungsbegünstigte verpflichtet. Das Enteignungsverfahren ist in §§ 104–122 BauGB geregelt.

c) Rechtsmittel

271 Verwaltungsakte, die in den hier behandelten Fällen der Planungs- und Enteignungsentschädigung ergehen, können nur durch Antrag auf gerichtliche Entscheidung angefochten werden; über den Antrag entscheidet das *LG, Kammer für Bauland-*

---

[377] Ua Unmöglichkeit oder Unzumutbarkeit, das benötigte Grundstück aus dem Grundbesitz des Staates oder des sonstigen Antragstellers der Enteignung bereitzustellen; ernsthaftes Bemühen um freihändigen Erwerb; Glaubhaftmachung der Verwendung des Grundstücks in angemessener Frist.

sachen (§ 217 I BauGB). Nach § 212 I BauGB haben die Landesregierungen die Möglichkeit, für die Fälle der Bodenordnung (§§ 45–84) und der Enteignungsentschädigung (§§ 85–122) ein Vorverfahren einzuführen. Die Länder haben von dieser Ermächtigung überwiegend Gebrauch gemacht.[378] Soweit das Vorverfahren eingeführt worden ist, verweisen die Rechtsverordnungen auf die Vorschriften des Widerspruchsverfahrens nach der VwGO (§§ 68 ff. VwGO).

9. Das baurechtliche Nachbarrecht

Gesetzlich nicht im Zusammenhang geregelt ist das baurechtliche Nachbarrecht.[379] Da seine Problematik nur unter Rückgriff auf Normen des Baurechts zu lösen ist, wird sie im Fall 10 behandelt. Die Schwierigkeiten entstehen regelmäßig dadurch, dass die Baugenehmigung, die den Bauherrn begünstigt, gleichzeitig einen anderen, den Nachbarn, belasten kann. Es handelt sich in diesem Fall um einen *Verwaltungsakt mit Doppelwirkung*. Erhält zB *A* eine Baugenehmigung zum Bau einer Schreinerei neben dem Einfamilienhaus des *N*, so verbessert sich zwar die Rechtsposition des *A*, aber *N* hat durch die späteren Geräuschbeeinträchtigungen Nachteile. Es fragt sich dann, ob *N* als Nachbar gegen die Erteilung der Baugenehmigung klagen kann, obwohl er nicht Adressat ist. Wegen der Eilbedürftigkeit des Einschreitens gegen den Beginn der Bauarbeiten hat die Frage nach vorläufigem Rechtsschutz besondere praktische Bedeutung. Die früher bestehende Rechtsunsicherheit ist durch die gesetzlichen Regelungen für den vorläufigen Rechtsschutz bei Verwaltungsakten mit Doppelwirkung in §§ 80 V, 80a VwGO beseitigt worden. Sonderprobleme ergeben sich, wenn ein Bauvorhaben ausnahmsweise ohne Baugenehmigung errichtet wird. Dazu kann es vor allem deshalb kommen, weil im Bauordnungsrecht der Länder zunehmend auf eine Baugenehmigung verzichtet wird und stattdessen bloße Anzeigeverfahren bzw. Genehmigungsfreistellungsverfahren durchgeführt werden. Dann muss der Nachbar von der Bauordnungsbehörde eine Stilllegungs- und ggf. Abrissverfügung verlangen, um zu seinem Ziel zu kommen. Das setzt aber voraus, dass das der Behörde zustehende Ermessen entsprechend reduziert ist. Wann das der Fall ist, ist umstritten.[380] Prozessual muss der Nachbar sein Begehren mit einer Verpflichtungsklage bzw. einem Antrag auf Erlass einer einstweiligen Anordnung nach § 123 VwGO verfolgen.

Der öffentlich-rechtliche Nachbarschutz ist von dem privatrechtlichen abzugrenzen. Letzterer findet seine Rechtsgrundlagen in den §§ 1004, 823, 906, 862 BGB und in den Nachbarrechtsgesetzen der Länder, die nach Art. 124 EGBGB unberührt Geltung haben. Im Gegensatz zum baurechtlichen Nachbarrecht beschränkt sich der zivilrechtliche Nachbarschutz auf das zweipolige Verhältnis zwischen Eigentümer und Nachbar. Von Bedeutung ist, dass eine bestandskräftige *Baugenehmigung* sog. *Tatbestandswirkung* entfaltet, dh der Zivilrichter ist an die in der Baugenehmigung enthaltene Erklärung gebunden, dass das Bauvorhaben mit den Vorschriften des öffentlichen Rechts übereinstimmt.[381] Insoweit kann daher der Nachbar keine privatrechtlichen Abwehransprüche mit Erfolg geltend machen.[382] Ihm bleibt es jedoch

272

---

[378] Vgl. BKL/*Battis*, § 212 Rn. 2.
[379] Vgl. hierzu allg. *Brohm*, § 30 Rn. 7 ff.; *Koch/Hendler*, § 28; *Oldiges*, BesVerwR, IV, Rn. 347 ff.
[380] Näher *Muckel*, § 10 Rn. 51 ff. mwN.
[381] BKL/*Löhr*, § 31 Rn. 54 mwN.
[382] So auch BKL/*Löhr*, aaO.

unbenommen, *private Nachbarrechte* einzuklagen, weil die Baugenehmigung „unbeschadet der privaten Rechte Dritter" erteilt wird (§ 75 III 1 BauO NRW). Deshalb lässt sich von einer „Doppelgleisigkeit des Nachbarschutzes" sprechen.[383]

Fall 10. Baugenehmigung für Wohnhäuser neben emittierendem Betrieb

273 Schutznormtheorie – Rücksichtnahmegebot – vorbeugende Unterlassungsklage

A betreibt seit Jahrzehnten ein Kunststoffwerk, von dem stark riechende gesundheitsschädigende Abgase ausgehen. Das Betriebsgelände liegt im Außenbereich der Gemeinde X (NRW); die nächsten Wohnhäuser sind etwa 3 km entfernt. Die Gemeinde X beschließt für das Gebiet zwischen dem Betriebsgelände und der Wohnbebauung einen Bebauungsplan, der die Errichtung von dreigeschossigen Wohnhäusern zulässt. Über das Ausmaß der Gesundheitsgefahren, die durch die Abgase des Kunststoffwerkes für die Wohnbevölkerung drohen, informiert sich die Gemeinde nicht. Ein Immissionsgutachten holt sie nicht ein. In der Begründung zum Bebauungsplan wird lediglich ausgeführt, dass etwa auftretende Belästigungen durch das Kunststoffwerk mit Auflagen gegenüber A auf ein erträgliches Maß reduziert werden können. Die zuständige Bauaufsichtsbehörde erteilt dem B eine Baugenehmigung für vier Wohnblocks mit insgesamt 40 Wohnungen in einem Abstand von 50m vom Werksgebäude. C hat die Genehmigung von zwei gleichen Bauvorhaben in einem Abstand von ebenfalls 50m beantragt.

A hält den Bebauungsplan für rechtswidrig, weil er gegen § 2 III, IV und § 1 VI, VII BauGB verstoße. Er trägt vor, die Gemeinde X habe bei der Aufstellung des Bebauungsplans die abwägungsrelevanten Belange nicht ausreichend ermittelt. Auch habe sie die öffentlichen und privaten Belange nicht gerecht untereinander abgewogen. Die geplante Bebauung verletze ihn in seinen Rechten. Die künftigen Bewohner würden durch die Abgase des Werks zwangsläufig gesundheitlich gefährdet werden. Infolgedessen sei zu befürchten, dass die zuständige Behörde zum Schutz dieser Bewohner gegen den Betrieb einschreiten und ihm erhebliche Beschränkungen – bis zu einem Fabrikationsverbot – auferlegen werde. Das brauche er nicht hinzunehmen. A erhebt Klage gegen die Bauaufsichtsbehörde mit dem Antrag,

1. die dem B erteilte Baugenehmigung aufzuheben und
2. die Erteilung einer Baugenehmigung an C zu untersagen.

Wie wird das Verwaltungsgericht entscheiden?

Gliederung

274 Frage 1

I. Zulässigkeit der Klage
 1. Verwaltungsrechtsweg
 2. Statthafte Klageart
 3. Klagebefugnis
  a) Drittschutz auf der Grundlage des Bebauungsplans
  b) Drittschutz aus § 35 BauGB i. V. m. dem Gebot der Rücksichtnahme
 4. Übrige Sachurteilsvoraussetzungen
II. Begründetheit der Klage

---

[383] Vgl. BKL/*Löhr*, § 31 Rn. 51.

> 1. Rechtswidrigkeit der Baugenehmigung
> 2. Rechtsverletzung
> III. Ergebnis
>
> **Frage 2**

Lösung

Frage 1: Klage des A gegen die Bauaufsichtsbehörde mit dem Antrag, die dem B erteilte Baugenehmigung aufzuheben

I. Zulässigkeit der Klage

1. Verwaltungsrechtsweg

Da sich A gegen die Baugenehmigung der Bauaufsichtsbehörde wendet, liegt eine öffentlich-rechtliche Streitigkeit nichtverfassungsrechtlicher Art vor, so dass mangels Sonderzuweisung gem. § 40 I VwGO der Verwaltungsrechtsweg eröffnet ist.

2. Statthafte Klageart

A begehrt die Aufhebung der Baugenehmigung als ihn belastenden Verwaltungsakt. Richtige Klageart ist also die Anfechtungsklage gem. § 42 I VwGO.[384]

3. Klagebefugnis

Weil er nicht Adressat der Baugenehmigung, sondern durch die Doppelwirkung betroffener Dritter ist, ist fraglich, ob A klagebefugt ist (§ 42 II VwGO). Die Klagebefugnis ist nur gegeben, wenn die Möglichkeit besteht, dass A durch die Baugenehmigung in einem ihm zustehenden subjektiven Recht oder rechtlich geschützten Interesse verletzt worden ist. Es muss deshalb geprüft werden, ob die Baugenehmigung unter möglicher Verletzung von solchen Vorschriften des materiellen Bauplanungs- oder Bauordnungsrechts[385] erteilt wurde, die ein Interesse des A als Nachbar schützen (sog. *nachbarschützende Vorschriften*). Maßgebend ist mithin der *Schutzzweck der anzuwendenden Norm*: diese darf nicht ausschließlich dem öffentlichen Interesse (zB an der städtebaulichen Ordnung) dienen, sondern muss – zumindest auch – den Schutz des Nachbarn bezwecken.[386] Ob das der Fall ist, ist durch Auslegung des Rechtssatzes zu ermitteln.[387]

---

[384] Vgl. BKL/*Löhr*, § 31 Rn. 88 mwN; *Hufen*, VerwProzR, 8. Aufl. (2011), § 14 Rn. 15.

[385] Die Verletzung des Eigentums des A als *subjektives Privatrecht* kommt zur Begründung der Klagebefugnis nicht in Betracht, weil Baugenehmigungen „unbeschadet der privaten Rechte Dritter" erteilt werden (§ 75 III 1 BauO NRW), also nicht in privatrechtlich geschützte Positionen eingreifen. Die Abwehransprüche des Zivilrechts (zB § 1004 BGB) oder die bürgerlich-rechtlichen Nachbaransprüche bleiben erhalten. Zur Berufung auf Art. 14 GG und damit auf das Eigentum als subjektiv-öffentliches Recht vgl. den Exkurs unten Rn. 288.

[386] Sog. Schutznormtheorie, an der die Rspr. trotz Kritik, die in jüngerer Zeit auch europarechtlich begründet wird, festhält, vgl. *Hufen*, VerwProzR, § 14 Rn. 72, 80 mwN, vgl. dort auch die schematische Zusammenstellung der nachbarschützenden Vorschriften des öffentlichen Baurechts in Rn. 74 f.; im übrigen weisen die Kommentierungen des BauGB, der BauNVO und der Landesbauordnungen durchweg Ausführungen zum nachbarschützenden Charakter der einzelnen Vorschriften auf.

[387] Beispielhaft: *BVerwG* NJW 1999, 592 (593) mAnm *Muckel* NVwZ 1999, 693 f., betr. das Abwägungsgebot aus § 1 VII BauGB, dem das *BVerwG* drittschützende Wirkung beimisst.

278 Aufbauhinweis: Nach hM[388] ist bei Verwaltungsakten mit drittbelastender Doppelwirkung bereits für die Klagebefugnis jede Norm, aus der sich ein Recht des Dritten ergeben kann, darauf zu untersuchen, ob sie ihm tatsächlich ein subjektives Recht verleiht oder ob sie nur im öffentlichen Interesse erlassen wurde. Erst im Rahmen der Begründetheit ist dagegen die Frage zu prüfen, ob die angegriffene Baugenehmigung rechtswidrig ist und die Rechte des Klägers – aus nachbarschützenden Normen – verletzt (§ 113 I 1 VwGO). Dies entspricht auch der ganz überwiegenden Praxis der Verwaltungsgerichte.

279 a) Drittschutz auf der Grundlage des Bebauungsplans

Die Bauaufsichtsbehörde hat die Baugenehmigung unter Anwendung des § 30 I BauGB erteilt, weil *B* die vier Wohnblocks im Geltungsbereich eines Bebauungsplans errichten will. Der *Nachbarschutz* bezüglich eines Vorhabens *im Bereich eines qualifizierten Bebauungsplans* hängt davon ab, inwieweit die Festsetzungen, deren Einhaltungen der Nachbar begehrt, nachbarschützenden Charakter haben.

280 Exkurs: Nachbarschützend sind die Festsetzungen der Bebauungspläne hinsichtlich der Art der Nutzung (§§ 1 ff. BauNVO). Unabhängig von der konkreten Beeinträchtigung und von der Entfernung kann sich jeder Nachbar *innerhalb* des jeweiligen Plangebiets auf diese Festsetzungen berufen und eine artfremde Bebauung abwehren. Dem Nachbarn wird insoweit ein sog. Gebietserhaltungsanspruch zuerkannt.[389] Liegen das Nachbargrundstück und das geplante Vorhaben *nicht innerhalb* desselben Plangebietes, kann ein gebietsübergreifender Nachbarschutz über das in § 15 I 2 BauNVO verankerte Rücksichtnahmegebot erfolgen.[390] Inwieweit Festsetzungen über das Maß der baulichen Nutzung (§§ 16 ff. BauNVO), über die Bauweise (§ 22 BauNVO) und über die überbaubaren Grundstücksflächen (§ 23 BauNVO) nachbarschützenden Charakter haben, ist im Einzelnen umstritten.[391] Werden Abweichungen von den Festsetzungen des Bebauungsplanes im Wege der Ausnahme gem. § 31 I BauGB und der Befreiung gem. § 31 II BauGB zugelassen, besteht Drittschutz, wenn von einer nachbarschützenden Festsetzung abgewichen wird. Eine Befreiung nach § 31 II BauGB ist darüber hinaus auch in den Fällen angreifbar, in denen von einer nicht nachbarschützenden Festsetzung befreit wird, aber die gebotene Würdigung nachbarliche Interessen nicht erfolgt ist. Nachbarschutz wird insoweit über das Rücksichtnahmegebot vermittelt, das in der Würdigung nachbarlicher Belange verankert ist.

281 Die Frage, ob *A* sich auf eine nachbarschützende Festsetzung des Bebauungsplans berufen kann, stellt sich aber nur, wenn der Plan wirksam ist.

Der Bebauungsplan könnte wegen eines Fehlers bei der Ermittlung des Abwägungsmaterials gegen § 2 III, IV BauGB verstoßen und damit *formell rechtswidrig* sein.[392] Die Gemeinde ist bei der Planung eines Wohngebietes neben einem emittierenden Betrieb insbesondere verpflichtet, die Belange der gesunden Wohnverhältnisse gem. § 1 VI Nr. 1 BauGB, die umweltbezogenen Auswirkungen auf den Menschen und seine Gesundheit gem. § 1 VI Nr. 7c BauGB, die Möglichkeit der Vermeidung von Emissionen gem. § 1 VI Nr. 7e BauGB, die Belange des Trennungsgebotes gem. § 50 BImSchG sowie die Belange der Wirtschaft gem. § 1 VI Nr. 8a BauGB zu ermitteln.[393] Sie muss sich hierzu über das genaue Ausmaß der Immissionen informieren und den Umfang der Gesundheitsgefahren, die für die Wohnbevölkerung drohen, erforschen.[394] Weiter ist sie verpflichtet aufzuklären, ob und welche nachbarschützen-

---

[388] *Oldiges*, BesVerwR, 8. Aufl. (2006), IV, Rn. 350; *Battis*, 8 IV 2, S. 246 f.; *Muckel*, JuS 2000, 132 (137), jeweils mwN.
[389] *BVerwG* NVwZ 2000, 679; 2004, 1244 mwN.
[390] *BVerwG* NVwZ 2000, 679, 2008, 427; ausführlich zum Rücksichtnahmegebot s. Rn. 283 ff., 293 f.
[391] Vgl. dazu BKL/*Löhr*, § 31 Rn. 62 ff. mwN. Insbesondere zu § 22 BauNVO s. BVerwGE 110, 355 (362): Doppelhausfestsetzung in offener Bauweise nachbarschützend.
[392] Ausführlich zu § 2 III BauGB und zur Abwägungsfehlerlehre vgl. Fall 2, Rn. 30.
[393] *OVG NRW* DVBl. 2002, 717 (Planung eines Wohngebietes in der Nähe stark emittierender landwirtschaftlicher Betriebe).
[394] *OVG Lüneburg* NVwZ-RR 2001, 499.

den Auflagen ausreichend und geeignet sind, die Immissionen auf ein erträgliches Maß zu reduzieren, und inwieweit die Auflagen den Gewerbebetrieb einschränken werden.[395] Die Gemeinde X hat es versäumt, ein Immissionsgutachten einzuholen und das Ausmaß der drohenden Gesundheitsgefahren zu ermitteln. Auch hat sie Art und Umfang nachbarschützender Auflagen und deren Auswirkung auf den Betrieb des A nicht untersucht. Der Bebauungsplan verstößt daher gegen § 2 III, IV BauGB.

Der Fehler bei der Ermittlung des Abwägungsmaterials müsste allerdings auch beachtlich sein. Bei Verstößen gegen § 2 III, IV BauGB ist das gem. § 214 I Nr. 1 BauGB nur der Fall, wenn der Mangel im Abwägungsvorgang offensichtlich und auf das Abwägungsergebnis von Einfluss gewesen ist. Offensichtlich ist ein Fehler, wenn er aus Akten, Protokollen, Entwurfs- oder Planbegründungen oder öffentlichen Äußerungen erkennbar ist. In der Begründung zum Bebauungsplan hat die Gemeinde X lediglich ausgeführt, dass etwa auftretende Belästigungen der Wohnbevölkerung durch Auflagen gegenüber A reduziert werden können. Der Ermittlungsmangel ist somit in der Planbegründung dokumentiert und daher offensichtlich. Der Mangel ist weiter auf das Ergebnis des Verfahrens von Einfluss gewesen, wenn die konkrete Möglichkeit besteht, dass ohne den Fehler das Abwägungsergebnis anders ausgefallen wäre. Es kann nicht ausgeschlossen werden, dass die Gemeinde bei ordnungsgemäßer Ermittlung der Belange der künftigen Wohnbevölkerung und der Belange des A zu einem anderen Abwägungsergebnis gekommen wäre und das Wohngebiet nicht in unmittelbarer Nähe zu dem Kunststoffwerk geplant hätte. Schließlich ist die Verletzung des Ermittlungsgebotes auch nicht gem. § 215 I Nr. 1 BauGB präkludiert. Der Fehler im Abwägungsvorgang ist daher beachtlich und der Bebauungsplan formell rechtswidrig.

Der Bebauungsplan könnte darüber hinaus wegen eines Verstoßes gegen § 1 VII BauGB *materiell rechtswidrig* sein. Gem. § 1 VII BauGB sind bei der Aufstellung eines Bebauungsplans die öffentlichen und privaten Belange gegeneinander und untereinander gerecht abzuwägen. Die Gemeinde X könnte gegen das Abwägungsgebot verstoßen haben, indem sie den Ausgleich zwischen den von der Planung berührten Belangen im Ergebnis in einer Weise vorgenommen hat, die zur objektiven Gewichtigkeit einzelner Belange außer Verhältnis steht (Abwägungsdisproportionalität).[396] Man kann davon ausgehen, dass ein öffentliches Interesse an der Beplanung des Geländes zwischen dem Ortsgebiet und dem Werk des A vorhanden war. Diesem öffentlichen Interesse stand das private Interesse des A an der ungehinderten Fortführung des Kunststoffwerkes gegenüber. Dem A drohen erhebliche Beschränkungen bis hin zu einer Untersagung seines Betriebes. Treten derart schwerwiegende Folgen ein, müssen besonders gewichtige Gründe vorliegen, um dennoch die Wohnbebauung in diese Richtung auszudehnen. Solche Gründe hat die Gemeinde X nicht vorgetragen. Sie hat vielmehr den Ausgleich zwischen den gegenläufigen Belangen in einer Weise vorgenommen, die im Abwägungsergebnis der objektiven Gewichtigkeit des privaten Interesses des A an der ungehinderten Fortführung des Kunststoffwerkes nicht gerecht wird. Auch hat die Gemeinde dem Planungsgrundsatz des § 50 BImSchG, der eine räumliche Trennung von Wohngebieten und immissionsbelasteten Flächen vorsieht,[397] nicht das erforderliche Gewicht beigemessen und ihn beim Ausgleich der von der Planung berührten Belange unangemessen vernachlässigt. Folglich liegt Abwägungsdisproportionalität vor und das Abwägungsgebot des § 1 VII BauGB ist verletzt.

---

[395] Vgl. *OVG NRW* DVBl. 2002, 717.
[396] Zum Abwägungsgebot und zur Abwägungsdisproportionalität siehe ausführlich Fall 2, Rn. 30, 33.
[397] Zum Trennungsgrundsatz des § 50 BImSchG vgl. bereits oben Rn. 32 f. sowie Fall 9, Rn. 257.

Der Abwägungsfehler müsste allerdings auch beachtlich sein. Der Fehler der Abwägungsdisproportionalität betrifft das Abwägungsergebnis. Fehler im Abwägungsergebnis sind stets beachtlich und können nicht präkludiert werden. Dies ergibt sich aus dem Umkehrschluss aus § 214 III 2 Halbs. 2 BauGB und § 215 I Nr. 3 BauGB. Der Bebauungsplan ist daher auch materiell rechtswidrig. Er ist unwirksam. Aus ihm können sich nachbarschützende Vorschriften nicht ergeben.

283 **b) Drittschutz aus § 35 BauGB iVm dem Gebot der Rücksichtnahme**

Da der Bebauungsplan unwirksam ist und das Vorhaben des *B* somit im Außenbereich liegt, ist *A* klagebefugt, wenn § 35 BauGB – zumindest auch – die Interessen des Nachbarn schützt.

284 **Hinweis:** Es ist zwischen Abs. 1 und Abs. 2 des § 35 BauGB zu unterscheiden. Dabei ist zu beachten, auf wen diese Normen bezogen sein sollen, auf *B* als Bauantragsteller oder auf *A* als klagenden Nachbarn, dessen Kunststoffwerk auch im Außenbereich liegt. Für den Drittschutz kommt es auf diejenige Norm an, nach der der Bauantrag, hier des *B*, beschieden und die nach dem Klagevortrag verletzt wurde.

285 Die Wohnhäuser des *B* sind keine privilegierten Vorhaben iSv § 35 I BauGB, so dass sich ihre Zulässigkeit nach § 35 II, III BauGB bestimmt. Folglich ist zu prüfen, ob die Vorschriften in § 35 II, III BauGB Nachbarschutz gewähren, auf den *A* sich berufen kann. Die „sonstigen Vorhaben" i Sv § 35 II BauGB sind wegen des Interesses der Allgemeinheit an der Freihaltung des Außenbereichs nur ausnahmsweise zulässig. Dies spricht gegen eine Schutzwirkung zugunsten Dritter.[398] Die Vorschriften über die Zulässigkeit von sog. sonstigen Vorhaben in § 35 II und III BauGB sind nicht nachbarschützend.[399]

A kann aber möglicherweise geltend machen, dass § 35 II, III BauGB Rechtsvorschriften enthält, die ihn als Nachbarn zwar nicht „generell", dh unabhängig von den Besonderheiten des Falles schützen, die aber zumindest „partiell" seine Interessen im Einzelfall berücksichtigen. Das ist der Fall, wenn in Vorschriften das *Gebot der Rücksichtnahme* zum Ausdruck kommt. Das Gebot der Rücksichtnahme ist keine selbstständige Grundlage für Drittschutz, sondern wie das *BVerwG* betont hat, Bestandteil einzelner gesetzlicher Vorschriften des Baurechts.[400] Das Gebot der Rücksichtnahme hat im Grundsatz nur objektiv-rechtliche Wirkung. Es entfaltet aber drittschützende Wirkung, soweit in qualifizierter und zugleich individualisierter Weise auf schutzwürdige Interessen eines von der Allgemeinheit zu unterscheidenden Kreises Dritter Rücksicht zu nehmen ist.[401] Wenn nach den tatsächlichen Umständen erkennbar ist, auf wen Rücksicht zu nehmen ist und dass eine besondere rechtliche Schutzwürdigkeit des Nachbarn anzuerkennen ist, müssen gegeneinander abgewogen werden: die Schutzwürdigkeit des Nachbarn, die Intensität der Beeinträchtigung, die Interessen des Bauherrn und das, was beiden Seiten billigerweise zumutbar oder nicht zumutbar ist.[402] Das *BVerwG* hat in seiner wichtigen Entscheidung vom 25.2.1977 (BVerwGE 52, 122) zutreffend festgestellt, dass bei der Genehmigung von Vorhaben im Außenbereich auf die Interessen anderer angemessene Rücksicht genommen wer-

---

[398] *Oldiges*, BesVerwR, III, Rn. 383 mwN.
[399] Für Vorschriften, die generell, also unabhängig von den Besonderheiten des Einzelfalls nachbarschützend sind, wird zT die Bezeichnung *generell nachbarschützende Normen* verwendet, während diejenigen Vorschriften, die nur im Einzelfall nach Maßgabe des Gebots der Rücksichtnahme nachbarschützende Wirkung entfalten, als *partiell nachbarschützende Normen* bezeichnet werden (vgl. *Muckel*, § 10 Rn. 2 u. 14). Die Vorschriften des § 35 II, III BauGB zählen danach nicht zu den generell, wohl aber zu den partiell nachbarschützenden Normen.
[400] *BVerwG* NVwZ 1999, 879 (880).
[401] Vgl. *BVerwG* JuS 2004, 173.
[402] Vgl. *Brohm*, § 18 Rn. 29 mwN.

den muss. Das Gebot der Rücksichtnahme ist danach im Anwendungsbereich des § 35 BauGB ein öffentlicher Belang iSv Abs. 3 und findet auf diese Weise Eingang in die Prüfung des § 35 II BauGB.[403] Sonstige (und privilegierte) Vorhaben im Außenbereich müssen auf schutzwürdige Interessen Dritter Rücksicht nehmen. Umgekehrt muss den im Außenbereich privilegierten Vorhaben Rücksicht entgegengebracht werden, weil sie nach dem Willen des Gesetzgebers im Außenbereich sein und bleiben sollen.[404]

Exkurs: Das Gebot der Rücksichtnahme kommt in weiteren einfach-gesetzlichen Normen des Baurechts zum Ausdruck und vermittelt insoweit partiellen Nachbarschutz. Im Bereich eines Bebauungsplans ist das Rücksichtnahmegebot sowohl in § 15 I 1 BauNVO[405] und § 15 I 2 BauNVO[406] als auch in § 31 II BauGB[407] verankert. Im unbeplanten Innenbereich wird das Gebot der Rücksichtnahme als eine besondere Ausprägung des Tatbestandsmerkmals „einfügen" in § 34 I BauGB angesehen.[408] 286

A ist Eigentümer des Kunststoffwerkes, das wegen seiner nachteiligen Wirkung auf die Umgebung als privilegiertes Vorhaben gem. § 35 I Nr. 4 BauGB genehmigt ist. 287

Er genießt deshalb eine besonders geschützte Rechtsposition. Hinzu kommt, dass *A* befürchten muss, die Behörde werde zum Schutze der späteren Bewohner gegen seinen Betrieb einschreiten und ihm erhebliche Beschränkungen bis hin zu einem Fabrikationsverbot auferlegen. In dieser besonderen Situation hat das Gebot der Rücksichtnahme drittschützende Wirkung.[409] Die dem *B* erteilte Baugenehmigung verletzt *A* möglicherweise in seinen Rechten. *A* ist folglich gem. § 42 II klagebefugt.

Exkurs: Nachdem somit feststeht, dass § 35 II und III BauGB iVm dem Gebot der Rücksichtnahme dem *A* Drittschutz vermittelt, kann *A* sich nicht zusätzlich noch auf Art. 14 I GG berufen. Zwar ist Art. 14 I GG eine Schutznorm.[410] Doch kommt nach der Rechtsprechung des *BVerwG*[411] Drittschutz aus Art. 14 I GG bei mittelbaren Beeinträchtigungen des Nachbargrundstücks, die also nicht das „Säuleneigentum" betreffen, grundsätzlich nicht mehr in Betracht. Der Inhalt der Eigentumsgarantie wird gem. Art. 14 I 2 GG durch den Gesetzgeber bestimmt. Der Schutzumfang der Eigentumsgarantie kann nicht gegenüber dem einfachen Recht verselbständigt werden.[412] 288

4. Übrige Sachurteilsvoraussetzungen 289

a) Gemäß § 68 I 2 VwGO iVm § 110 I 1 JustG NRW ist ein Vorverfahren hier entbehrlich und unstatthaft.

b) Richtiger Klagegegner ist die Gemeinde X, § 78 I Nr. 1 VwGO, deren Bürgermeister (als Behörde) die Baugenehmigung erlassen hat (Rechtsträgerprinzip). 290

c) Bedenken wegen des allgemeinen Rechtsschutzinteresses könnten bestehen, weil *A* als Nachbar möglicherweise auch zivilrechtliche Ansprüche gegen *B* hat (etwa aus dem Nachbarrechtsverhältnis oder § 1004 BGB). Diese sind jedoch nicht durchschlagend: Die Inanspruchnahme des VG ist nicht missbräuchlich, weil der Streitgegen- 291

---

[403] BKL/*Löhr*, § 31 Rn. 79, mwN.
[404] Vgl. *Oldiges*, BesVerwR, IV, Rn. 383 mwN. *Battis*, 8 IV 2, S. 250 f., spricht insoweit treffend von einer Sonderform der Nachbarklage, der „störungspräventiven (offensiven) Nachbarklage". Zur strittigen Frage, ob ein Vorhaben im Außenbereich auch auf das „Erweiterungsinteresse" des Betreibers einer emittierenden Anlage Rücksicht nehmen muss, vgl. *BVerwG* DÖV 2001, 251.
[405] *BVerwG* NVwZ 2002, 1384; *BVerwG* DVBl. 2000, 192; *OVG NRW* BauR 2005, 1292.
[406] *BVerwG* NVwZ 1996, 1001.
[407] *OVG NRW* NWVBl. 2006, 62.
[408] *BVerwG* NVwZ 1999, 879.
[409] Vgl. den ähnlich gelagerten Fall in der Entscheidung *BVerwG* NVwZ 2000, 552, in der das Gericht, S. 553, betont, dass zum Schutze eines im Außenbereich privilegierten Betriebes das „in § 35 BauGB enthaltene drittschützende Rücksichtnahmegebot" ausreichend sei.
[410] Vgl. nur *Oldiges*, BesVerwR, IV, Rn. 384.
[411] Vgl. etwa BVerwGE 101, 364 (372); *BVerwG* NVwZ 1992, 977 (979).
[412] Vgl. *Dietlein* JuS 1996, 593 (598).

stand der zivilrechtlichen und öffentlich-rechtlichen Nachbarstreitigkeit verschieden ist, der Verwaltungsrechtsschutz in der Regel effektiver und weil der zivilgerichtliche Rechtsschutz lückenhaft ist. Insbesondere gegen heranrückende Wohnbebauung kann sich ein Gewerbetreibender nicht mit zivilrechtlichen Mitteln schützen.[413] Deshalb bestehen im Ergebnis keine Zweifel am Rechtsschutzinteresse des A.

292 **II. Begründetheit der Klage**

Die Klage ist nach § 113 I 1 VwGO begründet, wenn die dem B erteilte Baugenehmigung rechtswidrig ist und A in seinen Rechten verletzt ist.

293 **1. Rechtswidrigkeit der Baugenehmigung**

In formeller Hinsicht bestehen keine Bedenken gegen die Rechtmäßigkeit. Die Baugenehmigung ist materiell rechtswidrig, wenn die von B geplanten Wohnblocks nicht – mangels wirksamen Bebauungsplans[414] – nach § 35 BauGB planungsrechtlich zulässig sind. Da die Wohnblocks keine privilegierten Vorhaben gem. § 35 I BauGB sind, findet § 35 II BauGB Anwendung. Danach wären sie im Außenbereich nur zulässig, wenn ihre Ausführung nicht öffentliche Belange beeinträchtigt.

Nach § 35 III 1 Nr. 3 BauGB liegt eine Beeinträchtigung vor, wenn das Vorhaben schädlichen Umwelteinwirkungen ausgesetzt wird. Der Begriff der schädlichen Umwelteinwirkungen ist in § 3 I BImSchG definiert, der hierfür herangezogen werden kann:[415] Es sind Immissionen, die nach Art, Ausmaß oder Dauer geeignet sind, Gefahren, erhebliche Nachteile oder erhebliche Belästigungen für die Allgemeinheit oder die Nachbarschaft herbeizuführen. Derartige Einwirkungen sind den davon Betroffenen grundsätzlich nicht zumutbar.[416] Die Bedeutung schädlicher Umwelteinwirkungen für das Vorliegen eines öffentlichen Belangs ist nach der Rechtsprechung des *BVerwG* ein gesetzlicher Aspekt des allgemeinen baurechtlichen *Gebots der Rücksichtnahme* für eine besondere Konfliktsituation. Dieses Gebot besagt, wie bereits oben angedeutet,[417] dass der Bauherr bei der Entscheidung, ob und in welcher Weise er sein Grundstück baulich oder gewerblich nutzen will, auf die Belange der Umgebung Rücksicht nehmen und daher eine Beeinträchtigung höherrangiger Interessen der Nachbarschaft unterlassen muss. Es ist anerkannt, dass nicht nur Vorhaben, von denen Immissionen ausgehen, in Bezug auf ihre Umgebung gegen das Rücksichtnahmegebot verstoßen können, sondern auch solche Vorhaben, die an den emittierenden Betrieb heranrücken und sich dessen störenden Einwirkungen aussetzen.[418]

Inhaltlich kann das Gebot der Rücksichtnahme wie folgt konkretisiert werden: „Je empfindlicher und schutzwürdiger die Stellung derer ist, denen die Rücksichtnahme im gegebenen Zusammenhang zugute kommt, umso mehr kann an Rücksichtnahme verlangt werden. Je verständlicher und unabweisbarer die mit dem Vorhaben verfolgten Interessen sind, umso weniger braucht derjenige, der das Vorhaben verwirklichen will, Rücksicht zu nehmen. Bei diesem Ansatz kommt es für die sachgerechte Beurteilung des einzelnen Falls wesentlich auf eine Abwägung zwischen dem an, was einerseits dem Rücksichtnahmebegünstigten und andererseits dem Rücksichtnahmepflichtigen nach Lage der Dinge zuzumuten ist."[419]

---

[413] Vgl. DMS, Rn. 411 ff.
[414] Oben Rn. 281 f.
[415] BKL/*Krautzberger*, § 35 Rn. 54 mwN.
[416] BVerwGE 52, 122 (127).
[417] Rn. 285.
[418] *OVG NRW* NWVBl. 2002, 192.
[419] *BVerwG* NVwZ 2005, 328 (330 mwN). Die Anforderung an die Beeinträchtigung des Nachbarn liegt vom Grad der Intensität her deutlich unterhalb der schweren und unzumutbaren Beeinträchtigung iSd früheren Rspr. zu Art. 14 I GG (BVerwGE 52, 122 (124)).

In der Literatur hat die Rechtsprechung des *BVerwG* überwiegend zustimmende 294
Stellungnahmen, aber auch eingehend begründete, ablehnende Äußerungen hervorgerufen.[420] Im Wesentlichen wurde gegen die Rechtsprechung vorgebracht, dass es dem allgemeinen Gebot der Rücksichtnahme an einer normativen Verankerung in §§ 30 ff. BauGB fehle, so dass das *BVerwG* mit der Anerkennung eines auf das Rücksichtnahmegebot gestützten Nachbarschutzes in Wirklichkeit die Schutznormtheorie aufgegeben habe. Diese Kritik ist jedoch durch die jüngere Rechtsentwicklung zum großen Teil gegenstandslos geworden. Die normative Verankerung des Rücksichtnahmegebots in §§ 30 ff. BauGB besteht, seit die Rechtsprechung das Gebot der Rücksichtnahme nicht mehr als selbstständigen Rechtsgedanken auffasst, sondern nur als Teil baurechtlicher Normen, in denen es – wie etwa bei § 34 I BauGB mit dem Begriff des „Einfügens" – zum Ausdruck kommt. Demgemäß ist das Gebot der Rücksichtnahme in jüngerer Zeit als bloße „Auslegungshilfe"[421] bezeichnet worden. Mit dem so verstandenen Rücksichtnahmegebot wird die Schutznormtheorie nicht aufgegeben. Das *BVerwG* trägt ihr vielmehr in ihrer Kernaussage Rechnung, dass die Suche nach einem subjektiven Recht im einfachen Recht anzusetzen hat.[422] Dass das Gebot der Rücksichtnahme keine eindeutigen räumlichen und inhaltlichen Maßstäbe bietet, ist richtig. Doch ist dies bei einem Rechtsgedanken, der in ganz unterschiedlichen Vorschriften auch außerhalb des öffentlichen Baurechts zum Ausdruck kommt und gerade dazu dient, den Besonderheiten des Einzelfalles Rechnung zu tragen, gar nicht möglich. Es kommt immer auf die jeweilige Norm und die Umstände des Falles an. Dass die Rechtsprechung des *BVerwG* zum Gebot der Rücksichtnahme in einzelnen Details noch diskussionswürdig ist, mag zugestanden werden, nimmt diesem Gedanken aber nicht seine grundsätzliche Berechtigung. Das planungsrechtliche Rücksichtnahmegebot wird mit Recht heute zu den fest etablierten Bestandteilen des öffentlich-rechtlichen Nachbarschutzes gezählt.

Die geplanten Wohnhäuser können im Außenbereich unzulässig sein, weil sie schädlichen Umwelteinwirkungen iSd § 35 III 1 Nr. 3 BauGB iVm § 3 I BImSchG ausgesetzt werden. Von dem Kunststoffwerk des *A* gehen stark riechende, gesundheitsschädigende Abgase aus. Es kann dahingestellt bleiben, ob bereits der starke Geruch der Abgase eine erhebliche Belästigung nach § 3 I BImSchG ist. Denn die Gesundheitsschädlichkeit bildet in jedem Fall eine Gefahr für die Nachbarschaft, dh für die späteren Bewohner der Wohnblocks. Allerdings wäre diese Gefahr möglicherweise zu beseitigen, wenn dem *A* Auflagen für seinen Betrieb gemacht würden. Er selbst befürchtet erhebliche Beschränkungen bis hin zu einem Fabrikationsverbot. Insoweit ist jedoch zu beachten, dass das Kunststoffwerk des *A* wegen seiner nachteiligen Wirkung auf die Umgebung zu den privilegierten Vorhaben nach § 35 I Nr. 4 BauGB gehört.

Der Gesetzgeber hat die privilegierten Vorhaben dem Außenbereich zugeordnet. Deshalb muss der privilegierte Gewerbebetrieb nicht zwangsläufig einer heranrückenden Wohnbebauung weichen.[423] Andererseits hat der Gewerbetreibende keinen Anspruch darauf, dass der Außenbereich um seinen Betrieb herum als solcher erhalten bleibt. Für seinen Schutz vor der heranrückenden Wohnbebauung kommt es vielmehr allein auf das in § 35 BauGB enthaltene drittschützende Rücksichtnahmegebot an.[424] Für die danach erforderliche Abwägung muss aber berücksichtigt wer-

---
[420] Vgl. die umfassende Darstellung bei KK/*Dürr*, § 34 Rn. 39 ff.,; mwN bei *Dürr*, NVwZ 1985, 719 Fn. 3.
[421] *Schlichter*, FS Hoppe, 2000, S. 1031 (1037).
[422] *Krebs*, FS Hoppe, 2000, S. 1065.
[423] DMS, Rn. 440, mit weiteren Beispielen aus der Rechtsprechung, zu den Abwehrrechten landwirtschaftlicher Betriebe gegen heranrückende Wohnbebauung im Innen- und Außenbereich vgl. *Diehr/Geßner* NVwZ 2001, 985.
[424] *BVerwG* NVwZ 2000, 552 (553).

den, dass das privilegierte Vorhaben schon nach der gesetzlichen Wertung des § 35 BauGB größeres Gewicht als ein sonstiges Vorhaben hat. Diese vom Gesetzgeber vorgezeichnete Abwägung ist von der Baugenehmigungsbehörde zu berücksichtigen. Auch ist der zeitliche Ablauf zu beachten: Ein privilegierter Gewerbebetrieb erhält dadurch im Vergleich mit der heranrückenden Wohnbebauung zusätzliches Gewicht, dass er bereits vorhanden ist.[425] Aus diesen Gründen fällt die Abwägung zugunsten des *A* aus. Es ist deshalb zugleich rechtlich ausgeschlossen, die schädlichen Umwelteinwirkungen auf die späteren Bewohner der Wohnblocks durch Auflagen an *A* zu verhindern. Das Vorhaben des *B* beeinträchtigt öffentliche Belange iSd § 35 III 1 Nr. 3 BauGB, so dass die Wohnblocks des *B* nicht nach § 35 II BauGB zulässig sind.

Die Erteilung der Baugenehmigung an *B* war also rechtswidrig.

295 2. Rechtsverletzung

A als Nachbar muss hierdurch tatsächlich in seinen Rechten verletzt sein, § 113 I 1 VwGO. Wie dargelegt, kommt als nachbarschützendes Recht § 35 II, III BauGB iVm dem Gebot der Rücksichtnahme in Betracht. Das Gebot der Rücksichtnahme bringt an sich nur einen objektiv-rechtlichen Gedanken zum Ausdruck. Es hat aber, wie bereits dargelegt,[426] ausnahmsweise drittschützende Wirkung, soweit in qualifizierter und zugleich individualisierter Weise auf einen bestimmten abgrenzbaren Kreis von Berechtigten Rücksicht zu nehmen ist. Dafür kommt es darauf an, ob die Auswirkungen des Vorhabens auf Dritte derart sind, dass sie nach der Qualität des Betroffenseins und dem (abgrenzbaren) Kreis der Betroffenen vergleichbar sind mit denjenigen bei einer herkömmlichen (generell[427]) drittschützenden Norm. Maßgeblich ist dafür eine gewisse „Handgreiflichkeit" des Betroffenseins eines überschaubaren Personenkreises, der sich als schutzbedürftig aufdrängen muss.[428]

296 Hinweis: Bei – generell[429] – nachbarschützenden Rechtsnormen reicht für die tatsächliche Rechtsverletzung nach § 113 I 1 VwGO die Feststellung aus, dass die Behörde rechtswidrig gehandelt hat; denn rechtswidriges Handeln des Staates führt zur Verletzung der Rechte des Bürgers. Im Gegensatz hierzu muss bei einem Verstoß gegen das Gebot der Rücksichtnahme nicht nur eine besonders geschützte Rechtsposition bestehen, sondern auch eine *tatsächliche Beeinträchtigung*, die über das Zumutbare hinausgeht.[430] Es genügt also nicht eine Rechtsverletzung von Seiten des Staates, die ansonsten für den Betroffenen ohne tatsächliche Auswirkungen bleibt.

297 An dieser Stelle gewinnt daher die tatsächliche Beeinträchtigung konstitutive Bedeutung.[431]

Es ist dargelegt worden, dass das Kunststoffwerk des *A* als privilegiertes Vorhaben nach § 35 I Nr. 4 BauGB rechtlich besonders geschützt ist.[432] Das Betroffensein des *A* ist nach den gegebenen Umständen „handgreiflich". Es drängt sich auf, dass er und zwar nach den Umständen nur er, von der Erteilung der Baugenehmigung an *B* nachteilig betroffen ist.

Die tatsächliche Beeinträchtigung müsste über das Zumutbare hinausgehen.[433] Hierbei sind die beiderseitigen Interessen und Rechtspositionen in der vom *BVerwG* beschriebenen Weise gegeneinander abzuwägen.[434] Dem privilegierten Betrieb des *A*

---

[425] Vgl. *Hess VGH* NVwZ 1993, 1004 (1005).
[426] O. Rn. 285.
[427] O. Fn 399.
[428] *Jäde* JuS 1999, 961 (965).
[429] O. Rn. 285.
[430] Vgl. *Jäde* JuS 1999, 961 (965 mwN).
[431] BKL/*Löhr*, § 31 Rn. 78.
[432] Oben Rn. 294.
[433] Vgl. *Jäde* JuS 1999, 961 (965).
[434] Vgl. o. Fn. 419.

steht das Interesse des *B* an der Errichtung der Wohnhäuser gegenüber. Wegen der stark riechenden gesundheitsschädigenden Abgase des Kunststoffwerks muss mit behördlichen Auflagen gerechnet werden, falls die Wohnblocks gebaut würden. Es würde in das durch Art. 14 I GG geschützte Recht des *A* am eingerichteten und ausgeübten Gewerbebetrieb eingegriffen werden. Es kann zudem nicht davon ausgegangen werden, dass die Gemeinde *X* ihre notwendigen Wohnflächen nicht an anderer Stelle des Stadtgebiets ausweisen könnte.

Demnach ist *A* durch die rechtswidrig erteilte Baugenehmigung in nicht zumutbarer Weise beeinträchtigt, so dass ihm das Gebot der Rücksichtnahme Drittschutz gewährt und eine Rechtsverletzung iSd § 113 I 1 VwGO gegeben ist.

III. Ergebnis

Das Verwaltungsgericht wird der Anfechtungsklage des *A* stattgeben.

Frage 2: Klage des *A* gegen die Bauaufsichtsbehörde mit dem Antrag, die Erteilung einer Baugenehmigung an *C* zu untersagen.

Eine Änderung der Beurteilung gegenüber der vorhergehenden Fallgestaltung kann sich nur bei der Zulässigkeit der Klage des *A* ergeben. Dem *C* ist noch keine Baugenehmigung erteilt worden, so dass allein eine vorbeugende Unterlassungsklage in Betracht kommt. Es fragt sich, ob *A* das für vorbeugenden Rechtsschutz erforderliche qualifizierte Rechtsschutzinteresse hat. Würde das Verwaltungsgericht der Bauaufsichtsbehörde untersagen, die Baugenehmigung zu erteilen, dann griffe es in die Tätigkeit der Verwaltung ein, bevor diese überhaupt gehandelt hat. Die VwGO geht als Regelfall vom nachträglichen Rechtsschutz aus, für den sie besondere Zulässigkeitsvoraussetzungen aufgestellt hat, beim Rechtsschutz gegen Verwaltungsakte insbesondere das Widerspruchsverfahren und die Klagefrist. Diese Voraussetzungen würden durch unbegrenzten vorbeugenden Rechtsschutz umgangen.[435] In der Regel muss der Bürger also den Erlass des Verwaltungsakts abwarten und danach mit der Anfechtungsklage gegen ihn vorgehen oder nach §§ 80 V, 80a VwGO einstweiligen Rechtsschutz beantragen. Wenn aber ein wirksamer Rechtsschutz gegen Verwaltungsakte ausnahmsweise nachträglich (also mit der Anfechtungsklage) nicht zu erreichen ist, kann schon wegen des Gebots effektiven Rechtsschutzes aus Art. 19 IV GG eine vorbeugende Unterlassungsklage nicht ausgeschlossen sein. Dann aber ist ein qualifiziertes Rechtsschutzinteresse gerade für vorbeugenden Rechtsschutz nachzuweisen. Dafür kommt es entscheidend darauf an, ob dem Kläger zugemutet werden kann, den Verwaltungsakt nachträglich anzufechten. Eine Verweisung auf den nachträglichen Rechtschutz ist für den Kläger insbesondere dann unzumutbar, wenn der Verwaltungsakt aus rechtlichen Gründen nicht mehr aufgehoben werden kann, sonst vollendete Tatsachen geschaffen würden, ein nicht wiedergutzumachender Schaden entstünde, ein mit Strafe oder Bußgeld bewehrter Verwaltungsakt droht, die Verwaltung den Erlass eines Verwaltungsaktes ankündigt, ihn dann aber verzögert oder wenn der Kläger sonst gegen eine Vielzahl zu erwartender Verwaltungsakte klagen müsste.[436]

Es ist nicht ersichtlich, dass eine dem *C* später erteilte Baugenehmigung aus rechtlichen Gründen nicht wieder aufgehoben werden kann oder durch ihren Erlass ein nicht wiedergutzumachender Schaden droht. Ferner handelt es sich bei einer Baugenehmigung nicht um einen straf- oder bußgeldbewehrten Verwaltungsakt. Auch hat die Bauaufsichtsbehörde die Erteilung der Baugenehmigung nicht angekündigt und verzögert nun ihren Erlass. Schließlich muss *A* auch nicht gegen eine Vielzahl zu

---

[435] Vgl. *Kopp/Schenke*, VwGO, Vor § 40 Rn. 33.
[436] Vgl. *Kopp/Schenke*, VwGO, Vor § 40 Rn. 34.

II. Bauplanungsrecht

erwartender Baugenehmigungen klagen. Allein die Erteilung der Baugenehmigung an C steht noch aus. Es ist nicht erkennbar, dass darüber hinaus die Erteilungen weiterer Baugenehmigungen in unmittelbarer Nähe zu dem Kunststoffwerk des A drohen.

300 Durch den Erlass der Baugenehmigung könnte jedoch die Gefahr entstehen, dass der Nachbar letzten Endes gegen vollendete Tatsachen angehen muss.[437] Denn der Bauherr kann sofort nach Erteilung der Baugenehmigung mit den Bauarbeiten beginnen. Da die Baugenehmigung dem Nachbarn nicht bekanntgegeben werden muss, kann außerdem nicht ausgeschlossen werden, dass der Bauherr schon einen Teil des Vorhabens realisiert hat, wenn der Nachbar hiervon erfährt. Die bloße Gefahr, dass der Bauherr mit der Errichtung der baulichen Anlage beginnt, begründet jedoch kein qualifiziertes Rechtsschutzinteresse des Nachbarn.[438] Denn der Nachbar kann in zumutbarer Weise auf die in der VwGO vorgesehenen Möglichkeiten des nachträglichen Rechtsschutzes verwiesen werden.[439] Neben einer Anfechtung der Baugenehmigung kann der Betroffene einen Antrag auf vorläufigen Rechtsschutz gem. §§ 80 V, 80a VwGO stellen. In dessen Rahmen besteht die Möglichkeit, einstweilige Maßnahmen zur Sicherung seiner Rechte gem. § 80a I Nr. 2 VwGO zu beantragen. Das Gericht wird dann eine Stilllegung des Bauvorhabens (Baustopp) anordnen. Im Übrigen hat die vorbeugende Unterlassungsklage keine aufschiebende Wirkung. Die Bauaufsichtsbehörde könnte während des Unterlassungsprozesses die begehrte Baugenehmigung erlassen und der Bauherr könnte mit den Bauarbeiten beginnen. Dann wäre der Nachbar wiederum gezwungen, mit einer Anfechtungsklage und einem Antrag nach §§ 80 V, 80a VwGO gegen die Baugenehmigung vorzugehen.

Da demnach das qualifizierte Rechtsschutzinteresse des A nicht besteht, ist die vorbeugende Unterlassungsklage unzulässig. A muss die Erteilung der Baugenehmigung abwarten und kann erst dann Anfechtungsklage erheben und einstweiligen Rechtsschutz beantragen.

---

[437] Vgl. *BVerwG* DVBl. 1971, 746; SSB/*Pietzcker*, VwGO § 42 Abs. 1, Rn. 166.
[438] *OVG Saarl.* BauR 1978, 467; aA *BVerwG* DVBl. 1971, 746.
[439] *OVG Saarl.* BauR 1978, 467.

III. Bauordnungsrecht

1. Inhalt und Zweck des Bauordnungsrechts

Das in den Landesbauordnungen[1] normierte Bauordnungsrecht regelt im Wesentlichen die materiellen Anforderungen an das Baugrundstück und insbesondere an bauliche Anlagen iSd § 2 I 1 BauO NRW.[2] Darüber hinaus enthält es Vorschriften über den Vollzug dieser Normen sowie denjenigen des Städtebaurechts. Das Bauordnungsrecht unterscheidet sich vom Bauplanungsrecht vor allem durch seine andere Blickrichtung.[3] Die Bauplanung regelt *flächenbezogen* die räumliche Entwicklung eines beplanten Gebiets, das Bauordnungsrecht regelt *objektbezogen* die Gestaltung eines *einzelnen Bauwerks*, seine Eigenschaften, Benutzbarkeit und seine Beziehungen zur unmittelbaren Umgebung. Auch wenn sich der bundesrechtliche Begriff der baulichen Anlagen iSd § 29 I BauGB in den meisten praktischen Fällen mit den landesrechtlichen Begriffen der baulichen Anlagen deckt, so sind die Begriffe wegen der unterschiedlichen Zweckorientierung des Bauplanungs- und Bauordnungsrechts nicht identisch.[4] Das Bauordnungsrecht dient der Verwirklichung unterschiedlicher Zwecke, die sich in den folgenden *drei Gruppen* zusammenfassen lassen:[5]

(1) Gefahrenabwehr (ua ordnungsgemäße Vollziehung der Bauleitplanung, Gewährleistung der öffentlichen Sicherheit bei baulichen Anlagen als Kernpunkt des Bauordnungsrechts,[6] Schutz außerbaurechtlicher Belange, soweit sie in Rechtsvorschriften normiert sind[7]),

1

---

[1] Wegen der Kompetenz der Länder für das Bauordnungsrecht als Teil des allgemeinen Polizei- und Ordnungsrechts vgl. grundlegend BVerfGE 3, 407 ff.; siehe auch *Stollmann*, § 2 Rn. 23 f.

[2] Nach § 2 I 1 BauO NRW sind bauliche Anlagen „mit dem Erdboden verbundene, aus Bauprodukten hergestellte Anlagen". Der Begriff der Bauprodukte wird erläutert in § 2 IX, §§ 20 ff. BauO NRW (zu den bundes- und europarechtlichen Vorgaben vgl. *Muckel*, S. 119). Der Begriff „bauliche Anlagen" ist weit zu fassen. Auch langfristig abgestellte Wohnwagen, freistehende Reklametafeln und Denkmäler sind bauliche Anlagen (*OVG Lüneburg* BRS 22 Nr. 132; s. ferner die Aufzählung in § 2 I 3 BauO NRW: ua Campingplätze, Sport- und Spielflächen, Stellplätze und Gerüste), ebenso Werbeträger, die nur mittelbar durch Anbringen an einer Hauswand mit dem Erdboden verbunden sind (*OVG Hmb* BauR 2002, 459), ferner Parabolantennen (*Hess VGH* BRS 60 Nr. 102) und Container (*OVG NRW* BRS 60 Nr. 138). Gebäude sind „selbständig benutzbare, überdachte bauliche Anlagen, die von Menschen betreten werden können und geeignet oder bestimmt sind, dem Schutz von Menschen, Tieren oder Sachen zu dienen", § 2 II BauO NRW. § 2 BauO NRW enthält weitere Legaldefinitionen zB über Geländeoberfläche, Vollgeschosse usw.

[3] Vgl. *Brohm,* § 3 Rn. 3; DMS, Rn. 5, Rn. 174 f.

[4] Vgl. bereits oben Rn. 7; Finkelnburg/Ortloff/Otto, Bd. II, § 2 I 1, S. 17 f.

[5] *Krebs*, BesVerwR, 4. Kapitel, Rn. 195 ff.

[6] Unter dem Gesichtspunkt der Gefahrenabwehr werden bis ins Detail gehende Regelungen aufgestellt. Sie betreffen etwa die notwendige Beschaffenheit des Baugrundstücks, die Art der Bauprodukte und die Beschaffenheit des Baus und seiner einzelnen Teile wie Wände, Decken, Dächer, Treppen, Aufzüge und Rettungswege, Aufenthaltsräume, Fenster, Türen, Lüftungs- und Installationsanlagen, Schornsteine, Feuerung, Wasserversorgung und Abwasserbeseitigung sowie die Anlage von Garagen und Stellplätzen für Kraftfahrzeuge. Es genügt, sich anhand der Bauordnung einen kurzen Überblick zu verschaffen. Klausurtexte enthalten meist so deutliche Hinweise, dass sich die einschlägige Vorschrift mit Hilfe des Inhaltsverzeichnisses leicht auffinden lässt.

[7] Soweit die Errichtung, Änderung, Nutzung oder der Abbruch von baulichen Anlagen Vorschriften berühren, die nicht im BauGB und den Bauordnungen der Länder stehen, sondern zB

(2) ästhetische Belange,[8]
(3) soziale und ökologische Standards.[9]

2 Von diesen Zwecken wird die Gruppe 1 ausdrücklich in der baurechtlichen Generalklausel des § 3 I BauO NRW angesprochen,[10] die anderen ergeben sich aus einzelnen Vorschriften der Landesbauordnungen. Zu beachten ist, dass § 3 I BauO NRW mit seiner Formulierung der allgemeinen Anforderungen an bauliche Anlagen, ihre Errichtung und anderes der Behörde keine Befugnis zum Einschreiten gibt. Es handelt sich um eine Aufgaben-, nicht um eine Befugnisnorm.

Die ökologischen Standards sind überwiegend auf Grund der im Jahre 1994 eingefügten Verfassungsbestimmung des Art. 20a GG, die den Schutz der natürlichen Lebensgrundlagen erfasst, zusätzlich in die Generalklauseln und in mehrere Sondernormen (zB über das Versiegelungsverbot, die Wiederverwendung von Wertstoffen, die Begrünungspflicht von baulichen Anlagen) aufgenommen worden.[11]

2. Bauaufsichtsbehörden, Baugenehmigung, Baugenehmigungsverfahren und Bauüberwachung

3 Außer den genannten *materiellen Vorschriften,* die vor allem der Gefahrenabwehr dienen, enthält das Bauordnungsrecht eine Reihe von *Verfahrensregeln.* Es sind dies

---

in der GewO, den Wassergesetzen, im BNatSchG, in den Denkmalschutzgesetzen, im LuftVG, im PersBefG oder anderen Gesetzen, haben die Bauaufsichtsbehörden auch dafür Sorge zu tragen, dass diese außerbaurechtlichen Vorschriften beachtet werden. Andererseits können auch außerbaurechtliche Behörden Vorschriften der BauO anwenden. So schließen zB kraft Konzentrationswirkung bestimmte immissionsschutz- und abfallrechtliche Genehmigungen die Bauerlaubnis ein, § 63 II BauO NRW.

[8] Die Regeln des Bauordnungsrechts, die sich mit der ästhetischen Ausgestaltung baulicher Anlagen befassen, werden unter dem Begriff *„Baugestaltungsrecht"* zusammengefasst (vgl. dazu *Krebs,* BesVerwR, 4. Kapitel, Rn. 201 ff.; *Erbguth,* § 12 Rn. 21). Danach sind bauliche Anlagen nach Form, Maßstab, Verhältnis der Baumassen und Bauteile zueinander, Werkstoff und Farbe so zu gestalten, dass sie nicht verunstaltend wirken (§ 12 I BauO NRW). Auch sind sie mit ihrer Umgebung so in Einklang zu bringen, dass sie das Straßen-, Orts- oder Landschaftsbild nicht verunstalten oder deren beabsichtigte Gestaltung nicht stören (vgl. § 12 II BauO NRW). Dabei ist auf die erhaltenswerten Eigenarten der Umgebung Rücksicht zu nehmen (vgl. zum Verunstaltungsbegriff im Bauordnungsrecht: BVerwG NJW 1995, 2648 (2649); *Brohm,* § 5 Rn. 17; krit. *Muckel,* S. 143). Die genannten Begriffe sind recht weit, aber konkretisierbar, und entsprechen damit rechtsstaatlichen Anforderungen (BVerwGE 2, 172 (175 ff.)). Es handelt sich dabei um unbestimmte Rechtsbegriffe, die voll der gerichtlichen Überprüfung unterliegen. Ausnahmsweise ist nach § 86 I BauO NRW sogar der Ortsgesetzgeber befugt, Satzungen mit baugestalterischen Vorschriften zu erlassen (vgl. HBG/*Grotefels,* § 15 Rn. 26). In der Praxis wird hiervon häufig Gebrauch gemacht.

[9] Vgl. *Battis,* 7 II 4, S. 203 f.; *Brohm,* § 5 Rn. 23 ff. Dazu dienen zB Vorschriften über die Errichtung von Grünanlagen, Kinderspielplätzen oder Gemeinschaftsanlagen, §§ 9, 11 BauO NRW. Da diese Bestimmungen wie auch das Baugestaltungsrecht nicht der Gefahrenabwehr dienen, die Bauaufsichtsbehörden aber Sonderordnungsbehörden sind, wird fingiert, dass alle Aufgaben nach der Bauordnung als solche der Gefahrenabwehr gelten, § 60 II 1 BauO NRW. Diese Fiktion ändert aber nichts an der sachlichen Natur der Aufgaben.

[10] § 3 I 1 BauO NRW: „Bauliche Anlagen sowie andere Anlagen und Einrichtungen im Sinne von § 1 Abs. 1 Satz 2 sind so anzuordnen, zu errichten, zu ändern und instand zu halten, dass die öffentliche Sicherheit oder Ordnung, insbesondere Leben, Gesundheit oder die natürlichen Lebensgrundlagen, nicht gefährdet wird.".

[11] *Battis,* 7 II 5, S. 204; *Gubelt* NVwZ 2000, 1013 (1014 f.).

neben der Festlegung der am Bau Beteiligten und ihrer Pflichten[12] vor allem Vorschriften zu folgenden Bereichen:
a) die Bauaufsichtsbehörden,
b) die Baugenehmigung und ihre Erforderlichkeit,
c) das Baugenehmigungsverfahren,
d) die Bauüberwachung.

a) Die Bauaufsichtsbehörden

Die Durchführung der Bauordnung und der damit zusammenhängenden Vorschriften obliegt den Bauaufsichtsbehörden. Die Bauaufsicht ist eine staatliche Angelegenheit. 4

aa) *Untere Bauaufsichtsbehörden* sind durchweg die Kreise und kreisfreien Städte sowie die größeren kreisangehörigen Städte, die diese Aufgaben als Auftragsangelegenheiten[13] oder Pflichtaufgaben zur Erfüllung nach Weisung[14] wahrnehmen. Die unteren Bauaufsichtsbehörden überwachen und beraten das *gesamte örtliche Baugeschehen*. Vor allem erteilen und versagen sie die Baugenehmigungen. 5

Regelmäßig entscheidet *ausschließlich* die untere Bauaufsichtsbehörde. Das BauGB sieht jedoch einige Fälle der *Mitwirkung der Gemeinde oder der höheren Bauaufsichtsbehörde* vor, vgl. etwa §§ 14 II, 36 I BauGB. Die Baugenehmigung wird in diesen Fällen als sog. mehrstufiger Verwaltungsakt erteilt.[15] Das ändert aber nichts daran, dass nach außen, dem Bauwilligen gegenüber, *allein die Bauaufsichtsbehörde* auftritt. Die Mitwirkungsakte bleiben „behördenintern".

Exkurs: Aus Gründen des einfacheren Rechtsschutzes braucht sich der Bauherr klageweise nur mit der Bauaufsichtsbehörde (bzw. ihrem Rechtsträger[16]) auseinanderzusetzen. In diesem Verfahren wird dann auch die Rechtmäßigkeit der Zustimmung (oder Ablehnung der Zustimmung) der Mitwirkungsbehörden überprüft. Die fehlende oder versagte Zustimmung der Gemeinde oder der höheren Verwaltungsbehörde wird durch das Urteil des VG ersetzt.[17] Dazu ist eine Beiladung der Mitwirkungsbehörden gem. § 65 II VwGO erforderlich. Da nur die Bauaufsichtsbehörde (bzw. ihr Rechtsträger) Klagegegner ist, trägt sie die Prozesskosten (falls die Beigeladenen keine Anträge stellen) auch dann, wenn der Bauherr den Prozess wegen einer fehlerhaften Entscheidung der Mitwirkungsbehörde gewinnt, an die die Bauaufsichtsbehörde gebunden war. In diesem Falle muss die Bauaufsichtsbehörde bzw. ihr Rechtsträger von der Mitwirkungsbehörde Ersatz der Prozesskosten fordern können.[18] 6

bb) *Obere Bauaufsichtsbehörden* sind in der Regel die Bezirksregierungen für die kreisfreien Städte und Kreise, im Übrigen die Landräte.[19] Sie beaufsichtigen die unteren Bauaufsichtsbehörden, erteilen (oder versagen) die Genehmigung örtlicher Baunormen, die Zustimmung zu Dispensen sowie die Bauerlaubnis für staatliche Bauvorhaben. 7

---

[12] Bauherr, Entwurfsverfasser, Unternehmer, Bauleiter, §§ 56 ff. BauO NRW; näher dazu unten Fall 12.
[13] ZB Art. 60 I BayBO, § 58 IV RhPfBauO.
[14] ZB § 47 IV BW BauO, § 60 I Nr. 3, II BauO NRW iVm §§ 1, 3, 9 OBG NRW.
[15] Ausf. hierzu, bes. zur umstr. Frage der Verwaltungsaktqualität der Mitwirkungshandlung, oben Fall 6, Rn. 195 ff.
[16] Soweit nach Landesrecht prozessual das Rechtsträgerprinzip und nicht das Behördenprinzip gilt, wie in NRW.
[17] *BVerwG* NVwZ-RR 2003, 719.
[18] Eingehend zu dieser Problematik *Pappermann* JuS 1974, 448 (Falllösung).
[19] Vgl. § 60 I Nr. 2 BauO NRW.

8   cc) *Oberste Bauaufsichtsbehörde* ist das für die Bauaufsicht zuständige Landesministerium.

b) Die Baugenehmigung und ihre Erforderlichkeit

9   Durch die Baugenehmigung erklärt die Bauaufsichtsbehörde, dass dem beabsichtigten Bauvorhaben Hindernisse aus dem zurzeit der Erteilung der Erlaubnis geltenden öffentlichen Recht nicht entgegenstehen *(sog. feststellender Teil der Baugenehmigung)*. Die materielle Lösung von Baurechtsfällen knüpft häufig bei Normen wie § 75 I 1 BauO NRW an, wonach eine Baugenehmigung zu erteilen ist, wenn dem Bauvorhaben öffentlich-rechtliche Vorschriften nicht entgegenstehen. Dazu gehören insbesondere auch die Vorschriften und Festsetzungen des Bauplanungsrechts. Eine Baugenehmigung darf grundsätzlich nur erteilt werden, wenn das Vorhaben dem Bebauungsplan oder anderen bauplanungsrechtlichen Vorschriften entspricht. Auf diese Weise wird eine Verbindung zwischen den beiden Zentralmaterien des Baurechts, dem Bauplanungsrecht und dem Bauordnungsrecht, geschaffen.[20] Außerdem wird durch die Baugenehmigung das präventive Verbot, ohne ihre vorherige Erteilung bauen zu dürfen, aufgehoben und damit die Freigabe für die Errichtung des Vorhabens gegeben (sog. *verfügender Teil*).[21] Beides sind also Regelungsgehalte der Baugenehmigung,[22] wobei umstritten ist, inwieweit der Baugenehmigung auch *konstitutive* Bedeutung zukommt.[23] Weiterhin sichert die Genehmigung dem durch sie erlaubten Bau Bestandsschutz, da bei formell ordnungsgemäßer Baugenehmigung eine Abbruchverfügung nicht ergehen kann, selbst wenn der Bau dem materiellen Baurecht nicht entspricht.[24] Das gilt nach hM[25] jedenfalls für die Vorhaben, bei denen eine Baugenehmigung nach Landesrecht erforderlich ist.

Wer ohne die erforderliche Genehmigung ein Bauwerk errichtet, handelt *formell baurechtswidrig*, auch dann, wenn das Bauvorhaben den materiellen Voraussetzungen entspricht. Sind zugleich die Anforderungen des materiellen Baurechts verletzt, liegt sowohl formelle als auch *materielle Baurechtswidrigkeit* vor. Zu den Rechtsfolgen vgl. unten Fall 13, Rn. 53 ff.

Ist eine Baugenehmigung nach dem jeweiligen Landesrecht nicht erforderlich, kommt es nur auf die materielle Illegalität des Vorhabens an.[26] Bei einer ordnungsrechtlichen Verfügung, gerichtet auf den Abriss einer genehmigungsfreien baulichen Anlage, kommt es also auf das Erfordernis einer formellen Baurechtswidrigkeit nicht an. Hier ua zeigt sich, dass die bekannte Formel von der „formellen und/oder materiellen Illegalität" nur als grobe Orientierungshilfe brauchbar ist.[27]

10   Die *Genehmigungspflicht* für bauliche Anlagen war bis vor einigen Jahren der Regelfall (vgl. den Wortlaut des § 63 I BauO NRW). In den Bauordnungen werden jedoch

---

[20] HBG/*Hoppe*, § 1 Rn. 10.
[21] S. dazu BVerwGE 48, 242 (245); 69, 1 (3); *OVG Lüneburg* NVwZ 1996, 605 (606); HBG/*Grotefels*, § 16 Rn. 52.
[22] *Krebs*, BesVerwR, 4. Kapitel, Rn. 214.
[23] Übersicht zum Meinungsstand bei Finkelnburg/Ortloff/*Otto*, Bd. II, § 8 I 2, S. 125 f.
[24] *VGH Kassel* BRS 20 Nr. 188; *OVG Lüneburg* NVwZ 1996, 605 f. *Krebs*, BesVerwR, 4. Kapitel, Rn. 228. Zur Problematik der Abbruchverfügung vgl. noch ausführlich unten Fall 13, Rn. 47 ff.
[25] *OVG NRW* NWVBl. 1997, 469; HBG/*Grotefels*, § 16 Rn. 89 f.; *Muckel*, S. 126 f. mwN; aA *Mampel* BauR 1996, 13 (19 f.).
[26] *Muckel*, S. 129; *Battis*, 7 IV 2c, S. 226 f.
[27] So *Schoch* JURA 2005, 178 (179).

2. Baugenehmigungsverfahren

zunehmend enumerativ abschließend bestimmte bauliche Anlagen sowie andere Anlagen und Einrichtungen angeführt, die *genehmigungsfrei* sind.[28] Neben einer Reihe von traditionell genehmigungsfreien Vorhaben geringfügiger Art (wie Gartenlauben, Stützmauern, nicht überdachte Stellplätze) verzichten die Bauordnungen vieler Bundesländer mittlerweile auch bei Vorhaben, die nicht nur untergeordnete Gebäude oder Nebenanlagen betreffen, auf das Erfordernis der Baugenehmigung. Diese Entwicklung dient vor allem den in allen staatlichen Bereichen angestrebten Zielen der Entbürokratisierung, Privatisierung und Verwaltungsbeschleunigung.[29]

Das Verfahren ist in den einzelnen Bundesländern unterschiedlich ausgestaltet.[30] Manche Bundesländer kennen eine *Genehmigungsfiktion*, bei der die Bauunterlagen eingereicht werden und die Baugenehmigung als erteilt gilt, wenn die Behörde eine bestimmte Frist ungenutzt verstreichen lässt. Andere Bundesländer sehen demgegenüber lediglich vor, dass bestimmte Wohnbauvorhaben der Bauaufsichtsbehörde angezeigt werden. Diese prüft dann das Vorhaben und kann ggf. den Baubeginn untersagen (sog. *Anzeigeverfahren*). Schließlich haben einige Bundesländer für Wohngebäude einschließlich ihrer Nebenanlagen, die bestimmte Voraussetzungen erfüllen, vorgeschrieben, dass der Bauherr die Bauvorlagen einzureichen hat und die Gemeinde die Möglichkeit behält zu erklären, dass ein Genehmigungsverfahren durchgeführt werden soll (sog. *Genehmigungsfreistellungsverfahren*).[31] Zu dieser letzten Kategorie zählt das in § 67 BauO NRW geregelte Verfahren für die Errichtung oder Änderung von Wohngebäuden mittlerer und geringerer Höhe, die im Geltungsbereich eines Bebauungsplans (§ 30 I, II BauGB) liegen. Sie dürfen den Festsetzungen des Bebauungsplans nicht widersprechen und es muss die Erschließung gesichert sein. Allerdings kann der Bauherr beantragen, dass das Baugenehmigungsverfahren für die Vorhaben durchgeführt wird (§ 67 I 3 BauO NRW).

Sofern ein Vorhaben nicht schon nach den Vorschriften der Bauordnung genehmigungsfrei ist, kann ein *vereinfachtes Genehmigungsverfahren* Anwendung finden. § 68 I 1 BauO NRW[32] sieht ein solches vereinfachtes Verfahren nunmehr als „Regelverfahren" vor, das nur bei besonders aufgezählten bedeutenden Vorhaben (ua Hochhäusern, größeren Verkaufsstätten und Bürogebäuden, Krankenhäusern) nicht eingreift.

Mit der „Abnahme" des Bauwerks bzw. der Bauzustandsbesichtigung durch die Bauaufsichtsbehörde ist die Baugenehmigung verbraucht. Allerdings ist sie nicht erledigt iSd § 113 I 4 VwGO oder gegenstandslos, da das Bauwerk auf ihrer Grundlage erlaubt bleibt, solange es nicht geändert wird.[33] Nachträgliche Änderungen des materiellen Baurechts berühren die Rechtmäßigkeit des einmal ordnungsgemäß errichteten Bauwerks nicht; es genießt also *Bestandsschutz*.[34]

Die Baugenehmigung kann mit *Nebenbestimmungen* (insbesondere Bedingungen, Auflagen und Widerrufsvorbehalte) verbunden werden[35], wenn sie sicherstellen sol-

11

12

---

[28] §§ 65–67 BauO NRW; vgl. zB auch Art. 63–66 BayBO; §§ 69, 70 NdsBauO.
[29] Vgl. *Muckel*, S. 137; *Gubelt* NVwZ 2000, 1013.
[30] S. dazu *Muckel*, S. 138.
[31] Zum Ganzen *Degenhart* NJW 1996, 1433 f.
[32] Siehe dazu *Gubelt* NVwZ 2000, 1013 ff. Vgl. auch Art. 73 BayBO, § 75 SchlHBauO.
[33] *Battis*, 7 III 3a, S. 225.
[34] Vgl. zum Bestandsschutz BVerwGE 25, 161; 27, 341; 36, 296 (301); *BVerwG* NJW 1986, 2126; *Battis*, 3 III 2, S. 64, 7 III 3a, S. 218; ausführlich auch zu neueren Entwicklungen Finkelnburg/Ortloff/*Otto*, Bd. II, § 13 IV, S 174 ff. Es sind auch kleinere bauliche Veränderungen zwecks Anpassung an die geänderten Lebensverhältnisse gerechtfertigt („erweiterter Bestandsschutz"), nicht aber eine grundlegende Umgestaltung oder ein mit dem neuen Recht unvereinbarer Ersatzbau. Trotz Bestandsschutzes kann allerdings im Einzelfall eine Anpassung bestehender baulicher Anlagen an die neue Rechtslage verlangt werden, wenn dies im Einzelfall wegen der Sicherheit für Leben oder Gesundheit erforderlich ist (s. § 87 I BauO NRW).
[35] Siehe dazu *Battis*, 7 III 1 f., S. 209 f.

len, dass die gesetzlichen Voraussetzungen der Baugenehmigung erfüllt werden, § 36 I VwVfG.[36] Diese Nebenbestimmungen sind in der Praxis der Bauerlaubniserteilung besonders häufig und bedeutsam.[37] Die Beurteilung ihrer Rechtsnatur, Rechtmäßigkeit und gerichtlichen Überprüfbarkeit richtet sich nach den Grundsätzen des Allgemeinen Verwaltungsrechts. Dabei ist zu beachten, dass der Bauherr – wie erwähnt – einen Anspruch auf Erteilung der Baugenehmigung hat, wenn das Vorhaben den öffentlich-rechtlichen Vorschriften entspricht (gebundene Erlaubnis). In solchen Fällen sind Nebenbestimmungen grundsätzlich unzulässig, weil ihre Beifügung den Anspruch auf uneingeschränkte Erteilung beeinträchtigt. Stehen aber der Erteilung der Baugenehmigung solche Hindernisse entgegen, die durch Nebenbestimmungen ausgeräumt werden können, so darf die Genehmigung nicht versagt werden; sie muss vielmehr unter Beifügung der entsprechenden Bedingungen oder Auflagen erteilt werden, wenn der Bauherr damit einverstanden ist.[38]

c) Das Baugenehmigungsverfahren

13 **aa)** Die Baugenehmigung wird nur auf schriftlichen *Antrag* erteilt, dem die für die Beurteilung des Vorhabens erforderlichen Unterlagen beizufügen sind, § 69 I BauO NRW. Die Bauaufsichtsbehörde nimmt die Abstimmung mit den in Frage kommenden anderen Dienststellen und Behörden vor und holt die etwa erforderlichen Erlaubnisse und Zustimmungen ein (Konzentrationsprinzip). Zusammen mit der Baugenehmigung wird dem Antragsteller dann eine Ausfertigung der mit dem Genehmigungsvermerk versehenen Bauvorlagen zugestellt.

14 **bb)** Der *Vereinfachung und Beschleunigung* des Verfahrens dienen die besonderen Bestimmungen über Vorbescheide, Teilbaugenehmigungen und Typengenehmigungen.

(1) Der Bauherr kann, um kostspielige Fehlinvestitionen zu verhindern, schon vor Einreichung des Bauantrags zu einzelnen Fragen des Bauvorhabens, die er als besonders zweifelhaft ansieht, einen schriftlichen Bescheid *(Vorbescheid)* einholen, § 71 BauO NRW. Von dieser Möglichkeit wird insbesondere zur frühzeitigen Klärung der Frage Gebrauch gemacht, ob das Grundstück überhaupt oder in bestimmter Weise bebaut werden darf; in diesen Fällen wird der positive Vorbescheid meist als *Bebauungsgenehmigung* bezeichnet.[39] Der Vorbescheid ist nicht etwa eine Art Zusage, sondern rechtlich ein vorweggenommener Teil der späteren Baugenehmigung und damit Verwaltungsakt.[40] Der Vorbescheid gilt befristet zunächst nur zwei Jahre (§ 71 I 2 BauO NRW), kann aber gem. §§ 71 II, 77 II BauO NRW auf Antrag verlängert werden. Für die Dauer seiner Wirksamkeit ist die Baubehörde im nachfolgenden Baugenehmigungsverfahren an ihn gebunden.[41] Deshalb kann auch ein Nachbar den Vorbescheid unmittelbar anfechten, wenn er durch ihn beeinträchtigt ist.

---

[36] Siehe dazu auch unten Fall 14, Rn. 58 ff.
[37] In der Baugenehmigung heißt es dann zB: „Die Bauerlaubnis wird mit der Maßgabe erteilt, dass die folgenden Bestimmungen erfüllt werden: 1. . . ., 2. . . .".
[38] IE auch *Battis*, 7 III 1 f., S. 209; aA *VGH Mannheim* VBlBW 1983, 110. Einen instruktiven Fall einer unverhältnismäßigen Auflage behandelt *OVG NRW* AS 23, 177.
[39] PrOVGE 104, 206 (244); BVerwGE 18, 247; *OVG NW* NVwZ 1997, 1006; *Brohm*, § 28 Rn. 29.
[40] BVerwGE 69, 1; *BVerwG* NJW 1984, 1474; dazu *Battis*, 7 III 2b, S. 215; *Krebs*, BesVerwR, 4. Kapitel, Rn. 210; aA *Dürr* NJW 1980, 2295 f.: lediglich Zusage auf Erteilung der Baugenehmigung.
[41] *BVerwG* NJW 1984, 1474; *OVG NRW* NVwZ 1997, 1006; *Muckel*, S. 139 f.

(2) Nach Einreichung des Bauantrags kann der Beginn der Bauarbeiten für die Baugrube und für einzelne Bauteile oder Bauabschnitte zwecks Verkürzung des Verfahrens auf schriftlichen Antrag schon vor Erteilung der endgültigen Baugenehmigung gestattet werden; es handelt sich dabei um die sog. *Teilbaugenehmigung*, § 76 BauO NRW.[42]
(3) Für bauliche Anlagen, die in derselben Ausführung an mehreren Stellen errichtet werden sollen, kann nach nordrhein-westfälischem Landesrecht eine *Typengenehmigung* für die bestimmte Anlagenart erteilt werden, ohne Rücksicht darauf, wo die einzelnen Anlagen errichtet werden, § 78 I BauO NRW. In der Praxis kommt sie zB bei fabrikmäßig hergestellten Fertighäusern und -garagen oder bei Bohrtürmen vor.[43] In den meisten Landesbauordnungen ist dagegen eine Typengenehmigung nicht mehr vorgesehen.[44]

d) Die Bauüberwachung

Die Ausführung eines erlaubnispflichtigen Bauvorhabens ist während der gesamten Bauzeit zu überwachen, § 81 BauO NRW. Die Überwachung erstreckt sich besonders auf die Befolgung der genehmigten Bauvorlagen, den Nachweis der Brauchbarkeit der Baustoffe, Bauteile und Einrichtungen sowie auf die ordnungsgemäße Erledigung der Pflichten der am Bau Beteiligten. Neben der laufenden Überwachung kennt das Baurecht die *förmlichen Bauabnahmen* bzw. die *Bauzustandsbesichtigungen* (§ 82 BauO NRW). Sie beziehen sich nur auf die genehmigungspflichtigen Bauvorhaben. Soweit Bauordnungen in einzelnen Ländern noch Bauabnahmen vorsehen,[45] erfolgt nach Errichtung der tragenden Teile des Bauwerks die *Rohbauabnahme*, nach Abschluss der Bauarbeiten die *Schluss- oder Gebrauchsabnahme*. Erst danach darf das Bauwerk in Betrieb genommen (bezogen) werden. Zur Vereinfachung des Bauaufsichtsverfahrens sind in vielen Bundesländern[46] anstelle der Bauabnahmen die sog. Bauzustandsbesichtigungen getreten. Sie sind bei genehmigungspflichtigen Bauvorhaben durchzuführen; der Umfang der Besichtigung bleibt dem Ermessen der Bauaufsichtsbehörde überlassen. Der Bauherr muss die Fertigstellung des Rohbaus und die abschließende Fertigstellung jeweils eine Woche vorher der Behörde anzeigen. Über das Ergebnis der Besichtigung ist auf Verlangen des Bauherrn eine Bescheinigung auszustellen. Die bauliche Anlage darf erst nach der Besichtigung der abschließenden Fertigstellung bzw. ersatzweise nach Verstreichen einer in den Landesbauordnungen vorgesehenen Frist in Benutzung genommen werden, es sei denn die Bauaufsichtsbehörde gestattet dies auf besonderen Antrag hin.

15

Fall 11. Bauantrag des Pächters

Berücksichtigung privater Rechtsverhältnisse bei Erteilung der Baugenehmigung – Fehlendes Antrags-/Sachentscheidungsinteresse

16

A hat von E ein Grundstück als Gartenland gepachtet. Danach war formlos vereinbart worden, dass E dem A das Grundstück übereignen werde, sobald das Grundstück als

---

[42] S. dazu *VGH Kassel*, BRS 22 Nr. 159; BRS 27 Nr. 150; *Battis*, 7 III 2b, S. 216.
[43] Vgl. dazu *OVG Koblenz* VerwRspr. 23, 821.
[44] HBG/*Grotefels*, § 16 Rn. 76.
[45] ZB ua § 67 BWBauO; § 84 BremBauO; § 78 I HmbBauO; § 80 NdsBauO.
[46] S. § 82 BauO NRW und die entsprechenden Vorschriften u. a. in Bayern (Art. 80 BayBO), Hessen (§ 105 HessBauO) und RhPf (§ 76 RhPfBauO), Sachsen (§ 82 SächsBO), Thüringen (§ 79 ThürBO).

Bauland ausgewiesen würde. Als eine entsprechende Änderung des Bebauungsplans erfolgte, verweigert E jedoch die Übereignung. Außerdem ließ er zugunsten des Nachbarn N, der einen freien Ausblick wünschte, das betreffende Grundstück mit einer Grunddienstbarkeit belasten, wonach es nicht bebaut werden darf. A beantragt trotzdem eine Baugenehmigung. Auf Betreiben des N wird in einem rechtskräftigen Zivilurteil festgestellt, dass A nicht bauen darf. Unter Berufung hierauf lehnt die Bauaufsichtsbehörde den Bauantrag des A ab. Öffentlich-rechtliche Vorschriften standen dem Vorhaben im Übrigen nicht entgegen.

Ist die Entscheidung der Behörde materiell rechtmäßig?

Gliederung

I. Materielle Rechtmäßigkeit
  1. Baugenehmigung und privatrechtliches Eigentum
  2. Berücksichtigung der „privaten Rechte Dritter"
     a) Keine Prüfung der zivilrechtlichen Befugnis des Bauherrn
     b) Berücksichtigung der privaten Rechte Dritter durch Genehmigungsbehörde
II. Ergebnis

Lösung

I. Materielle Rechtmäßigkeit

Gefragt ist nur nach der materiellen Rechtslage. *A* hat einen Anspruch auf Erteilung der Baugenehmigung, wenn seinem Bauvorhaben öffentlich-rechtliche Vorschriften nicht entgegenstehen, § 75 I 1 BauO NRW.

1. Baugenehmigung und privatrechtliches Eigentum

A hat das betreffende Grundstück nur als Gartenland gepachtet; die schuldrechtliche Vereinbarung einer späteren Übereignung war mangels entsprechender Form gem. §§ 125 S. 1, 311b I BGB nichtig. Ein Anspruch auf Erteilung der Baugenehmigung würde also nicht bestehen, wenn Eigentum am Grundstück oder eine vergleichbare dingliche Grundstücksberechtigung Voraussetzung hierfür wäre. Das ist indes nicht der Fall. Alle Bauordnungen enthalten Regelungen mit dem Inhalt, dass die Baugenehmigung stets *unbeschadet der privaten Rechte Dritter* erteilt wird (vgl. zB § 75 III 1 BauO NRW). Diese landesrechtlichen Vorschriften stellen iVm den sonstigen Normen über die Erteilung der Baugenehmigung eine zulässige Inhaltsbestimmung des Eigentums nach Art. 14 I 2 GG dar. Das *BVerwG* hat in einer früheren Entscheidung[47] festgestellt, dass die verfassungsrechtliche Grundlage des einfachgesetzlichen Anspruchs auf Erteilung der Baugenehmigung (Art. 75 I 1 BauO NRW) nicht nur in Art. 14 I GG, sondern auch in Art. 2 I GG zu sehen ist. Mangels entgegenstehender Vorschriften kann aus Art. 2 I GG zumindest die Grundlage für das Recht zur Stellung eines Bauantrags entnommen werden.

Es wird daher nicht vorausgesetzt, dass der Bauherr als Eigentümer oder in vergleichbarer Weise am Grundstück berechtigt ist. Mithin braucht sich die Bauaufsichts-

---

[47] BVerwGE 42, 115 (116); s. ferner Finkelnburg/Ortloff/*Otto*, Bd. II, § 8 II 1, S. 127.

behörde grundsätzlich nicht um die privaten Rechte an dem Grundstück zu kümmern. Anderenfalls würde auch der Ablauf der Genehmigungsverfahren zeitlich verzögert.

Allerdings kann dieses auf Art. 2 I GG basierende Antragsrecht durch Landesrecht eingeschränkt werden.[48] So können die Bauordnungen zulässigerweise vorsehen, dass bei Bauanträgen von Nichteigentümern die Vorlage einer förmlichen Zustimmung des Eigentümers verlangt werden darf – wie dies etwa in § 69 II 3 BauO NRW der Fall ist. Die Entscheidung hierüber steht im Ermessen der Behörde. Der Sachverhalt besagt jedoch, dass die Baugenehmigung nicht wegen der fehlenden Zustimmungserklärung des E, sondern wegen des rechtskräftigen Zivilurteils des N versagt wurde. Der Anspruch auf Erteilung der Bauerlaubnis entfällt also nicht schon deshalb, weil A nicht Eigentümer des Grundstücks ist, auf dem das Bauvorhaben errichtet werden soll.

2. Berücksichtigung der „privaten Rechte Dritter" 20

Die Baugenehmigungsbehörde hat die Bauerlaubnis unter Hinweis auf das von N erstrittene rechtskräftige Zivilurteil versagt, wonach A wegen der entsprechenden Grunddienstbarkeit nicht bauen darf. Es ist fraglich, ob die Bauaufsichtsbehörde das Zivilurteil berücksichtigen muss oder darf.

a) Baugenehmigungen ergehen grundsätzlich – wie erwähnt – „unbeschadet der privaten Rechte Dritter", § 75 III 1 BauO NRW. Die Nachprüfung der Bauaufsichtsbehörde hat sich also nicht auf die privatrechtliche Befugnis des Antragstellers zur Bebauung der vorgesehenen Fläche zu erstrecken.[49] Konsequenz ist, dass alle privatrechtlichen Beziehungen unberührt bleiben. Würde also im vorliegenden Fall die Baugenehmigung erteilt, so könnte N den A trotzdem aus der Grunddienstbarkeit auf Unterlassen jeglicher Bautätigkeit in Anspruch nehmen und mit den Mitteln der Zivilprozessordnung das rechtskräftige Urteil vollstrecken. Die private Rechtsposition des N würde durch die Baugenehmigung also keine Einschränkung erfahren. Auf die Frage, ob der Bauherr zivilrechtlich befugt ist, seine Bauabsicht zu verwirklichen, *braucht* daher im Baugenehmigungsverfahren grundsätzlich *nicht* eingegangen zu werden.[50] 21

b) Umstritten ist aber, ob die Baugenehmigungsbehörde deshalb private Rechte Dritter bei der Bearbeitung des Bauantrags überhaupt *nicht* berücksichtigen *darf*.[51] 22

aa) In der Literatur ist früher verschiedentlich die Ansicht vertreten worden, die Bauaufsichtsbehörde dürfe private Rechte Dritter *nicht* berücksichtigen.[52] Der klare Wortlaut der bauordnungsrechtlichen Normen, wonach Baugenehmigungen unbeschadet der privaten Rechte Dritter ergehen, besage, dass privatrechtliche Erwägungen auch dann aus dem Bauaufsichtsverfahren ausgeschlossen seien, wenn sie infolge rechtskräftigen Gerichtsentscheids offenkundig seien. Auch wenn die Verwirklichung des Bauvorhabens angesichts der privatrechtlichen Situation aussichtslos sei, sei der Bauantrag bei Übereinstimmung mit dem öffentlichen Recht zu genehmigen. Die Baugenehmigung schaffe keine Baupflicht, sie sei daher niemals auf eine Kollision mit zivilrechtlichen Verhältnissen angelegt. Erst die Ausführung des Bauvorhabens könne in Konflikt mit dem privatrechtlich Erlaubten geraten.[53] 23

---

[48] Vgl. eingehend BVerwGE 42, 115 (117).
[49] BVerwGE 50, 282 (285 f.).
[50] BVerwGE 20, 124 (125).
[51] Vgl. hierzu *Zeitler* JA 1970, 289.
[52] *Friauf, von Münch*, BesVerwR, 8. Aufl. 1988, 6. Abschnitt, III 3e, S. 567 f.; *Menger/Erichsen*, VerwArch 56 (1965), 374 (386); *Schuegraf* NJW 1965, 928 f.
[53] So *Schuegraf*, NJW 1965, 928 (929).

Da nach dem Sachverhalt öffentlich-rechtliche Vorschriften dem Bauvorhaben des *A* nicht entgegenstehen, wäre nach dieser Ansicht die auf das Zivilurteil gestützte Versagung der Baugenehmigung rechtswidrig.

24 bb) Nach der insbesondere von der Rechtsprechung vertretenen, inzwischen herrschenden Meinung[54] ist die Baugenehmigungsbehörde bei privatrechtlichen Hindernissen zwar *nicht verpflichtet*, die Baugenehmigung zu versagen, wohl aber ist sie hierzu *berechtigt*. Dieser Auffassung ist aus folgenden Gründen zuzustimmen: Das Fehlen der zivilrechtlichen Berechtigung zum Bauen *kann* ein verfahrensrechtlicher Grund sein, die Baugenehmigung zu versagen. Denn eine Genehmigung, auf die „an sich" ein Anspruch besteht, kann grundsätzlich dennoch versagt werden, wenn es dem Antragsteller an einem schutzwürdigen *Antrags- oder Sachbescheidungsinteresse fehlt*. Das gilt insbesondere, wenn der Antragsteller an der Verwertung der begehrten Baugenehmigung gehindert und diese deshalb ersichtlich nutzlos ist. An einer Baugenehmigung, die sich mit Rücksicht auf die privatrechtlichen Verhältnisse nicht verwirklichen lässt, hat der Antragsteller kein schutzwürdiges Interesse. Die zur Entscheidung berufene Behörde ist daher berechtigt, die Genehmigung allein aus diesem Grunde zu verweigern, ohne zu prüfen, ob das Vorhaben, das aus privatrechtlichen Gründen nicht ausgeführt werden darf, „an sich" den öffentlich-rechtlichen Vorschriften entspricht.[55] Ein Sachbescheidungsinteresse sollte man aber nur dann ablehnen, wenn verbindlich feststeht, dass der Bauherr das entgegenstehende private Recht eines Dritten nicht ausräumen kann.[56] Eine gesetzliche Konkretisierung des Grundsatzes, dass bei fehlendem Antragsinteresse eine Baugenehmigung nicht erteilt zu werden braucht, findet sich auch in Normen wie dem erwähnten § 69 II 3 BauO NRW, wonach für Bauanträge von Nichteigentümern die förmliche Zustimmung des Eigentümers verlangt werden kann.[57] Schließlich trägt die Auffassung dem Grundsatz der Einheit der Rechtsordnung bestmöglich Rechnung, ohne dass die Bauaufsichtsbehörde etwa über ein zivilrechtliches Rechtsverhältnis entscheiden würde.[58] Da nach den gegebenen Umständen eine privatrechtliche Berechtigung des *A* zum Bauen sowohl wegen fehlender Bereitschaft des *E*, das Eigentum an dem Grundstück zu übertragen, als auch wegen des rechtskräftigen Zivilurteils des *N* als Inhaber der auf ein Bebauungsverbot gerichteten Grunddienstbarkeit, nicht gegeben ist, war die Bauaufsichtsbehörde berechtigt, die Baugenehmigung zu versagen.

25 II. Ergebnis

Da *A* keinen Anspruch auf Erteilung der Bauerlaubnis hat, war die Entscheidung der Behörde rechtmäßig.[59]

---

[54] BVerwGE 20, 124; 50, 282 (285 f.); *OVG Saarl.* BRS 24 Nr. 97 und BRS 27 Nr. 132; *VGH Mannheim* NVwZ 1995, 563 (564); *VGH München* BayVBl. 2009, 507; Finkelnburg/Ortloff/Otto, Bd. II, § 8 II 3b, S. 129; *Battis,* 7 III 3c, S. 221 f.

[55] BVerwGE 42, 115 (117); 20, 124 (127); *Battis* (7 III 3c, S. 221 f.) lehnt zutr. das Sachbescheidungsinteresse erst dann ab, wenn verbindlich feststeht, dass der Dritte auf sein entgegenstehendes privates Recht nicht verzichtet.

[56] *Battis,* 7 III 3c, S. 221 f.; weitergehender *VGH Mannheim* NVwZ-RR 1991, 600: erhebliche Zweifel der Behörde genügen, die fehlende Berechtigung muss nicht eindeutig und offensichtlich sein.

[57] BVerwGE 42, 115 (117).

[58] Vgl. BVerwGE 20, 124 (126 f.).

[59] Auch nach dargestellten früher vertretenen Gegenauffassung dürfte eine Klage des *A* auf Erteilung der Baugenehmigung keine Aussicht auf Erfolg haben, und zwar aus *prozessualen* Gründen: Da rechtskräftig feststeht, dass *A* aus privatrechtlichen Gründen keinesfalls bauen darf, wäre die entsprechende verwaltungsgerichtliche Klage auf einen *sinnlosen Rechtsakt* gerichtet. Die Inanspruchnahme der Gerichte hierfür ist aber nicht gerechtfertigt, es fehlt das allgemeine Rechtsschutzbedürfnis; eine Verpflichtungsklage des *A* wäre unzulässig (so jedenfalls *Bartlsperger* DVBl. 1969, 265 (267)).

3. Befugnisse der Bauaufsicht bei Verstößen gegen die Bauordnung

Wie oben (Rn. 4 ff.) ausgeführt wurde, überwachen die Bauaufsichtsbehörden das gesamte örtliche Baugeschehen. Es geht dabei nicht nur um das Verfahren der Erteilung von Baugenehmigungen. Die Bauaufsichtsbehörden haben überdies eine Reihe von Eingriffsbefugnissen. Diese verschiedenartigen Befugnisse sollen anhand der folgenden Fälle erläutert werden.

Fall 12. Verschmutzung durch Baustellenfahrzeuge

Aufgaben der Bauaufsichtsbehörde – Einschreiten nach § 61 I 2 BauO NRW – Verantwortlichkeit im Bauordnungsrecht

Die Siedlungsgesellschaft Terra-GmbH *(T)* errichtet ein Hochhaus in einem überwiegend bebauten Gebiet auf einem ihr gehörenden, in der kreisfreien Stadt *S* (NRW) gelegenen Grundstück. Die Bauleitung obliegt dem bei der *T* angestellten Bauingenieur *I*. Die *T* hatte die beiden Firmen *A* und *B* mit den Erdarbeiten beauftragt, wozu auch die Reinigung der durch den Baustellenverkehr verschmutzten Straßen gehörte. Beide waren vertraglich zur selbstständigen Überwachung ihrer Arbeiten verpflichtet. Während der Erdarbeiten wurde eine stark befahrene Gemeindestraße, die unmittelbar an der Baustelle vorbeiführt, durch ausfahrende Lastkraftwagen wiederholt erheblich verschmutzt, was – vor allem bei nachfolgendem Regen – zu Schwierigkeiten für Pkw-Fahrer führte. Dabei ließ sich häufig nicht klären, ob Fahrzeuge der *A* oder der *B* die Verschmutzungen verursacht hatten. Der Oberbürgermeister von *S* hatte den *I* schon mehrfach auf die Verschmutzungen hingewiesen und eine Reinigung der Straße verlangt, was jeweils umgehend geschah. Am 14.8.2012 weigerte sich *I* jedoch, die Reinigung zu veranlassen. Er erklärte, der Oberbürgermeister solle sich unmittelbar an *A* und *B* wenden, die an diesem Tage beide die Verschmutzungen verursacht hätten. Da am Abend dieses Tages die Straße noch verschmutzt war und städtische Kehrmaschinen den festgefahrenen Lehm nicht beseitigen konnten, forderte der Oberbürgermeister – nach zuvor erfolgter Anhörung – am 15.8.2012 die *T* schriftlich auf, die Straße bis 17.00 Uhr zu reinigen und zukünftig jede Straßenverschmutzung bis 17.00 Uhr des jeweiligen Tages beseitigen zu lassen. Die *T* erhebt gegen diese Verfügung fristgerecht vor dem zuständigen VG Klage. Sie meint ua, der Oberbürgermeister dürfe nicht sie heranziehen, sondern *A* und *B*, zumindest jedoch *I*.

Hat die Klage Aussicht auf Erfolg?

Gliederung

I. Zulässigkeit der Klage
  1. Verwaltungsrechtsweg
  2. Klageart
  3. Klagebefugnis
  4. Vorverfahren
  5. Klagegegner
  6. Weitere Sachurteilsvoraussetzungen
II. Begründetheit der Klage
  1. Formelle Rechtmäßigkeit der Verfügung

> 2. Materielle Rechtmäßigkeit der Verfügung
>   a) Ermächtigungsgrundlage § 61 I BauO NRW: Verstoß gegen öffentlich-rechtliche Vorschriften
>   aa) Verletzung des § 19 II BauO NRW
>   bb) Nichtbeachtung des § 14 I BauO NRW
>   cc) Verstoß gegen § 3 I BauO NRW
>   dd) Verstoß gegen die Pflichten aus § 17 I StrWG NRW und § 32 I StVO
>   b) Ordnungspflichtigkeit
>   c) Ermessen bei Störerauswahl
>   d) Bestimmtheit und Verhältnismäßigkeit der Verfügung, keine tatsächliche Unmöglichkeit der Beseitigung
> 3. Ergebnis

Lösung

29 **I. Zulässigkeit der Klage**

1. Verwaltungsrechtsweg

Da die *T* sich gegen ein hoheitliches Tätigwerden des Oberbürgermeisters im Bereich des Bau-, Ordnungs- und Straßenrechts wendet, handelt es sich um eine öffentlich-rechtliche Streitigkeit nichtverfassungsrechtlicher Art, so dass mangels Sonderzuweisung gem. § 40 I VwGO der Verwaltungsrechtsweg gegeben ist.

30 **2. Klageart**

Die *T* wendet sich gegen die Verfügung vom 15.8.2012, durch die belastend in ihren Rechtskreis eingegriffen wird. Bei der Aufforderung zur Reinigung handelt es sich um eine Maßnahme des Oberbürgermeisters als Verwaltungsbehörde zur Regelung eines Einzelfalls auf dem Gebiet des öffentlichen Rechts, mithin um einen Verwaltungsakt nach § 35 S. 1 VwVfG. Die Anfechtungsklage gem. § 42 I VwGO ist daher die richtige Klageart. Das gilt jedenfalls für den Teil der Ordnungsverfügung, der sich auf die Aufforderung zur zukünftigen Straßenreinigung bezieht. Soweit die Verfügung auch schon die Aufforderung zur Reinigung der Straße am 15.8.2012 bis 17.00 Uhr beinhaltet, hat sich diese Regelung durch Zeitablauf vor Klageerhebung erledigt. Insofern ist eine Fortsetzungsfeststellungklage nach § 113 I 4 VwGO analog als statthafte Klageart in Betracht zu ziehen. Allerdings ist hierfür ein Fortsetzungsfeststellungsinteresse der *T* nicht ersichtlich. Denn der Regelungsinhalt des durch Zeitablauf erledigten Teils der Verfügung deckt sich mit der grundsätzlichen Aufforderung, zukünftig Straßenverschmutzungen bis 17.00 Uhr des jeweiligen Tages zu beseitigen. Ein Feststellungsinteresse oder ein Rechtsschutzbedürfnis für die gerichtliche Klärung der Rechtswidrigkeit des erledigten Verwaltungsaktes besteht für die *T* nicht, da sie die identische Verfügung, die für sie noch eine belastende Wirkung hat, mit der Anfechtungsklage angreifen kann.

Die *T* sollte ihre Klage daher auf die Aufforderung zur zukünftigen Beseitigung der Straßenverschmutzung beschränken. Für dieses Klagebegehren ist die Anfechtungsklage die richtige Klageart.

31 **3. Klagebefugnis**

Als Adressat dieser belastenden Maßnahme ist die *T* auch gem. § 42 II VwGO klagebefugt.

4. Vorverfahren

Der Durchführung eines Widerspruchsverfahrens bedarf es nach nordrhein-westfälischem Landesrecht gem. § 68 I 2 VwGO iVm § 110 I 1 JustG NRW nicht.

5. Klagegegner

Die Klage ist gegen nach § 78 I Nr. 1 VwGO gegen die Körperschaft zu richten, deren Behörde den angefochtenen Verwaltungsakt erlassen hat, also gegen die Stadt S.

6. Weitere Sachurteilsvoraussetzungen

Bezüglich der übrigen Sachurteilsvoraussetzungen bestehen keine Bedenken. Die Anfechtungsklage ist zulässig.

II. Begründetheit der Klage

Die Klage ist gem. § 113 I 1 VwGO begründet, wenn die Verfügung vom 15.8.2012 formell oder materiell rechtswidrig ist und die T in ihren Rechten verletzt.

1. Formelle Rechtmäßigkeit der Verfügung

Die Verfügung wäre formell rechtswidrig, wenn Vorschriften über Zuständigkeiten, Form oder Verfahren verletzt wären. Der Oberbürgermeister war hier örtlich und sachlich zuständig: Seine Maßnahmen hat er im Zusammenhang mit dem Bau eines Hochhauses als untere Bauaufsichtsbehörde gem. § 60 I Nr. 3a BauO NRW getroffen. Die sachliche Zuständigkeit ergibt sich aus § 62 BauO NRW, die örtliche aus §§ 12 II, 4 I OBG NRW, weil die Bauaufsichtsbehörden Sonderaufsichtsbehörden iSd § 12 I OBG NRW sind. Die ihnen obliegenden Aufgaben gelten nämlich gem. § 60 II 1 BauO NRW als solche der Gefahrenabwehr.

Eine Anhörung nach § 28 I VwVfG NRW ist laut Sachverhalt erfolgt. Es kann auch davon ausgegangen werden, dass die weiteren formellen Anforderungen des § 20 OBG NRW (Schriftform, Rechtsmittelbelehrung) gewahrt sind. Die Verfügung ist demnach formell rechtmäßig.

2. Materielle Rechtmäßigkeit der Verfügung

Die Verfügung müsste auch materiell rechtmäßig sein. Insoweit ist zu prüfen, ob der Oberbürgermeister sich auf eine wirksame Ermächtigungsgrundlage berufen kann (a), ob die T ordnungspflichtig ist (b), ob der Oberbürgermeister unter mehreren möglichen Ordnungspflichtigen richtig ausgewählt hat (c) und ob keine sonstigen rechtsstaatlichen Grundsätze verletzt sind (d).

a) Als spezielle *Ermächtigungsgrundlage* kommt § 61 I 2 BauO NRW iVm Satz 1 dieser Vorschrift in Betracht, weil das Einschreiten der Behörde im Zusammenhang mit dem Bau eines Hochhauses steht, für das eine Baugenehmigung bereits erteilt war. Danach obliegt es den Bauaufsichtsbehörden unter anderem, anlässlich der Errichtung baulicher Anlagen dafür zu sorgen, dass die öffentlich-rechtlichen Vorschriften eingehalten werden. Hierzu haben sie nach pflichtgemäßem Ermessen die erforderlichen Maßnahmen zu treffen. Es war früher umstritten, ob die Vorschrift den Charakter einer Ermächtigungsgrundlage hat oder ob es sich lediglich um eine Aufgabenzuweisung (wie etwa § 1 OBG NRW) handelt und die (subsidiäre) Generalklausel des § 14 OBG NRW als Ermächtigungsgrundlage eingreift. § 61 I BauO NRW beschreibt zwar in S. 1 allgemein den Aufgabenbereich der Bauaufsichtsbehörden; aber indem die Norm diese in S. 2 verpflichtet, nach pflichtgemäßem Ermessen die erforderlichen Maßnahmen zu treffen, begründet sie zugleich die *Befugnis* zum Erlass solcher Maßnahmen.[60] Der Gesetzgeber hat durch die gewählte Überschrift („Auf-

---

[60] AllgM, vgl. GCJPW/*Wenzel*, § 61 Rn. 15 ff.; *Muckel*, S. 124 f.

gaben *und Befugnisse* der Bauaufsichtsbehörden") eine diesbezügliche Klarstellung vorgenommen. Ermächtigungsgrundlage ist daher § 61 I 2 BauO NRW. Hierfür sprechen auch die in § 61 II–VI BauO NRW gewährten Rechte.

Voraussetzung für ein Einschreiten nach § 61 I BauO NRW ist, dass „öffentlich-rechtliche Vorschriften" verletzt werden. Die Bauaufsichtsbehörde ist nicht nur befugt, die Einhaltung speziell baurechtlicher oder bautechnischer Normen zu überwachen, sondern *aller* öffentlich-rechtlichen Vorschriften, die die öffentliche Sicherheit oder Ordnung gewährleisten sollen. Die Bauaufsicht nimmt insoweit die Befugnisse aller Behörden wahr, deren Belange durch die bauliche Anlage berührt werden, soweit keine spezialgesetzliche Regelung besteht (§ 61 I 3 BauO NRW).[61]

39 **aa)** Verletzt sein könnte § 19 II BauO NRW, wonach die Sicherheit oder Ordnung des öffentlichen Verkehrs „durch bauliche Anlagen" nicht gefährdet werden darf. Diese Vorschrift erfasst in erster Linie die Fälle, bei denen die Gefährdung des Verkehrs von der baulichen Anlage selbst verursacht wird, zB durch zu weites Herausragen von Bauteilen (Gesims, Fensterbänke, Werbeanlagen oä).[62] Fenster und Türen sollen nicht in den öffentlichen Verkehrsraum aufschlagen.[63] Gefährdungen iSd § 19 II BauO NRW können aber auch von der Nutzung der baulichen Anlage ausgehen, wenn ihre *auf Dauer angelegte Zweckbestimmung* geeignet ist, Verkehrsbehinderungen zu erzeugen.[64] So ist eine Gefährdung der Sicherheit und Leichtigkeit des öffentlichen Verkehrs durch eine bauliche Anlage deswegen zu besorgen, weil die ihr zugeordneten Einstellplätze von der Straße aus nicht eingesehen werden können, deshalb häufig vergeblich angefahren werden und infolge der dadurch bedingten Vielzahl von An- und Abfahrten der Verkehrsfluss auf der Straße behindert wird.[65]

Demgegenüber erfasst § 19 II BauO NRW nicht Verkehrsbehinderungen, die von einer vorübergehenden Bautätigkeit ausgehen. Dies ergibt sich aus der Gesetzessystematik: Die Vorschrift steht im 3. Teil der BauO NRW, der nur die Anforderungen an die baulichen Anlagen selbst regelt, ua Standsicherheit, Brandschutz, Wärmeschutz. Hier wird die Verunreinigung der Straße durch die Lastkraftwagen während der Bauphase verursacht. Wenn das Wohnhaus der *T* fertig gestellt ist, wird der öffentliche Verkehr nicht mehr gefährdet. Derartige vorübergehende Behinderungen durch eine Baustelle erfasst § 19 II BauO NRW nicht. Folglich liegt kein Verstoß gegen diese Norm vor.

40 **bb)** Weiter könnte § 14 I BauO NRW nicht beachtet worden sein. Nach dieser Sondervorschrift sind Baustellen so einzurichten, dass die baulichen Anlagen ordnungsgemäß errichtet, geändert oder abgebrochen werden können und Gefahren oder vermeidbare Belästigungen nicht entstehen. Damit sollen sowohl die am Bau Beteiligten, insbesondere also die Bauhandwerker und Bauarbeiter, als auch unbeteiligte Dritte geschützt werden. Wie sich aus § 14 II, III BauO NRW ergibt, ist jedoch der Schutzbereich auf die Baustelle beschränkt, dh auf den Ort, an dem die Bauarbeiten verrichtet werden. Aus diesem Grunde scheidet hier für die Verschmutzung der Gemeindestraße eine Anwendung des § 14 I BauO NRW aus.

41 **cc)** Näher in Betracht kommt jedoch ein Verstoß gegen § 3 I BauO NRW, wonach bauliche Anlagen so zu unterhalten sind, dass die öffentliche Sicherheit oder Ord-

---

[61] *BHSR*, § 61 Rn. 16; *GCJPW/Wenzel*, § 61 Rn. 12.
[62] *Thiel/Moog/Klauke*, Bd. 2, 31.00, Anm. zu § 19 BauO NRW.
[63] Vgl. Nr. 19.22 der Verwaltungsvorschrift zur BauO NRW; zu weiteren Beispielen s. *GCJPW/Johlen*, § 19 Rn. 9.
[64] Vgl. *BHSR*, § 19 Rn. 11: ua Fahrzeugverkehr von Kaufhäusern oder Versammlungsstätten.
[65] *OVG Saarl.* BRS 38 Nr. 126.

nung nicht gefährdet wird. Diese Vorschrift ist als Generalklausel weit auszulegen[66] und erfüllt die Funktion eines Auffangtatbestandes.[67] Sie erfasst auch auf die von der Baustelle ausgehenden Gefahren. Durch die Verschmutzung wird die Sicherheit und Leichtigkeit des Verkehrs gefährdet, so dass eine Störung der öffentlichen Sicherheit vorliegt. Da die Verschmutzung auch unmittelbar von der Baustelle ausgeht, sind die Voraussetzungen des § 3 I BauO NRW erfüllt. Anders wäre der Fall zu beurteilen, wenn Baufahrzeuge nicht den Schmutz der Baustelle nach außen tragen, sondern zB durch ihre Ladung die öffentliche Sicherheit gefährden.

dd) Schließlich wird gegen den Grundsatz verstoßen, dass über das übliche Maß hinausgehende Verunreinigungen von Straßen unverzüglich zu beseitigen sind, und zwar in seiner straßenrechtlichen (§ 17 I StrWG NRW) wie in seiner straßenverkehrs-rechtlichen (§ 32 I StVO) Ausprägung. Die Straße ist durch den Lehm über das übliche Maß hinaus mehrfach „erheblich" verunreinigt worden. Ohne Bedeutung ist es, ob dadurch jeweils eine Verkehrsgefährdung eingetreten ist; es genügt, dass eine Gefährdung Dritter möglich ist.[68] Das ist der Fall, da schon früher bei ähnlichen Gelegenheiten „Schwierigkeiten für Pkw-Fahrer" aufgetreten waren. 42

Demnach sind verschiedene öffentlich-rechtliche Vorschriften nicht eingehalten worden. Die Bauaufsichtsbehörde war also nach § 61 I 2 BauO NRW zum Einschreiten befugt.

b) Die T müsste für die Beseitigung der genannten Störungen der öffentlichen Sicherheit auch *ordnungspflichtig* sein. Die T ist als Bauherrin neben anderen (ua dem Bauleiter *I*) dafür verantwortlich, dass die öffentlich-rechtlichen Vorschriften eingehalten werden, § 56 BauO NRW. Bei dieser Vorschrift handelt es sich um eine spezifisch baurechtliche Konkretisierung des allgemeinen ordnungsrechtlichen Grundsatzes der Handlungshaftung (§ 17 OBG NRW), aber auch der Zustandshaftung (§ 18 OBG).[69] 43

Die T könnte weiter für die Pflichtverletzung von ihr bestellter Verrichtungsgehilfen gem. § 17 III OBG NRW verantwortlich sein. Der Bauleiter *I* ist bei ihr weisungs-abhängig angestellt und damit Verrichtungsgehilfe.[70] Er hat es unterlassen, die Firmen *A* und *B* oder andere von ihm zu bestellende Dritte zur unverzüglichen Beseitigung der Straßenverunreinigung zu bewegen, obwohl er als Bauleiter darauf zu achten hat, dass die Arbeiten der Unternehmer gefahrlos ineinandergreifen und unter Einhaltung der öffentlich-rechtlichen Vorschriften durchgeführt werden, §§ 59a I 2, 56 BauO NRW. Diese Überwachungspflicht erlischt nicht dadurch, dass die Firmen *A* und *B* laut privatrechtlichem Vertrag mit der T zur selbstständigen Beseitigung der Verunreinigungen verpflichtet waren; die Verantwortlichkeiten bestehen vielmehr nebeneinander (vgl. auch § 59a I 3 BauO NRW).[71] Für diese Pflichtwidrigkeit des *I* ist die T also nach § 17 III OBG NRW verantwortlich. Hingegen haftet sie nicht für das Verhalten von *A* und *B*, da diese als unabhängige Bauunternehmer ein Werk selbstständig durchführen; somit sind sie keine Verrichtungsgehilfen, da die „weisungsgebundene Abhängigkeit einer Person von einer anderen" fehlt.[72]

---

[66] *OVG NRW* NJW 1965, 267 (268).
[67] GCJPW//*Johlen*, § 3 Rn. 4.
[68] Hentschel/König/*Dauer*, Straßenverkehrsrecht, 41. Aufl. 2011, § 32 StVO, Rn. 17 (Beispiele in Rn. 12).
[69] GCJPW/*Wenzel*, § 56 Rn. 7.
[70] *OVG NRW* JZ 1964, 367 (368); *Rietdorf/Heise/Böckenförde/Strehlau*, § 17 OBG Rn. 11.
[71] *Rietdorf/Heise/Böckenförde/Strehlau*, § 16 OBG Rn. 13, § 17 OBG Rn. 11.
[72] Vgl. *Rietdorf/Heise/Böckenförde/Strehlau*, § 17 OBG Rn. 11; Palandt/*Sprau*, BGB, 71. Aufl. (2012), § 831 Rn. 6.

Schließlich könnte die *T* noch nach § 18 I 1 OBG NRW als Zustandsstörerin ordnungspflichtig sein, weil die Störung von dem in ihrem Eigentum stehenden Grundstück ausgeht. Dann müsste das Grundstück die *unmittelbare* Gefahrenquelle sein.[73] Das ist zB anzunehmen, wenn von einem Rohbau Eisenträger herunterfallen. Hier wird jedoch der Straßenverkehr nicht schon durch die Existenz des Baugrundstücks, sondern erst durch die Fahrzeuge der Firmen *A* und *B*, die das Erdreich auf die Straße streuen, unmittelbar gefährdet.

Insgesamt ist die *T* demnach als Bauherrin nach § 56 BauO NRW sowie für die Pflichtwidrigkeit des Bauleiters *I* nach § 17 III OBG NRW ordnungspflichtig.

44 c) Neben der *T* sind – wie erwähnt – auch noch andere Personen ordnungspflichtig, und zwar der *I* als Bauleiter (§§ 59a I 2, 56 BauO NRW) sowie die Firmen *A* und *B* als Unternehmer (§§ 59 I 1, 56 BauO NRW bzw. § 17 I, III OBG NRW), die die Störung der Verkehrssicherheit unmittelbar verursacht haben. Es fragt sich, ob die Heranziehung gerade der *T* rechtmäßig ist. Unter mehreren Ordnungspflichtigen kann die Bauaufsichtsbehörde im Grundsatz nach pflichtgemäßem Ermessen *auswählen*.[74]

Die Wahlmöglichkeit wird allerdings durch Regeln über die Ausübung des Ermessens eingeengt. Im Prinzip soll sich die Behörde danach an denjenigen Störer halten, der örtlich und zeitlich dem Schaden am nächsten ist und ihn am leichtesten beseitigen kann. Es soll der wirkungsvollste Weg der Gefahrenabwehr gewählt werden, wobei das Übermaßverbot (Geeignetheit, Erforderlichkeit, Verhältnismäßigkeit im engeren Sinne) und das Willkürverbot (Art. 3 I GG) beachtet werden müssen.[75] Das könnte für eine Heranziehung der Firmen *A* und *B* sprechen. Jedoch ist auch die Heranziehung der *T* nicht ermessensfehlerhaft: Sie haftet – wie dargelegt – aus *zwei* Gründen, nämlich aus § 56 BauO NRW *und* aus § 17 III OBG NRW, ferner ist sie nach § 56 BauO NRW als Bauherrin *immer*, die anderen Beteiligten nur „im Rahmen ihres Wirkungskreises", verantwortlich. Weiter hat sie eine rechtliche Einwirkungsmöglichkeit auf sämtliche Beteiligten. Sie kann mindestens ebenso wirksam wie die Unternehmer *A* und *B* für die Beseitigung der Verunreinigungen sorgen. Schließlich wäre es für die Bauaufsichtsbehörde unzumutbar, in sämtlichen zukünftigen, von der Verfügung umfassten Fällen festzustellen, ob gerade *A* oder *B* die Verunreinigung verursacht hat. Die Heranziehung der *T* war somit ermessensfehlerfrei.

45 d) Schließlich ist auch nicht gegen sonstige verwaltungsrechtliche Grundsätze wie die der *Verhältnismäßigkeit*, *Bestimmtheit* oder *Unmöglichkeit* verstoßen worden, vgl. ua § 15 OBG NRW. Die Verfügung ist bestimmt genug (Straßenverschmutzung muss bis 17.00 Uhr des jeweiligen Tages beseitigt sein), sie dient nicht „lediglich" dem *Zweck der Aufsichtserleichterung* (s. § 20 II 1 OBG NRW) und ist als Konkretisierung der gesetzlichen Pflicht aus § 17 StrWG NRW auch verhältnismäßig. Letztlich kann „tatsächliche Unmöglichkeit" nicht deshalb angenommen werden, weil am 14.8.2012 nach dem Sachverhalt „städtische Kehrmaschinen den festgefahrenen Lehm nicht beseitigen konnten". Mit Wasser und manuellem Einsatz kann auch festgefahrener Lehm entfernt werden. Auch unter diesem Gesichtspunkt bestehen also keine Bedenken gegen die Rechtmäßigkeit der Verfügung.

46 **3. Ergebnis**

Da die Verfügung der Bauaufsichtsbehörde nach allem formell und materiell rechtmäßig ist, hat die Anfechtungsklage der *T* keine Aussicht auf Erfolg.

---

[73] Vgl. zum Erfordernis der Unmittelbarkeit der Störung als Zurechnungsprinzip im Ordnungsrecht *Götz*, Allgemeines Polizei- und Ordnungsrecht, 15. Aufl. (2013), § 9 Rn. 10 ff.
[74] Vgl. zum sog. „Auswahlermessen" *OVG NRW* OVGE 19, 101.
[75] *Götz*, Allgemeines Polizei- und Ordnungsrecht, 15. Aufl. 2013, § 9 Rn. 87 ff., § 11 Rn. 1 ff.

Fall 13. Der ungenehmigte Anbau

Stilllegungsverfügung – Abbruchverfügung – formelle und materielle Baurechtswidrigkeit – Abstandsflächen – Ausnahmen

Auf Betreiben der Mieter will die T im Hinterhof einen längeren zweigeschossigen Anbau mit einer Außenwand von 6m Höhe an dem Hochhaus mit einem Durchgang errichten, in dem Gemeinschaftshobbyräume untergebracht werden sollen. Sie beantragt eine entsprechende Baugenehmigung. Als diese nach einiger Zeit noch nicht erteilt ist, beginnt die T mit der Ausführung des Vorhabens. Der Anbau reicht mit seiner fensterlosen Rückfront bis auf 9m an die mit Fenstern versehene Hinterfront eines gegenüberliegenden Nachbarhauses, dessen Abstandfläche von 5m sich mit 3m auf dem eigenen Grundstück und mit 2m – durch eine Baulast gesichert – auf dem Grundstück der T befindet. Kurz vor der Fertigstellung erhält der Oberbürgermeister als Bauaufsichtsbehörde Kenntnis von dem Anbau. Nach erfolgter Anhörung erlässt er daraufhin eine Verfügung, mit der er der T aufgibt, 1) jegliche Bautätigkeit sofort einzustellen, 2) den Anbau binnen sechs Wochen abzureißen. Er begründet das damit, dass die T nicht im Besitz einer entsprechenden Baugenehmigung sei und diese auch nicht erteilt werde, da der Anbau wegen Verstoßes gegen die Normen über Gebäudeabstandflächen nicht zulässig sei. Die T möchte insbesondere den Abriss verhindern. Sie meint, dass die Baugenehmigung erteilt werden müsste, da eine geringere Tiefe der Abstandsflächen gestattet werden könne. Sie trägt hierzu vor, dass das Vorhaben in einem überwiegend bebauten Gebiet liege. Die Belichtung des Nachbarhauses werde nicht beeinträchtigt und der Nachbar habe dem Anbau zugestimmt (– was zutrifft).

Hätte eine Klage der T Aussicht auf Erfolg?

Gliederung

I. Zulässigkeit einer Klage
II. Begründetheit der Klage
  1. Die Stilllegungsverfügung
    a) Formelle Baurechtswidrigkeit
    b) Ergebnis
  2. Die Abrissverfügung
    a) Formelle Illegalität des Anbaus
    b) Materielle Illegalität des Anbaus
    c) Übermaßverbot: Keine Möglichkeit zur Herstellung des rechtmäßigen Zustands auf andere Weise
    d) Ergebnis

Lösung

I. Zulässigkeit einer Klage

Die Stilllegungs- und Abrissverfügung stellen für die T belastende Verwaltungsakte dar. Statthafte Klageart gegen beide Verfügungen ist daher die Anfechtungsklage nach § 42 I 1. Alt. VwGO, die T fristgerecht nach § 74 I 2 VwGO innerhalb eines Monats nach Bekanntgabe beim zuständigen Verwaltungsgericht erheben müsste. Insoweit ergibt sich keine Änderung gegenüber Fall 12. Zu beachten ist nur, dass es sich sachlich um zwei unterschiedliche Anordnungen handelt, nämlich eine Stilllegungs- und eine Abrissverfügung. Die T kann gegen beide Anordnungen im Wege der objektiven Klagehäufung gem. § 44 VwGO gemeinsam klagen. Klagegegner ist nach dem in Nordrhein-Westfalen geltenden Rechtsträgerprinzip gem. § 78 I Nr. 1 VwGO die Körperschaft, deren Behörde den angefochtenen Verwaltungsakt erlassen hat, also die Stadt S (vgl. auch hierzu Fall 12).

50 **II. Begründetheit der Klage**

Die Anfechtungsklage ist gem. § 113 I 1 VwGO begründet, wenn die Anordnungen rechtswidrig sind und die T in ihren Rechten verletzt.

Beide Anordnungen sind *getrennt* auf ihre Rechtmäßigkeit zu untersuchen.

51 **1. Die Stilllegungsverfügung**

a) Bei der Überprüfung ihrer Rechtmäßigkeit bestehen nach dem Sachverhalt aus Form- und Verfahrensgründen keine Bedenken. Oben in Fall 12 wurde bereits dargelegt,[76] dass der Oberbürgermeister der Stadt S als Bauaufsichtsbehörde für derartige Maßnahmen *zuständig* ist. Als Ermächtigungsgrundlage könnte § 82 VII BauO NRW in Betracht kommen. Danach kann die Bauaufsichtsbehörde verlangen, dass bei Bauausführungen die Arbeiten erst fortgesetzt oder die Anlagen erst benutzt werden dürfen, wenn sie von ihr oder einem beauftragten Sachverständigen geprüft worden sind. Die zuerst genannte Alternative wäre einschlägig, wenn der Oberbürgermeister noch eine Überprüfung des Bauvorhabens der T durchführen will. Darüber enthält der Sachverhalt keine Angaben. Geht man davon aus, dass die Stilllegung auf Dauer erfolgen soll, weil das Vorhaben die Abstandflächen zum Nachbarhaus nicht einhält, ist als Ermächtigungsgrundlage die Generalklausel des § 61 I 2 BauO NRW heranzuziehen.[77] Die Bauaufsichtsbehörden haben durch entsprechende Maßnahmen dafür zu sorgen, dass bei der Errichtung baulicher Anlagen die öffentlich-rechtlichen Vorschriften eingehalten werden. Durch die Errichtung eines sog. „Schwarzbaus" werden öffentlich-rechtliche Vorschriften verletzt, nämlich §§ 63 I 1, 84 I Nr. 13 BauO NRW, wonach für die Errichtung baulicher Anlagen eine Genehmigung erforderlich ist und bei Verstoß hiergegen eine Ordnungswidrigkeit vorliegt, die mit Geldbuße bis zu 50000 Euro geahndet werden kann. Der als Hobbyräume gedachte Anbau an das Hochhaus ist nicht genehmigungsfrei. Eine Ausnahme nach dem „soweit-Halbsatz" des § 63 I 1 BauO NRW greift nicht ein. Ein Vorhaben, das ohne die erforderliche Baugenehmigung errichtet wird, ist – unabhängig davon, ob es materiell-rechtlich mit den baurechtlichen Vorschriften vereinbar ist – immer *formell baurechtswidrig*. Bei formeller Baurechtswidrigkeit ist die Behörde berechtigt, die sofortige Einstellung der Bauarbeiten anzuordnen, weil andernfalls die Genehmigungspflicht fast beliebig umgangen werden könnte.[78] Die T als Bauherrin ist gem.

---

[76] Vgl. oben Rn. 36.

[77] Ausführlich zu den Befugnissen der Baufsichtsbehörden GCJPW/*Wenzel*, § 61 Rn. 18 f. In anderen LBOen gibt es ausdrückliche Spezialermächtigungen, wonach vom Bauherrn die Einstellung jeglicher Bautätigkeit verlangt werden kann, wenn er keine Baugenehmigung hat oder unberechtigte Bauprodukte verwendet, vgl. § 64 LBO BW, Art. 81 BayBO, § 69 BauO Bln, § 73 I BgbBO, § 81 I BremLBO, § 75 I HmbBauO, § 71 I HessBO, § 79 I LBauO MV, § 89 I 1 u. 2 Nr. 1 u. Nr. 2 NBauO, § 80 I LBauO RP; § 81 I SaarLBO, § 76 SächsBO, § 84 BauO LSA, § 85 I LBO SH, § 76 I ThürBauO. Näher dazu *Mampe*, BauR 2000, 996 (998 ff.); *Schoch* JURA 2005, 17.

[78] *OVG Lüneburg* BRS 16 Nr. 130; *OVG NRW* BRS 47 Nr. 197; PrOVGE 105, 215; HBG/*Grotefels*, § 16 Rn. 87; *Mampel* BauR 2000, 996 (999). Werden die Arbeiten trotzdem fortgesetzt, kann die Baustelle versiegelt werden (*OVG NRW* BRS 16 Nr. 130). Ist das Bauwerk

3. Befugnisse der Bauaufsicht bei Verstößen gegen die Bauordnung

§§ 57, 56 BauO NRW richtige Adressatin der Verfügung. Ein Verstoß gegen rechtsstaatliche Grundsätze, etwa das Übermaßverbot, ist nicht ersichtlich.[79] Die Stilllegungsverfügung war demnach rechtmäßig.

b) Ergebnis. Hinsichtlich der Stilllegungsverfügung hätte eine Klage der *T* somit keine Aussicht auf Erfolg. 52

2. Die Abrissverfügung 53

a) Es ist zu prüfen, ob auch die Verfügung, den Anbau abzureißen, nach § 61 I 2 BauO NRW[80] unter dem Gesichtspunkt gerechtfertigt ist, dass der Anbau wegen Verstoßes gegen §§ 63 I, 84 I Nr. 13 BauO NRW *formell baurechtswidrig* ist. Zwar liegt insoweit – wie oben ausgeführt – ein Verstoß gegen öffentlich-rechtliche Vorschriften vor, doch kann eine sofortige Beseitigung des Bauwerks trotzdem nicht verlangt werden, weil dem Bauherrn bei Übereinstimmung des Bauvorhabens mit materiellem Baurecht ein Anspruch auf Erteilung der Genehmigung (und damit auf Beseitigung der formell-rechtlichen Schranke) zusteht.[81] Eine Abbruchverfügung ist so lange unzulässig, bis über die Erteilung oder Versagung der Bauerlaubnis endgültig Klarheit geschaffen worden ist.[82] Steht die Entscheidung über den Bauantrag endgültig fest, dann darf der Abriss nur verlangt werden, wenn außer der fehlenden Baugenehmigung *(formelle Illegalität)* das Bauvorhaben auch gegen Bestimmungen des materiellen Baurechts verstößt *(materielle Illegalität)*.[83] Lediglich in Ausnahmefällen, wenn bspw. die Beseitigung den ohne die erforderliche Baugenehmigung Bauenden nicht wesentlich härter trifft als ein Nutzungsverbot oder – wie bei Werbeanlagen – das Nutzungsverbot einer Beseitigung gleichkommt, darf die Behörde die sofortige Entfernung des Baukörpers allein wegen der formellen Illegalität verlangen. In diesen Fällen muss die Beseitigung der baulichen Anlage jedoch ohne erheblichen Substanzverlust und andere – absolut und im Wert zur baulichen Anlage gesehen – hohe Kosten für Entfernung und Lagerung möglich sein.[84]

b) Der Anbau der *T* müsste daher *auch materiell illegal* sein. Nach Ansicht der Bauaufsichtsbehörde sind die Vorschriften über die Gebäudeabstandflächen nicht eingehalten. Einschlägige Vorschrift ist § 6 BauO NRW. Unter Berücksichtigung der Außenwandhöhe des zweigeschossigen Anbaus von 6m, beträgt die Tiefe der Abstandfläche nach § 6 V 1, IV BauO NRW rechnerisch 4,8m (6m × 0,8). Diese 54

---

fertiggestellt, kann seine Inbetriebnahme verhindert werden (BHGZ 8, 97; *OVG NRW* BRS 28 Nr. 172); *Battis*, 7 IV 2b, S. 224 f.

[79] Eine Stilllegungsverfügung ist jedoch dann unverhältnismäßig und ermessensfehlerhaft, wenn bereits ein Bauantrag gestellt ist, das Vorhaben aus Sicht der Genehmigungsbehörde genehmigungsfähig ist und der Erteilung einer Baugenehmigung auch sonst nichts im Wege steht, vgl. *OVG NRW* NVwZ-RR 2002, 564. Aus Gründen der Verhältnismäßigkeit wird es auch nicht als zulässig angesehen, die Räumung einer Wohnung in einem bloß formell illegal errichteten Haus anzuordnen, vgl. *OVG Koblenz* BRS 18 Nr. 145.

[80] Im Gegensatz zum nordrhein-westfälischen Landesrecht enthalten die übrigen Landesbauordnungen im Anschluss an § 76 I MBauO für den Abbruch spezielle Ermächtigungsgrundlagen, zB § 65 Satz 1 LBO BW, Art. 82 Satz 1 BayBO, § 70 I 1 BauO Bln, § 74 I BgbBO, § 82 I BremLBO, § 76 I 1 HmbBauO, § 72 I 1 HessBO, § 80 I 1 LBauO MV, § 89 I 1 u. 2 Nr. 1 u. Nr. 4 NBauO, § 81 Satz 1 LBauO RP; § 82 I SaarlLBO, § 77 Satz 1 SächsBO, § 84 III 1 BauO LSA, § 86 I 1 LBO SH, § 77 Satz 1 ThürBauO.

[81] So schon PrOVGE 13, 393; 30, 286; 195, 300; BVerwG DÖV 1958, BauR 2002, 1520 (1523); *Stollmann*, § 19 Rn. 22 ff.

[82] *OVG Bln* JR 1972, 171; BGHZ 8, 104; vgl. auch *Krebs*, BesVerwR, 4. Kapitel, Rn. 231.

[83] Ganz hM, vgl. BVerwGE 19, 162 f.; *OVG Lüneburg* DÖV 1960, 142; *OVG NW* NWVBl. 1997, 469; *Battis*, 7 IV 2c, S. 226 ff.; *Muckel*, S. 126 ff., falls eine Baugenehmigung erforderlich ist; aA *Mampel* BauR 1996, 13 (19 f.); *ders.* BauR 2000, 1001 f., der nur das Vorliegen der materiellen Illegalität verlangt.

[84] *OVG NRW* BauR 2006, 369.

Abstandfläche liegt auch auf dem Grundstück der *T* selbst, so dass § 6 II 1 BauO NRW erfüllt ist. In Betracht kommt ein Verstoß gegen § 6 III BauO NRW. Nach dieser Norm dürfen sich die Abstandflächen grundsätzlich nicht überdecken. Das Nachbarhaus hat eine Abstandfläche von 5m, die sich mit 3m auf dem eigenen Grundstück und mit 2m auf dem Grundstück der *T* befindet.

Eine Ausnahme von der Regel des § 6 II 1 BauO NRW (hier für das Nachbarhaus) enthält § 6 II 2 BauO NRW: Es ist zulässig, dass sich Abstandflächen auch auf andere Grundstücke erstrecken, wenn durch eine Baulast gesichert ist, dass sie nicht überbaut und auf die auf diesen Grundstücken erforderlichen Abstandflächen nicht angerechnet werden. Im vorliegenden Fall ist aufgrund der Sicherung durch die Baulast anzunehmen, dass die Voraussetzungen des § 6 II 1 BauO NRW erfüllt waren, bevor die *T* den Anbau ohne Baugenehmigung errichtete.

Da der Anbau 9m von dem Nachbarhaus entfernt ist, die beiden Abstandflächen aber 9,8m (5m + 4,8m) betragen, überdecken sie sich um 0,8 m. Gemäß § 6 III Nr. 3 BauO NRW gilt das Überdeckungsverbot nicht, wenn das Bauvorhaben der *T* in den Abstandflächen zulässig ist oder gestattet wird. Eine Zulässigkeit des Vorhabens der in den Abstandsflächen ist nicht ersichtlich; eine behördliche Gestattung liegt nicht vor. Damit ist das Vorhaben der *T* auch materiell illegal. Im Regelfall kann dann die *Beseitigung des Bauwerks* verlangt werden. Denn wenn ein „Schwarzbauer" erwarten könnte, dass die in baurechtswidriger Weise geschaffenen vollendeten Tatsachen aufrechterhalten bleiben, dann wäre das geradezu ein Anreiz, einen nicht genehmigungsfähigen Bau ohne Kenntnis der Behörde zu errichten.

55 c) Dieser Grundsatz gilt indes nur mit einer weiteren, aus dem *Übermaßverbot* abzuleitenden Einschränkung: Der Abbruch darf nur verlangt werden, wenn nicht auf andere Weise rechtmäßige Zustände hergestellt werden können.[85] Es muss also ausgeschlossen sein, den rechtswidrigen Zustand durch Anordnung von Bedingungen oder Auflagen, durch Gestattungen oder durch die nachträgliche Zulassung von Abweichungen zu beseitigen.[86]

Eine Möglichkeit der Gestattung, die im vorliegenden Fall in Betracht kommt, ist in § 6 XVI BauO NRW normiert: In überwiegend bebauten Gebieten können geringere Tiefen der Abstandflächen gestattet oder verlangt werden, wenn die Gestaltung des Straßenbildes oder besondere städtebauliche Verhältnisse dies auch unter Würdigung nachbarlicher Belange rechtfertigen, und wenn Gründe des Brandschutzes nicht entgegenstehen.

Nach dem Sachverhalt befinden sich das Hochhaus und der Anbau in einem überwiegend bebauten Gebiet. Die Überdeckung der Abstandflächen beträgt lediglich 0,8m; sie ist also geringfügig. Der Eigentümer des Nachbarhauses hat dem Anbau der *T* zugestimmt. An der Rückfront befinden sich keine Fenster. Außerdem wird die Belichtung des Nachbarhauses nicht beeinträchtigt. Mangels anderer Angaben kann mithin davon ausgegangen werden, dass die Gestaltung des Straßenbildes oder besondere städtebauliche Verhältnisse eine um 0,8m geringere Tiefe der Abstandfläche rechtfertigen. Da die Außenwände der Häuser einen Abstand von 9m haben, stehen Gründe des Brandschutzes der geringeren Tiefe auch nicht entgegen.

---

[85] So ausdrücklich zB§ 65 S. 1 BaWüBauO; § 78 I HessBauO; § 81 S. 1 RhPfBauO; § 77 S. 1 SaarlBauO. Der Satz gilt aber auch da, wo er nicht ausdrücklich normiert ist, wie etwa in NRW, vgl. *Brohm*, § 29 Rn. 7; Finkelnburg/Ortloff/*Otto*, Bd. I, § 13 V, S. 182.
[86] AllgM, vgl. *Muckel*, S. 131.

3. Befugnisse der Bauaufsicht bei Verstößen gegen die Bauordnung

Die Voraussetzungen für eine Gestattung der geringeren Tiefe der Abstandflächen sind demnach erfüllt. Im Rahmen der Prüfung des Übermaßverbots war der Oberbürgermeister verpflichtet, vor Erlass einer Abrissverfügung dies zu berücksichtigen.

d) Ergebnis. Bezüglich der Abrissverfügung hätte eine Klage der T Aussicht auf Erfolg. 56

Exkurs: Eine weitere wichtige Bauordnungsverfügung neben der Stilllegungsverfügung und der 57
Abrissverfügung ist die *Nutzungsuntersagung*. Eine Nutzungsuntersagung erfolgt, wenn nicht die Anlage als solche, sondern nur ihre konkrete Nutzung im Widerspruch zu öffentlich-rechtlichen Vorschriften steht. Während hierfür die Bauordnungen der anderen Bundesländer ausdrückliche Ermächtigungsgrundlagen enthalten[87], wird auch die Nutzungsuntersagung in NRW auf die bauordnungsrechtliche Generalklausel (§ 61 I BauO NRW) gestützt. Bei genehmigungspflichtigen Nutzungen ohne Baugenehmigung ist umstritten, ob – wie bei der Stilllegungsverfügung – bereits die formelle Illegalität ausreicht oder ob – wie bei der Abbruchverfügung – zusätzlich materielle Illegalität vorliegen muss. Nach einer als herrschend anzusehenden Ansicht genügt bereits die formelle Illegalität der Nutzung für die Anordnung der Verfügung.[88] Denn durch die Nutzungsuntersagung werde das Eigentum in seiner Substanz nicht berührt. Die geschaffene Bausubstanz werde nicht irreparabel oder endgültig zerstört. Die Stärke und das Ausmaß des Eingriffs seien daher mit der Stilllegungsverfügung vergleichbar. Die Gegenansicht verlangt dagegen auch materielle Illegalität.[89] Denn durch ein Nutzungsverbot insbesondere bei gewerblicher Nutzung könne das Eigentum genauso entwertet werden wie bei einer Beseitigungsanordnung. Beide Ansichten gelangen in der Regel zu demselben Ergebnis. Denn auch die herrschende Auffassung berücksichtigt eine offensichtliche materielle Legalität im Rahmen der Verhältnismäßigkeit. Die Nutzungsuntersagung ist immer dann unverhältnismäßig, wenn die beanstandete Nutzung in dem Sinne offensichtlich genehmigungsfähig ist, dass der erforderliche Bauantrag gestellt ist, dieser nach der Rechtsauffassung der Behörde genehmigungsfähig ist und der Erteilung der Baugenehmigung auch sonst nichts im Wege steht.

Fall 14. Fitness-Studio ohne Aufzug

Anfechtungsklage gegen Aufhebung baurechtlicher Nebenbestimmungen – statthafte 58
Klageart – Art der Nebenbestimmung – Rechtmäßigkeit der Anordnung des Einbaus eines Aufzuges in ein Fitness-Studio – Brandschutznachweis – Einstweiliger Rechtsschutz gegen Anordnung der sofortige Vollziehbarkeit einer Nutzungsuntersagung

A ist Eigentümer einer Grundstücks in der kreisfreien Stadt X (NRW). Auf seinen Antrag wurde ihm am 15.8.2012 vom zuständigen Bauamt im Rahmen eines ordnungsgemäßen Verfahrens eine Baugenehmigung zur Errichtung eines Fitness-Studios erteilt. Das Studio verfügt über zwei Geschosse. Im Erdgeschoss befinden sich neben dem Trainingsbereich auch die Umkleide- und Duschräume sowie ein Sauna- und Solariumsbereich mit Ruheraum. Im Obergeschoss, das durch eine Treppe vom Erdgeschoss aus erreicht werden kann, befinden sich eine Galerie, die ebenfalls zu Trainingszwecken genutzt wird, sowie ein Büroraum. Die Baugenehmigung der Stadt X enthält zwei Nebenbestimmungen. Zum einen wird A aufgegeben, bis zur Nutzungsaufnahme einen Aufzug in das Gebäude einzubauen, um insgesamt einen barrierefreien Zugang iSd § 55 I BauO NRW zu gewährleisten. Zum anderen soll A mit der Fertigstellungsanzeige die Bescheinigung eines Prüfingenieurs für Brandschutz vorlegen. Die Rechtsbehelfsbelehrung des Bescheides enthält den Hinweis, dass eine Klage innerhalb eines Monats einzulegen und zu begründen ist. Gegen die

---

[87] § 65 Satz 2 LBO BW, Art. 82 Satz 2 BayBO, § 70 I 2 BauO Bln, § 73 III 1 BgbBO, § 82 II BremLBO, § 76 I 2 HmbBauO, § 72 I 2 HessBO, § 80 I 2 LBauO MV, § 89 I 1 u. 2 Nr. 5 NBauO, § 81 Satz 1 LBauO RP; § 82 II SaarlLBO, § 77 Satz 2 SächsBO, § 84 III 2 BauO LSA, § 86 I 3 LBO SH, § 77 Satz 2 ThürBauO.
[88] *OVG Lüneburg* NVwZ-RR 2002, 822; *VGH Kassel* NVwZ-RR 2002, 823; *OVG Koblenz* BauR 1997, 103; *OVG NRW* NVwZ-RR, 1989, 344, siehe zum Meinungsstreit *Schoch* JURA 2005, 178 (180).
[89] *VGH Mannheim* NVwZ 1997, 601.

Nebenbestimmungen hat A zunächst nichts unternommen, vielmehr seine Zeit in die schnellstmögliche Errichtung des Studios gesteckt, um zur Existenzsicherung und Finanzierung des Studios zeitnah Einnahmen erzielen zu können. Eine Aufzugsanlage hat er nicht einbauen lassen. Ihm waren die Kosten von ca. 20 000 Euro zu hoch. Er hält sie für unangemessen, zumal sich die übrigen Baukosten schon auf ca. 400 000 Euro belaufen haben. Erst nachdem das Fitness-Studio Ende November 2012 eröffnet und von Anfang an eines großen Andrangs erfreute, hat A am 15.1.2013 gegen die Nebenbestimmung „Aufzugseinbau" beim zuständigen Verwaltungsgericht Klage erhoben, ohne sie bisher näher begründet und einen bestimmten Antrag gestellt zu haben. Kurz darauf erhielt A am 31.1.2013 ein Anhörungsschreiben des Bauamtes der Stadt X, in dem ihm mitgeteilt wurde, dass beabsichtigt sei, ihm die Nutzung des Fitness-Studios zu untersagen. Zur Begründung werden der fehlende Aufzugseinbau und die noch nicht vorgelegte Bescheinigung des Prüfingenieurs angeführt. Daraufhin nahm A mit Schreiben vom 12.2.2013 Stellung und wies darauf hin, dass er eine ordnungsgemäße Brandmeldeanlage hat einbauen lassen und lediglich die Abnahme durch einen Prüfingenieur versäumt habe. Die Bescheinigung könne er innerhalb von zwei Wochen einreichen. Es handele sich hierbei um eine reine Formalie, die die angedrohte Nutzungsuntersagung nicht rechtfertige. Unter Hinweis auf seine Klage gegen die Nebenbestimmung „Aufzugseinbau" hält er an seiner Auffassung fest, dass diese Auflage rechtswidrig sei. Die Regelung über die Barrierefreiheit gelte nicht für sein Fitness-Studio. Es handele sich nämlich nicht – entgegen der von der Behörde geäußerten Auffassung – um eine öffentliche Sportanlage, weil nur Mitglieder Zutritt haben, die einen monatlichen Mitgliedsbeitrag leisten. Das sei nicht vergleichbar mit zB Fußballstadien oder Schwimmbädern, also größere Anlagen mit einer gewissen Bedeutung für die Allgemeinheit und die gesellschaftliche Kommunikation, an denen auch Behinderte ungehindert teilnehmen können sollen. Seit der Eröffnung hätten sich Behinderte nicht in seinem Studio angemeldet, nicht einmal probehalber. Er verfüge auch über keine speziellen Trainingsgeräte für Behinderte. Die von Behinderten nutzbaren Geräte, wie Freihanteln, befänden sich im Erdgeschoss, das barrierefrei zugänglich ist. Auf der Galerie im Obergeschoss sind nur Laufbänder und Fahrradergometer aufgestellt. Das erfordere eine Beweglichkeit, die körperlich voraussetzt, auch eine Treppe benutzen zu können.

Mit Ordnungsverfügung vom 25.2.2013 erließ das Bauamt der Stadt X eine Nutzungsuntersagung, mit der A aufgegeben wird, ab dem 11.3.2013 die Nutzung des Fitness-Studios bis zur Vorlage der Bescheinigung des Prüfingenieurs für Brandschutz, die A zwischenzeitlich nicht beigebracht hatte, und bis zum Nachweis über die barrierefreie Bauausführung entsprechend den Nebenbestimmungen der erteilten Baugenehmigung einzustellen. Die Untersagung wird für sofort vollziehbar erklärt, wobei ua auf die besondere Dringlichkeit mit Blick auf den Brandschutz hingewiesen wird. A wendet sich an die mit ihm befreundeten Rechtsreferendarin R und bitte sie um Einschätzung und Rat, ob seine Klage gegen die Nebenbestimmung „Aufzugseinbau" Aussicht auf Erfolg hat und welche Maßnahmen er treffen soll, um die Einstellung des Betriebes des Fitness-Studios zu verhindern, zumindest aber so lange wie möglich hinauszuzögern. Was wird R empfehlen?

Gliederung

A. Verfahrenssituation
B. Klage des *A* gegen die Auflage des Aufzugseinbaus zur Baugenehmigung vom 15.8.2012
   I. Zulässigkeit der Klage
      1. Eröffnung des Verwaltungsrechtsweges
      2. Statthafte Klageart

> 3. Klagebefugnis
> 4. Vorverfahren
> 5. Klagegegner
> 6. Klagefrist
> 7. Zuständiges Gericht/Sonstige Zulässigkeitsvoraussetzungen
> II. Begründetheit der Klage
> 1. Ermächtigungsgrundlage für die Auflage
> 2. Formelle Rechtmäßigkeit der Auflage
> 3. Materielle Rechtmäßigkeit der Auflage
> a) Anwendungsbereich von § 55 BauO NRW
> b) Überprüfung der Auslegung aufgrund verfassungsrechtlicher Normen und Grundsätze
> c) Kein Anspruch auf Abweichung gem. § 55 VI BauO NRW
> d) Ergebnis
> C. Antrag auf einstweiligen Rechtschutz gegen die Anordnung der sofortigen Vollziehbarkeit der Nutzungsuntersagung
> I. Zulässigkeit eines Antrages nach § 80 V VwGO
> II. Begründetheit des Antrages
> 1. Vollziehungsinteresse bei einem rechtmäßigen VA
> a) Formelle Rechtmäßigkeit der Vollziehungsanordnung
> b) Materielle Rechtmäßigkeit der Vollziehungsanordnung
> aa) Ermächtigungsgrundlage für die Nutzungsuntersagung
> bb) Formelle Rechtmäßigkeit der Nutzungsuntersagung
> cc) Materielle Rechtmäßigkeit der Nutzungsuntersagung
> (1) bzgl. der Auflage des Aufzugseinbaus
> (2) bzgl. der Auflage der Vorlage einer Prüfbescheinigung
> c) Überwiegendes Vollziehungsinteresse
> 2. Ergebnis
> D. Prozessuale Erwägungen zur Aufrechterhaltung des Betriebes

Lösung

A. Verfahrenssituation 60
In Bezug auf den vom Bauamt der Stadt X mit einer Nebenbestimmung zur erteilten Baugenehmigung angeordneten Einbau eines Aufzuges sind die Erfolgsaussichten der von A bereits erhobenen Klage zu prüfen. Da A den Betrieb seines Fitness-Studios so lange wie möglich aufrecht erhalten möchte, sind hinsichtlich der Nutzungsuntersagung, deren sofortige Vollziehung angeordnet wurde, die Erfolgsaussichten eines Antrages nach § 80 V VwGO in Betracht zu ziehen.

B. Klage des A gegen die Auflage des Aufzugseinbaus zur Baugenehmigung vom 15.8.2012 61

I. Zulässigkeit der Klage

1. Eröffnung des Verwaltungsrechtsweges

Der Verwaltungsrechtsweg ist nach § 40 Abs. 1 S. 1 VwGO eröffnet, da die für die Streitentscheidung maßgeblichen Normen (BauO NRW) öffentlich-rechtlicher Natur sind.

2. Statthafte Klageart

A begehrt die Aufhebung einer Nebenbestimmung. Im Rahmen der statthaften Klageart stellt sich damit die umstrittene Frage der isolierten Anfechtbarkeit von belastenden Nebenbestimmungen. Nach der inzwischen gefestigten Rechtsprechung des *BVerwG* ist grundsätzlich gegen sämtliche belastende Nebenbestimmungen eines Verwaltungsaktes die Anfechtungsklage statthaft, ohne nach der Art der Nebenbestimmung unterscheiden zu müssen. Wird geltend gemacht, dass eine Nebenbestimmung im Gesetz keine Grundlage findet, so kann dies mit der Klage auf Aufhebung der Nebenbestimmung verfolgt werden. Ob diese Klage zur isolierten Aufhebung der Nebenbestimmung führen kann, hängt davon ab, ob der begünstigende Verwaltungsakt ohne die Nebenbestimmung sinnvoller- und rechtmäßigerweise bestehen bleiben kann; dies ist eine Frage der Begründetheit und nicht der Zulässigkeit des Anfechtungsbegehrens, sofern nicht eine isolierte Aufhebbarkeit offensichtlich ausscheidet.[90] Für Letzteres gibt es hier keine Anhaltspunkte. Die heute herrschende Ansicht in der Literatur folgt diesem Ansatz.[91] Für ihn spricht, dass die VwGO die Rechtswirkungen der Anfechtungsklage nicht auf den Grundverwaltungsakt, hier die Baugenehmigung, beschränkt, sondern durch den Wortlaut des § 113 I S. 1 VwGO („soweit er rechtswidrig ist") eine Teilanfechtung und Teilaufhebbarkeit ausdrücklich zulässt. Das *BVerwG* hat zudem seine zeitweilig geäußerten Bedenken[92], eine isolierte Anfechtung von Nebenbestimmungen auch bei Ermessensentscheidungen zuzulassen, mittlerweile aufgegeben.[93] Nach aA ist die Anfechtungsklage jedenfalls bei Auflagen iSd § 36 II Nr. 4 VwVfG NRW, sofern es sich nicht um eine modifizierende Auflage handelt, statthaft.[94]

Eine Entscheidung kann folglich dahingestellt bleiben, sofern es sich bei der Anordnung zum Einbau eines Aufzuges um eine Auflage handelt. Alternativ käme eine Bedingung gem. § 36 II Nr. 2 VwVfG NRW in Betracht. Entscheidend dürfte sein, dass es keine Anhaltspunkte dafür gibt, dass der Baubehörde nach ihrem objektiv erkennbaren Willen die Einhaltung der Nebenbestimmung so wichtig war, dass sie die Wirksamkeit des Grundverwaltungsakts (Baugenehmigung) damit verknüpfen wollte.[95] Die Baubehörde hat die Anordnung des Aufzugeinbaus nicht schon an die durch die Baugenehmigung im Kern geregelte Errichtung des Gebäudes, sondern erst an die Nutzungsaufnahme des Fitness-Studios geknüpft. Baugenehmigung und Nebenbestimmung bilden daher nach dem im Bescheid zum Ausdruck gebrachten Willen keine untrennbare Einheit. Folglich ist davon auszugehen, dass es sich vorliegend um eine Auflage im Sinne des § 36 II Nr. 4 VwVfG NRW handelt. Auch handelt es sich nicht um eine sog. modifizierende Auflage, die nicht selbständig anfechtbar wäre. Denn die Baugenehmigung wird als solche hierdurch nicht qualitativ verändert, stellt also kein aliud zu der beantragen Baugenehmigung dar.[96]

Damit ist nach beiden vorgenannten Auffassungen die Anfechtungsklage die statthafte Klageart.

---

[90] *BVerwG* NVwZ-RR 2007, 776.
[91] *Kopp/Schenke*, VwGO, 18. Aufl. (2012), § 42 Rn. 22; *Maurer*, Allg. Verwaltungsrecht, 18. Aufl. (2011), § 12 Rn. 24 mwN; *Schenke* VerwProzR, 13. Aufl. (2012), Rn. 292 ff. mwN.
[92] BVerwGE 55, 135, 137; 56, 254, 256.
[93] BVerwGE 81, 185; *BVerwG* NVwZ 2001, 429 ff.
[94] *Kopp/Ramsauer*, VwVfG, § 36 Rn. 63.
[95] Vgl. zu diesem Kriterium *Kopp/Ramsauer*, aaO, § 35 Rn. 34.
[96] Zur modifizierenden Auflage, die im Grunde keine Neben- sondern eine Inhaltsbestimmung darstellt, vgl. schon *BVerwG* DÖV 1974, 379. Siehe auch *Kopp/Ramsauer*, aaO, § 35 Rn. 35.

3. Klagebefugnis 63
Als Adressat der belastenden Nebenbestimmung ist A gem. § 42 II VwGO klagebefugt.
4. Vorverfahren 64
Der Durchführung eines Vorverfahrens nach §§ 68 ff. VwGO bedarf es gemäß § 110 I JustG NRW nicht.
5. Klagegegner 65
Die Klage ist in NRW gemäß § 78 I Nr. 1 VwGO gegen die Körperschaft zu richten, deren Behörde die angefochtene Auflage erlassen hat, also gegen die kreisfreie Stadt X.
6. Klagefrist 66
Zu prüfen ist, ob A die Klagefrist des § 74 I 2 VwGO beachten musste. Diese beträgt einen Monat ab Bekanntgabe des Verwaltungsaktes. Hier könnte jedoch die Regelung des § 58 II VwGO greifen, nach der die Frist zur Klageerhebung ein Jahr beträgt, wenn die Rechtsbehelfsbelehrung nicht ordnungsgemäß erfolgt ist. Die im Sachverhalt erwähnte Belehrung ist insoweit fehlerhaft, als sie unzutreffenderweise den Eindruck erweckt, die Klage müsse innerhalb der Klagfrist nicht nur erhoben, sondern auch begründet werden. Nach § 82 I 2 VwGO „soll" die Klage begründet werden. Es handelt sich also nicht um eine zwingende Voraussetzung für eine wirksame Klageerhebung. Die Einlegung der Klage war daher gem. § 58 II 1 VwGO innerhalb eines Jahres ab Zustellung zulässig. Diese Ausschlussfrist war bei der Klageeinreichung am 15.1.2013 noch nicht abgelaufen.
7. Zuständiges Gericht/Sonstige Zulässigkeitsvoraussetzungen 67
A hat die Klage beim gem. §§ 45, 52 Nr. 5 VwGO zuständigen Gericht erhoben. Dass die Klage keinen bestimmten Antrag und nur eine kurze Begründung enthält, steht ihrer Zulässigkeit gem. § 82 I 2, 3 VwGO nicht entgegen, da es sich hierbei ebenfalls nur um „Soll-Anforderungen" handelt. Der Antrag und eine umfassende Begründung können daher noch nachgeholt werden.
II. Begründetheit der Klage 68
Die Anfechtungsklage ist nach § 113 I 1 VwGO begründet, soweit der angefochtene Verwaltungsakt bzw. hier die Auflage rechtswidrig ist und A hierdurch in seinen Rechten verletzt wird.
1. Ermächtigungsgrundlage für die Auflage 69
Die Ermächtigungsgrundlage für die Auflage, einen Aufzug einzubauen, ist in den Normen der §§ 75 I 1 BauO NRW, 36 I 2. Alt VwVfG NRW zu finden. Danach darf die zuständige Behörde die Baugenehmigung mit einer Auflage versehen, wenn diese sicherstellen soll, dass die gesetzlichen Voraussetzungen der Baugenehmigung erfüllt werden. Gesetzliche Voraussetzung der Baugenehmigung könnte vorliegend die Barrierefreiheit öffentlich zugänglicher baulicher Anlagen im Sinne des § 55 I, II BauO NRW sein.
2. Formelle Rechtmäßigkeit der Auflage 70
Die Auflage ist formell rechtmäßig. Nach dem Sachverhalt ist die zuständige Behörde, also die kreisfreie Stadt X als untere Bauaufsichtbehörde gem. §§ 62, 60 I Nr. 3b BauO NRW tätig geworden. Das Genehmigungsverfahren wurde zudem ordnungsgemäß durchgeführt.
3. Materielle Rechtmäßigkeit der Auflage 71
Die von der Baubehörde erlassene Auflage, bis zur Nutzungsaufnahme einen Aufzug zu errichten, müsste sicherstellen, dass eine gesetzliche Voraussetzung der Baugenehmigung erfüllt wird.

Gem. § 55 I BauO NRW müssen bauliche Anlagen, die öffentlich zugänglich sind, in den dem allgemeinen Besucherverkehr dienenden Teilen von Menschen mit Behinderung, alten Personen und Personen mit Kleinkindern barrierefrei erreicht und ohne fremde Hilfe zweckentsprechend genutzt werden können. Diese Norm und die vergleichbaren der Bauordnungen anderer Bundesländer lehnen sich damit an die Forderungen der Gesetze zur *Gleichstellung behinderter Menschen* des Bundes und der Länder an (vgl. § 4 BGG NRW).

Für Gehbehinderte, insbes. Rollstuhlbenutzer, dürfte daher zur Erreichung eines Obergeschosses ohne fremde Hilfe ein ausreichend großer Aufzug erforderlich sein.[97] Der von der Bauaufsichtsbehörde verfügte Einbau eines Aufzuges dient daher dazu sicherzustellen, dass auch der Trainingsbereich sowie der Büroraum im Obergeschoss des Fitness-Studios ohne fremde Hilfe barrierefrei zugänglich sind.

72 a) Das Fitness-Studio des *A* müsste dem *Anwendungsbereich* von *§ 55 BauO NRW* unterfallen.

73 aa) Bei dem Studio könnte sich um eine *Sportstätte* iSd § 55 II Nr. 2 BauO NRW handeln. Der Begriff wird in der BauO NRW nicht definiert. Unter einer Sportstätte lässt sich eine Einrichtung verstehen, die zur Sportausübung bestimmt ist (vgl. zum Begriff der Sportanlage § 1 II der 18. BImSchV). Zur Sportausübung ist eine Einrichtung bestimmt, wenn sie von ihrem Hauptzweck der Durchführung von Wettkampfsport und/oder der körperlichen Ertüchtigung dienen soll.[98] Jedenfalls das Letztere ist vorliegend der Fall. Das Vorbringen des *A*, es müsse sich um eine „größere" Anlage handeln, die für das gesellschaftliche Leben von Bedeutung ist, findet im Gesetz keine Stütze.

74 bb) Das Fitness-Studio müsste als *öffentlich zugängliche bauliche Anlage* anzusehen sein. Die Annahme einer baulichen Anlage unterliegt keinen Zweifeln. Der Begriff der öffentlichen Zugänglichkeit ist nicht mit dem einer öffentlichen Einrichtung gleichzusetzen, sondern soll lediglich eine Abgrenzung zu rein privat genutzten Anlagen darstellen. Dies zeigt sich bereits an dem in § 55 II BauO NRW enthaltenen Katalog. Maßgeblich ist, ob die Anlage jedem potenziellen Nutzer offen steht, der Nutzungszweck gerade darauf angelegt ist, dass eine nicht bestimmbare Gruppe von Menschen die Anlage nutzt. Unbeachtlich dürfte insoweit sein, ob die Nutzer ein Entgelt zahlen bzw. Mitglied werden müssen oder ob der Anbieter/Betreiber zur Kontrahierung verpflichtet ist oder nicht. Diese Merkmale gelten für eine Vielzahl allgemein zugänglicher Einrichtungen wie etwa Theater, Bibliotheken, Campingplätze, Freizeitstätten oder Volkshochschulen und sind daher kein geeignetes Abgrenzungskriterium.[99]

75 cc) Ob das Fitness-Studio von Behinderten und/oder älteren Menschen *regelmäßig genutzt* wird, dürfte nicht ausschlaggebend sein. Nach dem Wortlaut und dem Willen des Gesetzgebers[100] soll es nicht darauf ankommen, ob und inwieweit die Anlage durch Behinderte, alte Menschen oder Personen mit Kleinkindern bereits genutzt wird. Eine zweckentsprechende Nutzung auch durch Behinderte oder alte Menschen ist nicht von vornherein ausgeschlossen. Der Behindertensport wie auch die Freizeitgestaltung der immer älter werdenden Menschen gewinnen zunehmend an Bedeu-

---

[97] GCJPW/*Czepuck*, § 55 Rn. 6.
[98] *VGH Mannheim* NVwZ-RR 2005, 795.
[99] *VGH Mannheim*, aaO.
[100] Vgl. GCJPW/*Czepuck*, § 55 Rn. 6: Die früherer Fassung des § 55 BauO NRW knüpfte daran an, dass die Anlage vom geschützten Personenkreis „nicht nur gelegentlich aufgesucht wird". Durch die Streichung dieses Passus kommt eine gesetzgeberisch gewollte Verschärfung zum Ausdruck, die der Zielsetzung des § 1 BGG NRW Rechnung tragen soll.

tung. Durch die grundsätzliche Barrierefreiheit baulicher Anlagen sollen Schwellenängste gerade beseitigt werden.

dd) Das Obergeschoss, das durch den Einbau des Aufzuges barrierefrei erreichbar sein soll, gehört mit der Aufstellung von Fitness-Geräten und dem Büroraum zu dem dem *allgemeinen Besucherverkehr dienenden Teil* der Einrichtung. Insoweit kann es nicht darauf ankommen, ob die im Obergeschoss aufgestellten Geräte von Behinderten genutzt werden. Die Forderung nach einer barrierefreien Errichtung erstreckt sich grundsätzlich auf das gesamte Gebäude und damit auf alle Geschosse, da die zweckentsprechende barrierefreie Nutzbarkeit insgesamt gewährleistet werden soll. Davon abgesehen kann die Platzierung der Geräte jederzeit geändert werden. Jedenfalls müsste aber der Büroraum erreichbar sein, zB für Anmeldungen oder auch Beschwerden etc. 76

b) Es lässt sich die Frage aufwerfen, ob diese weite Auslegung der Norm unter Berücksichtigung *verfassungsrechtlicher Normen und Grundsätze* sachgerecht ist. 77

aa) Die Annahme, dass auch Fitness-Studios der Regelung des § 55 I BauO NRW unterfallen, begegnet auch unter dem Blickwinkel von *Art. 14 GG* keine Bedenken. Eine entsprechend einschränkende Auslegung der Vorschrift ist nicht geboten. Zum Inhalt des durch Art. 14 GG geschützten Grundeigentums gehört die Befugnis der Eigentümers, sein Grundstück im Rahmen der Gesetze baulich zu nutzen. Der Gesetzgeber muss bei der Bestimmung von Inhalt und Schranken des Eigentums die schutzwürdigen Interessen des Eigentümers und die Belange des Gemeinwohls in einen gerechten Ausgleich bringen und muss dabei alle anderen Verfassungsnormen und -grundsätze beachten. Insbesondere ist er an die verfassungsrechtlichen Grundsätze der Verhältnismäßigkeit und des Gleichbehandlungsgebotes des Art. 3 I GG gebunden. Diese Grundsätze werden aber durch die vorliegend vorgenommene Auslegung der Begriffe der „allgemeinen Zugänglichkeit" und der „Sportstätte" nicht verletzt. 78

bb) Zur Erreichung des vom Gesetzgeber verfolgten Ziels, das sich aus *Art. 3 III 2 GG* ergebende *Benachteiligungsverbot* behinderter Menschen umzusetzen und Behinderte im gesellschaftlichen, kulturellen wie auch sportlichen Leben zu integrieren, ist eine weite Auslegung erforderlich. Das öffentliche Interesse an der Barrierefreiheit möglichst vieler Gebäude und Anlagen hat folglich Verfassungsrang. Das Interesse der Eigentümer dürfte demgegenüber von geringem Gewicht sein, da es sich – wie hier – in der Regel auf wirtschaftliche Gründe beschränkt. Weder die Privatnützigkeit des Eigentums noch die Verfügungsbefugnis werden durch das Erfordernis der Barrierefreiheit in Frage gestellt. Zudem bestehen in Härtefällen nach § 55 VI BauO NRW Ausnahmemöglichkeiten. Unter Abwägung des erheblichen öffentlichen Interesses und etwa entgegenstehender privater Interessen ist die *Verhältnismäßigkeit* im Ergebnis zu bejahen. 79

cc) Auch eine Missachtung des *Gleichheitsgrundsatzes* lässt sich kaum begründen. Der Umstand, dass in größeren Anlagen wie Hotels oder Stadien uU nicht alle einzelnen Einrichtungen behindertengerecht ausgestaltet sein müssen, führt zu keiner gegen Art. 3 I GG verstoßenden Ungleichbehandlung des A. Sofern ein gewisser Mindestanteil an barrierefreien Toiletten, Sitzplätzen oder Zimmern vorhanden ist, kann dies bei solchen Anlagen ausreichen, den Interessen der Behinderten und den Zielen des Gesetzes zu genügen. Diese Situation ist aber nicht mit der an A gestellten Forderung nach Einbau eines Aufzuges vergleichbar, da nur hierdurch eine Benachteiligung der Behinderten vermieden werden kann. 80

c) Gründe für eine *Abweichung gem. § 55 VI BauO NRW*, die die Bauaufsichtsbehörde nach pflichtgemäßem Ermessen zu gestatten hätte, sind nicht ersichtlich. Die 81

Mehrbelastung des *A* dürfte hierfür nicht ausreichend sein. Aus der Natur der Sache ergibt sich, dass der Gesetzgeber ein gewisses Maß an Mehrkosten in Kauf genommen hat. Ob Mehrkosten von bis zu 20 % noch als zumutbar anzusehen sind[101], muss nicht entschieden werden, da jedenfalls in dem Bereich der vorliegend entstehenden Mehrkosten von ca. 5 % die Zumutbarkeit angenommen werden kann. Davon abgesehen liegen die weiteren und tatbestandlich vorrangig zu prüfenden Voraussetzungen des § 55 VI BauO NRW (schwierige Geländeverhältnisse, ungünstige vorhandene Bebauung, Sicherheit der behinderten oder alten Menschen) nicht vor.

82 **d) Ergebnis**

Im Ergebnis erweist sich die Auflage der Baugenehmigung, bis zur Nutzungsaufnahme des Studios ein Aufzug einzubauen, als rechtmäßig. Die Erfolgsaussichten der von *A* erhobenen Klage sind daher zu verneinen. Vor diesem Hintergrund bedarf es keiner weiteren Klärung, ob die Nebenbestimmung isoliert aufhebbar wäre.

83 **C. Antrag auf einstweiligen Rechtschutz gegen die Anordnung der sofortigen Vollziehbarkeit der Nutzungsuntersagung**

I. Zulässigkeit eines Antrages nach § 80 V VwGO

Der Verwaltungsrechtsweg ist auch hier eröffnet. Bei der Ordnungsverfügung, deren Aufhebung *A* begehrt, handelt es sich um einen belastenden Verwaltungsakt, so dass in der Hauptsache eine Anfechtungsklage gem. § 42 I VwGO in Betracht kommt. Folglich ist gem. § 80 V 1 2. Alt. VwGO ein Antrag auf Wiederherstellung der aufschiebenden Wirkung, gem. § 80 V 2 VwGO auch bereits vor Erhebung der Anfechtungsklage, statthaft. Als Adressat der Ordnungsverfügung ist *A* gem. § 42 II VwGO analog antragsbefugt. Zuständiges Gericht ist das Gericht der Hauptsache, also das für die kreisfreie Stadt *X* gem. §§ 45, 52 Nr. 5 VwGO zuständige Verwaltungsgericht (s. o.). Richtiger Antragsgegner ist die kreisfreie Stadt *X* (s. o.). Der Antrag ist zulässig.

84 **II. Begründetheit des Antrages**

Der Antrag nach § 80 V VwGO ist begründet, wenn das Interesse des *A* an der Wiederherstellung der aufschiebenden Wirkung der (noch einzulegenden) Klage das öffentliche Interesse an der sofortigen Vollziehung der Nutzungsuntersagung überwiegt.

85 1. Ein öffentliches Vollziehungsinteresse ist nur in Bezug auf einen rechtmäßigen Verwaltungsakt anzuerkennen.

a) *Formell rechtmäßig* ist die *Vollziehungsanordnung*. Die kreisfreie Stadt *X* ist als untere Bauaufsichtsbehörde gem. §§ 60, 60 I Nr. 3a BauO NRW für die Anordnung zuständig. Einer vorherigen Anhörung im Hinblick auf die Vollziehungsanordnung bedurfte es nach überwiegender Auffassung nicht, weil die Anordnung im Gegensatz zu einem Verwaltungsakt nicht in Bestandskraft erwächst und für eine analoge Anwendung des § 28 VwVfG NRW nicht die erforderliche Regelungslücke besteht.[102] Die Anordnung dürfte auch ordnungsgemäß iSd § 80 III 1 VwGO begründet worden sein, da insoweit auf den konkreten Einzelfall bezogen mit einem bestehenden Gefahrenabwehrbedürfnis argumentiert wird.

86 **b)** Die Vollziehungsanordnung müsste auch *materiell rechtmäßig* sein. Diese Beurteilung richtet sich im Zuge der gesetzlich geforderten *Interessensabwägung* zunächst maßgeblich nach den Erfolgsaussichten der Hauptsache. Jedenfalls bei einem offen-

---

[101] Vgl. GCJPW/*Czepuck*, § 55 Rn. 33; *OVG Sachsen-Anhalt* NVwZ-RR 2011, 311.
[102] Str., vgl. dazu *Würtenberger*, VerwProzR, 3. Aufl. 2011, Rn. 519.

3. Befugnisse der Bauaufsicht bei Verstößen gegen die Bauordnung

sichtlich rechtswidrigen Verwaltungsakt kann kein sofortiges öffentliches Vollziehungsinteresse bestehen. Bei einem rechtmäßigen Verwaltungsakt bedarf es weiterhin eines besonderen Interesses an dessen sofortigen Vollziehbarkeit.[103] Zu prüfen ist also zunächst, ob die Nutzungsuntersagung rechtswidrig ist.

aa) Die Ermächtigungsgrundlage für die Nutzungsuntersagung ist § 61 I 2 BauO NRW. Danach kann die Behörde nach pflichtgemäßen Ermessen die erforderlichen Maßnahmen treffen, um die Einhaltung der öffentlich-rechtlichen Vorschriften und der aufgrund dieser Vorschriften erlassenen Anordnungen sicherzustellen (§ 61 I 1 BauO NRW).   87

bb) Die *Nutzungsuntersagung* ist *formell rechtmäßig*. Die Stadt ist als untere Bauaufsichtsbehörde gem. § 62 BauO NRW zuständig. Die Anhörung des *A* gem. § 28 I VwVfG NRW ist erfolgt. Die schriftlich erlassene Ordnungsverfügung ist hinreichend iSd § 39 I VwVfG NRW begründet.   88

cc) Zu prüfen bleibt, ob die Nutzungsuntersagung auch *materiell rechtmäßig* ist.   89
(1) In Bezug auf die Auflage „Aufzugseinbau" hat *A* bereits fristgemäß Klage erhoben. Folglich ist diese *nicht bestandskräftig*. Die Klage hat, da die Auflage von der Behörde nicht für sofort vollziehbar erklärt worden war, gem. § 80 I VwGO *aufschiebende Wirkung*. *A* ist daher bislang nicht zur Umsetzung der Nebenbestimmung verpflichtet, so dass die Baubehörde die Ordnungsverfügung auch nicht auf deren fehlende Einhaltung stützen kann. Die Nutzung entspricht insoweit vielmehr der derzeitigen Genehmigung. Ist liegt also *keine formelle Illegalität* vor. Dies gilt grundsätzlich unabhängig von der Zulässigkeit und/oder Begründetheit der Klage, da dies nicht Voraussetzung für den Eintritt der aufschiebenden Wirkung gem. § 80 I VwGO ist. Etwas anderes könnte nur in Betracht kommen, wenn ein Rechtsbehelf offensichtlich unzulässig ist, was hier aber nicht der Fall ist. *A* hat die Klage gegen die Auflage fristgerecht erhoben (s. o.).

(2) Allerdings hat *A* bislang nicht die in der weiteren Auflage angeordnete Bescheinigung des Prüfingenieurs für Brandschutz vorgelegt. Damit liegt ein Verstoß gegen § 82 IV iVm § 72 VI BauO NRW bzw. die aufgrund dieser Vorschriften erlassene Auflage vor, ohne dass *A* sich diesbezüglich auf hinreichende Gründe stützen könnte.   90

c) Überwiegendes Vollziehungsinteresse   91
Der Verstoß gegen § 82 IV iVm § 72 VI BauO NRW bzw. die den Normen entsprechende Auflage dürfte bereits für sich genommen die Nutzungsuntersagung tragen. Für die Annahme eines *überwiegenden öffentlichen Vollziehungsinteresses* genügt jedoch nicht allein die Rechtmäßigkeit der Ordnungsverfügung. Vielmehr kommt es auf die Abwägung der widerstreitenden Interessen an. Hier spricht für ein besonderes öffentliches Vollziehungsinteresse, dass der baurechtliche Brandschutz der Abwehr von Gefahren für Leib und Leben der Nutzer und Angestellten des Fitness-Studios und damit einem überragend wichtigen Schutzgut dient. Zwar hat *A* eine Brandmeldeanlage eingebaut. Da aber von deren unbedingter Funktionsfähigkeit im Gefahrenabfall abhängt, ob ein Brand so rasch wie möglich erkannt und gelöscht wird, sowie gefährdete Personen gerettet werden können, bietet erst die Vorlage der entsprechenden amtlichen Prüfbescheinigung die unverzichtbare Gewähr, dass die Anlage ordnungsgemäß installiert wurde und funktionsfähig ist. Angesichts dessen besteht ein hohes Interesse daran, diese Gewähr so unverzüglich wie möglich herzustellen, um das Risiko einer Lebensgefahr im – jederzeit denkbaren – Brandfall zu minimieren. Das entgegenstehende wirtschaftliche Interesse des *A*, der im Fall einer

---

[103] Ausf. zum Maßstab der Begründetheitsprüfung eines Antrages nach § 80 V VwGO, *Würtenberger*, aaO Rn. 530 ff.

Betriebseinstellung eine Existenzgefährdung fürchtet, dürfte angesichts der im Brandall gefährdeten hohen Rechtsgüter und im Hinblick darauf, dass er nach eigener Aussage die Prüfbescheinigung unproblematisch einholen könnte, und zwar nach seinen eigenen Angaben zufolge noch vor dem 11.3.2012, dahinter zurücktreten. Die im Verfahren nach § 80 V VwGO vorzunehmende Interessensabwägung würde damit zum Nachteil des *A* ausfallen.

92 **2. Ergebnis**

Im Ergebnis hat daher nach der hier vertretenen Auffassung der Antrag nach § 80 V VwGO – *jedenfalls nach der derzeitigen Sachlage* – keine Aussicht auf Erfolg.

93 **D. Prozessuale Erwägungen zur Aufrechterhaltung des Betriebes**

Beide Rechtsbehelfe haben jedenfalls derzeit keine Aussicht auf Erfolg. Da es jedoch ausdrückliches Interesse des *A* ist, eine Schließung seines Fitness-Studios so lange wie möglich hinauszuzögern, wird *R* folgende prozesstaktischen Überlegungen anstellen: Sie wird *A* empfehlen, schnellstmöglich die Prüfbescheinigung gem. der angeordneten Auflage, jedenfalls aber vor dem 11.3.2013 einzuholen und dem Bauaufsichtsamt vorzulegen. In diesem Falle könnte die Nutzungsuntersagung nicht mehr auf den Verstoß gegen § 82 IV iVm § 72 VI BauO NRW bzw. die entsprechende Auflage gestützt werden. Da die Bauaufsichtsbehörde in diesem Fall den Betrieb des Studios über den 11.3.2013 hinaus nur noch wegen eines Verstoßes gegen die Auflage „Aufzugseinbau" untersagen könnte, hätte ein ausschließlich hiergegen gerichteter Antrag nach § 80 V VwGO dann Erfolg. Da *A* selbst bereits Klage auf Aufhebung dieser Nebenbestimmung erhoben hat, sollte die Klage derzeit trotz mangelnder Erfolgsaussichten aufrechterhalten bleiben. Denn nur hierdurch wird der Eintritt der Bestandskraft dieser Nebenbestimmungen gehindert, was für den Erfolg des gegen die Ordnungsverfügung gerichteten Eilantrages (nach Vorlage des Prüfbescheinigung) und damit letztlich für die von *A* angestrebte vorläufige Fortsetzung seines Betriebes entscheidend ist. Eine Rücknahme der Klage kann später noch erfolgen. Zwischenzeitlich kann sich *A* immer noch dazu entscheiden, den Aufzug einbauen zu lassen, um so den dauerhaften Betrieb seines Fitness-Studios zu gewährleisten.

Anhang: Synopse der nach der BauO NRW zitierten Vorschriften der Bauordnungen

Überschriften der §§	NRW	BaWü	Bay	Bln	Bra	Brem	Hamb	Hess	MeVo	Nds	RhPf	Saarl	Sa	Sa-Anh	SchlH	Thü
Anwendungsbereich	1	1	1	1	1	1	1	1	1	1	1	1	1	1	1	1
Begriffe	2	2	2	2	2	2	2	2	2	2	2	2	2	2	2	2
Allgemeine Anforderungen	3	3	3	3	3	3	3	3	3	3	3	3	3	3	3	3
Abstandflächen/Grenzabstände	6	5–7	6	6, 6a	6	6	6, 7	6, 7	6	5–7	8, 9	7–8	6	6	6	6
Nicht überbaute Flächen, Spielflächen	9	9	7	8	7	8	9, 10	8	8	9	10, 11	10	8	8	8	9
Geländeoberfläche	9	10	–	–	7	–	–	–	–	5	10	5	–	–	–	9
Gestaltung	12	11	8	9	8	9	12	9	9	10	5	4	9	9	10	12
Baustellen	14	12	9	11	14	11	14	10	11	11	53	11	11	11	12	14
Verkehrssicherheit	19	16	14	16	–	16	19	15	16	16	17	17	16	16	17	19
Feuerungsanlagen, Wärme- und Brennstoffversorgungsanlagen	43	32	40	42	36	42	41	37	42	40	39	41	42	41	43	40
(Die am Bau Beteiligten) Grundsatz	56	41	55	53	46	52	53	47	52	–	54	52	52	51	53	54
Bauherrin, Bauherr	57	42	50	54	47	53	54	48	53	52	55	53	53	52	54	55
Unternehmerin, Unternehmer	59	44	52	56	50	55	56	50	55	54	57	55	55	54	56	57
Bauleiterin, Bauleiter	59a	45	–	57	–	56	57	51	56	–	–	56	56	55	57	58
Bauaufsichtsbehörden	60	46	53	–	51	57	–	–	57	57	58	58	57	56	58	59
Aufgaben und Befugnisse der Bauaufsichtsbehörden	61	47	54	58	52–53	58	58	53	58	58	59	57	58	57	59	60
Sachliche Zuständigkeit	62	48	53	–	–	57	–	52	57	58	60	59	57	56	61	61
Genehmigungsbedürftige Vorhaben	63	49	–	60	54	59	59	54	59	59	61	60	59	58	62	62
Genehmigungs-, verfahrensfreie Vorhaben; Genehmigungsfreistellungsverfahren; Kenntnisgabe, Anzeigeverfahren	65–67	50	57, 58	62, 63	55	61, 62	61	55 f.	61, 62	60–62	62	61–67	61 f., 63	60 f., 77	63, 68	63, 63a
Vereinfachtes Genehmigungsverfahren	68	52	59	60, 64a	, 57	63	61	57	63	63	66	64	63	62	69	63b

Überschriften der §§	NRW	BaWü	Bay	Bln	Bra	Brem	Hamb	Hess	MeVo	Nds	RhPf	Saarl	Sa	Sa-Anh	SchlH	Thü
Bauantrag	69	53	64	69	62	68	70	60	68	67	63	69	68	67	64	64
Bauvorlageberechtigung	70	43	61	66	48	65	67	49	65	53	64	66	65	64	65	65
Vorbescheid	71	57	71	74	59	75	63	66	75	73	72	76	75	74	66	73
Abweichungen (Ausnahmen und Befreiungen)	73, 74a	56	63	68	61	67	69	63	67	66	69	68	67	66	71	63e
Beteiligung der Angrenzer (Nachbarn)	74	55	66	–	64	70	71	62	70	68	68	71	70	69	72	68
Baugenehmigung und Baubeginn	75	58, 59	68	71	67, 68	72	72, 72a	64, 65	72	70	70, 77	73	72	71	73	70
Teilbaugenehmigung	76	61	70	73	–	74	–	67	74	70	73	75	74	73	74	71
Geltungsdauer der Genehmigung	77	62	69	72	69	73	73	64	73	71	74	74	73	72	75	72
Typengenehmigung	78	68	–	–	–	–	65	59	–	65	75	–	–	–	–	–
Bauüberwachung, Bauzustandsbesichtigung	81, 82	66, 67	77, 78	80, 81	49, 68	80, 81	77, 78	73, 74	81, 82	76	78, 53	78, 79	81, 82	80, 81	78, 79	78, 89
Baulast und Baulastenverzeichnis	83	71, 72	–	82	–	82	79	75	83	81	86	83	83	82	80	80
Bußgeldvorschriften	84	75	79	83	79	83	80	76	84	80	89	87	87	83	82	81
Rechtsvorschriften und Verwaltungsvorschriften	85	73	80	84	80	84	81	80	85	82	87	86	88	84	83	82
Örtliche Bauvorschriften	86	74	81	–	81	85	–	81	86	84	88	85	89	85	84	83
Bestehende Anlagen und Einrichtungen	87	76	–	85	78	–	–	77	–	85	85	–	–	86	60	84
Baueinstellung	61	64	75	78	73	78	75	71	79	79	80	81	79	78	59	76
Abrissverfügung und Nutzungsuntersagung	61	65	76	79	74, 73	79	76	72	80	79	81, 82	82, 82a	80	79	59	77

Sachverzeichnis

Die angegebenen Fundstellen beziehen sich auf die Seitenzahlen

Abbruchverfügung 129 ff.
Abstandfläche 40, 129 ff.
Abwägungsfehlerlehre 14 f.
Abwägungsgebot
– gerichtliche Nachprüfung 9 f.
– Verletzungen 14 ff., 20 f., 102 ff.
Anlagen, bauliche 6 f., 66, 76 ff., 111, 124, 136
Anpassungspflicht
– im Baurecht 18 f.
Antrags- oder Sachbescheidungsinteresse im Baurecht 120
Außenkoordination 90
Ausnahmen und Befreiungen im Baurecht 35, 37 f., 72, 130 f.

Barrierefreiheit von baulichen Anlagen 136
Bauantrag 116
Bauaufsichtsbehörden 113 f.
Baudispens s. Befreiungen im Baurecht
Baudispensvertrag 38, 43 f.
Bauerlaubnis s. Baugenehmigung
Baufreiheit 30, 71, 72 f.
Baugebiete
– sinnvolle Anordnung 15, 102 f.
Baugenehmigung 114 ff., 128 f.
– Bestandsschutz 115
– Erforderlichkeit 113 f.
– Genehmigungsfreistellungsverfahren 115
– Nutzungsänderung 51, 66 ff., 80
– planungsrechtliche Voraussetzungen 63 f.
– private Rechte Dritter 100, 118 ff.
– Rechtsschutz 113
– Teilbaugenehmigung 117
– Typengenehmigung 117
– und Nachbarklage 99 f.
– Vereinfachtes Genehmigungsverfahren 66, 115
– Verfahren 116 f.
Baugestaltungsrecht 112 Fn. 8
Bauleitpläne 23 ff.
– Abstimmungspflicht benachbarter Gemeinden 13, 18 ff., 90
– Aufgabe 23 f.
– Aufhebung 8, 55
– Aufstellung 7 f.
– Erforderlichkeit 9 ff., 90 f.
– Heilungsmöglichkeiten 22 f.
– Plankonzeption 9, 19
– Planreife 67 f.
– Planungspflicht 10
– Rechtsnatur 26 f.
– Rechtsschutz 27 ff.
– Sicherung 35, 60 ff.
Baulinien 39, 45
Baulücken 77
Baunutzungsverordnung 59 f.
Bauordnungsrecht 111
– Inhalt und Zweck 111 ff.
Bauplanungsrecht 5 ff.
Baurechtliche Verträge 34 ff.
Baurechtswidrigkeit
– formelle 128 f., 131
– materielle 129 f., 131
– Schwarzbau 128
Bauüberwachung 117
Bauvoranfrage 34, 116
Bauvorbescheid 116
Bauvorhaben s. Vorhaben
Bebauungsgenehmigung 116
Bebauungsplan 7 ff., 24
– Anhörung der Allgemeinheit 8
– Aufgabe 23 f.
– Gemengelage 15 f.
– Mindestfestsetzungen 7
– nichtqualifizierter oder einfacher 7 Fn. 6
– qualifizierter 7 Fn. 6
– Rechtsfolgen von Verfahrensverletzungen 8, 13 ff., 103
– Rechtsnatur 28
– Rechtsschutz 27 ff.
– Standortbebauungsplan 91
– vorhabenbezogener 48 f., 57 ff.
– zulässiger Inhalt 31
Bebauungszusammenhang 77 f.
Befreiungen im Baurecht 35, 42 f.
Belange der Wirtschaft als öffentlicher Belang 16
Bestandsschutz von Gebäuden 115
Binnenkoordination 90
Brandschutz-Vorlage einer Prüfbescheinigung 139 f.

Dispens s. Befreiungen im Baurecht
Dispensvertrag 38, 43 f.
Durchführungsvertrag 55 ff.

Einvernehmen der Gemeinde nach § 36 I BauGB 68 ff.
Enteignung
– im Baurecht 98 f.
Entschädigungsrecht des BauGB 95
– Enteignungsentschädigung 98

– Planungsentschädigung 95 f.
– Rechtsmittel 98 f.
Erforderlichkeit der Bauleitplanung 9 ff., 90 f.
Ermessen
– bei Erteilung von Ausnahmen und Befreiungen 45 f.
– nicht bei § 35 II BauGB 84 f.
Ermittlung und Bewertung des Abwägungsmaterials 14 ff., 102 f.
– als formelle Rechtmäßigkeitsvoraussetzung der Planaufstellung 14 ff.

Feststellungsklage
– gegen Bebauungsplan 28
– gegen Flächennutzungsplan 27
Flächennutzungsplan 23
– Aufgabe 23 f.
– Rechtsnatur 25 ff.
– Rechtsschutz 25 ff.
– und § 34 BauGB 75
– und § 35 II BauGB 83
Folgekostenverträge im Baurecht 35 ff.

Gebäude 111 Fn. 2
Gebot der Rücksichtnahme 104 f., 106 f.
Gebrauchsabnahme 117
Gefahrenabwehr im Bauordnungsrecht 111 Fn. 6
Gemengelage
– s. Bebauungsplan
Gestaltungsfreiheit, planerische
– s. Planungsermessen
Gewerbegebiete s. Industriegebiete
Grundsatz der Konfliktbewältigung 94
Grundstücksteilung 62 f.

Heilungsmöglichkeiten
– s. Bauleitpläne
Herabzonung eines Grundstücks 96 f.

Immissionsschutz
– allgemein 85
– genehmigungs- und nicht genehmigungsbedürftige Anlagen 87
– Konzentrationswirkung der Genehmigung nach BImSchG 88
– Trennungsgrundsatz als Optimierungsgebot und Aspekt der Abwägung 85, 92
– Verhältnis zwischen BImSchG und BauGB 85, 93 ff.
Industriegebiete nicht neben Wohngebiete 21
Interkommunales Abstimmungsgebot 18 f.

Juristenausbildung 1

Klagebefugnis bei der Nachbarklage 101 ff.
Koppelungsverbot 41 f., 44
Kraftwerk
– Genehmigung nach BImSchG 87
– Zulässigkeit nach BauGB 88 f.

Nachbargemeinden, Abstimmungspflicht im Baurecht 18 f.
Nachbarrecht 99
– Klagebefugnis 100 ff.
– nachbarschützende Vorschriften 102 ff.
– und Art. 14 GG 105
– und privatrechtliches Eigentum 118 f.
– vorbeugende Unterlassungsklage 109 f.
– vorläufiger Rechtsschutz 99
Naturschutz
– als öffentlicher Belang 57 f.
– Naturschutzrechtliche Eingriffsregelung 58
– Vermeidungsgebot und Ausgleichspflicht 58 f.
Nebenbestimmungen zur Baugenehmigung 115 f.
– isolierte Anfechtbarkeit 134
Normenkontrollverfahren nach § 47 VwGO
– gegen Bebauungsplan 29 f.
– gegen Flächennutzungsplan 26 f.
Nutzungsänderung s. Baugenehmigung
Nutzungsuntersagung 131, 138 f.

Öffentliche Belange im Baurecht 15, 20, 82 f.
– Beeinträchtigung öffentlicher Belange, § 35 II, III BauGB 83, 89 f.
Öffentliche Sicherheit im Bauordnungsrecht 111
Öffentlichkeitsbeteiligung 8
Ökologische Standards im Bauordnungsrecht 112
Ordnungspflicht im Baurecht 125 f.

Parallelverfahren
– bei der Aufstellung von Flächennutzungs- und Bebauungsplan 31
Planerhaltung 14 f., 21 f., 103
– Ergänzendes Verfahren zur Planerhaltung 15, 22, 34
Plankonzeption 9, 19
Planungsentschädigung 96 ff.
Planungserfordernis
– als öffentlicher Belang 89 ff.
Planungsermessen
– im Baurecht 9, 17
– materielle Schranken im Baurecht 17, 19 f.
Planungshoheit 17, 19
Planungsleitlinien s. Planungsziele
Planungsziele
– im Baurecht 15, 19
Private Rechte Dritter im Baurecht 119 f.
Privilegierte Vorhaben des § 35 I BauGB 81 f.
Prüfungsfächer 1

Sachbescheidungsinteresse im Baurecht 120
Schlussabnahme 117
Schwerpunktbereich 1
Schwarzbau s. auch Baurechtswidrigkeit
Sicherung der Bauleitplanung 60
Soziale Standards im Bauordnungsrecht 112
Städtebauliche Verträge 34 ff.

Sachverzeichnis

Stilllegungsverfügung
– bei Baurechtswidrigkeit 128 f.
Splittersiedlung 77

Teilbaugenehmigung 117
Teilung von Grundstücken 62 f.
– Landesrechtliche Teilungsgenehmigung 63
– Wegfall der Teilungsgenehmigung im BauGB 62
Typengenehmigung 116

Umweltschutz
– und Planung 15 f., 17, 58 f., 85
Umweltverträglichkeitsprüfung 75, 87 f.
Unterlassungsklage, vorbeugende 109 f.

Veränderungssperre 61 f.
Versorgung, öffentliche 82
Verträge, städtebauliche 34 ff.
Verwaltungsakt mit Doppelwirkung 99
Verwaltungsgerichtliche Kontrolle von Planungsentscheidungen
– im Baurecht 9 f., 20

Vorhaben
– Einfügen in die Eigenart der näheren Umgebung 78 f.
– Genehmigungspflicht 6, 114 f.
– Großflächige Einzelhandelsbetriebe 76, 71 ff.
– im Außenbereich 80
– im Geltungsbereich eines Bebauungsplans 7
– innerhalb eines im Zusammenhang bebauten Ortsteils 75
– privilegierte des § 35 I BauGB 81 f.
– sonstige des § 35 II BauGB 82 f.
Vorhaben- und Erschließungsplan 48, 51 f., 54 f.
Vorkaufsrechte der Gemeinde 63

Wirtschaft, Belange der Wirtschaft als öffentlicher Belang 16
Wochenendhäuser im Außenbereich 80
Wohnbedürfnisse 15 Fn. 47

Zulässigkeit von Bauvorhaben s. Vorhaben
Zurückstellung von Baugesuchen 62